dtv

Erst seit zwei Jahrzehnten beginnen Ärzte, Biologen und Psychologen im Westen, den Einfluß von Gefühlen auf das körperliche und geistige Wohlbefinden zu verstehen. Aber schon seit zwei Jahrtausenden wissen buddhistische Denker um die Heilkräfte des menschlichen Geistes. Wie sind Gehirn, Immunsystem und Gefühle miteinander verbunden? Wie hängen Emotionen und gesteigertes Wohlbefinden zusammen? Hat Ethik eine biologische Grundlage? In einem spannenden Dialog zwischen westlichen Wissenschaftlern verschiedener Fachgebiete und dem Dalai Lama erfahren wir, wie die Erkenntnisse der introspektiven Geisteswissenschaften des Ostens von bahnbrechenden Ergebnissen der experimentellen Naturwissenschaften des Westens bestätigt werden: Der Buddhismus besitzt wirkungsvolle praktische Methoden, die Macht der Emotionen als Heilmittel einzusetzen.

Daniel Goleman, geboren 1946 in Stockton, Kalifornien, lehrte jahrelang als klinischer Psychologe an der Harvard Universität, daneben gab er die Zeitschrift ›Psychology Today‹ heraus. Heute ist er der für Psychologie und Neurowissenschaften verantwortliche Redakteur der ›New York Times‹. Neben seinem 1995 erschienenen Bestseller ›EQ. Emotionale Intelligenz‹ liegen von ihm auf deutsch vor: ›Lebenslügen‹ (1993), ›Meditation: Wege nach innen‹ (1994), ›Kreativität entdecken‹ (1997, als Herausgeber zusammen mit Paul Kaufman und Michael Ray) sowie ›EQ². Der Erfolgsquotient‹ (1999).

Die heilende Kraft der Gefühle

Gespräche mit dem Dalai Lama
über Achtsamkeit, Emotion
und Gesundheit

Herausgegeben von

Daniel Goleman

Aus dem Englischen von
Fritz R. Glunk

Deutscher Taschenbuch Verlag

Von Daniel Golemann
sind im Deutschen Taschenbuch Verlag erschienen:
EQ. Emotionale Intelligenz (36020)
Kreativität entdecken (36136)
EQ². Der Erfolgsquotient (36211)

Ungekürzte Ausgabe
April 2000
3. Auflage März 2004
Deutscher Taschenbuch Verlag GmbH & Co. KG,
München
www.dtv.de
© der amerikanischen Originalausgabe:
1997 The Mind and Life Institute
Titel der amerikanischen Originalausgabe:
Healing Emotions. Conversations with the Dalai Lama on
Mindfulness, Emotions and Health
Shambhala Publications Inc., Boston & London 1997
© der deutschsprachigen Ausgabe:
1998 Deutscher Taschenbuch Verlag GmbH & Co. KG, München
ISBN 3-423-24120-9
Umschlagkonzept: Balk & Brumshagen
Umschlagfoto © FOTEX/Colorbox, Hamburg
Gesamtherstellung: Druckerei C. H. Beck, Nördlingen
Gedruckt auf säurefreiem, chorfrei gebleichtem Papier
Printed in Germany · ISBN 3-423-36178-6

Inhalt

Dritter Teil: Neue Wege der Medizin

Vierter Teil: Gefühl und Kultur – Der Osten und der Westen

Fünfter Teil: Das Gewahrsein

Sechster Teil: Eine universale Ethik

Einführung

Kann der Geist den Körper heilen? Wie sind Gehirn, Immunsystem und Gefühle miteinander verbunden? Wie hängen Gefühle und gesteigertes Wohlbefinden zusammen? Wie wirkt geistige Achtsamkeit im medizinischen Kontext? Hat Ethik eine biologische Grundlage? Wie kann uns der Tod helfen, das Wesen unseres Geistes zu verstehen? Diese Fragen standen im Brennpunkt der dritten »Mind-and-Life«-Konferenz im Sommer 1991 und beschäftigten zehn westliche Wissenschaftler verschiedener Fachgebiete und den Dalai Lama in dessen privatem Versammlungsraum in Dharamsala (Indien). Dieses Buch ist eine Zusammenfassung ihrer einleitenden Referate und der sich anschließenden Diskussionen.

Fachleute aus Psychologie und Philosophie, Physiologie und Verhaltenstherapie stellten die wesentlichen Neuentdeckungen ihrer Gebiete dar und diskutierten deren Verknüpfungen mit dem Dalai Lama sowie mit bekannten Meditationspraktikern des Buddhismus. Dieses interdisziplinär fruchtbare Gespräch hatte den Zweck, das wechselseitige Verständnis zu vergrößern und die Entwicklung neuer Erkenntnisse zum Verhältnis von Gesundheit und emotionalen Erlebnissen zu begünstigen.

Erst seit zwei Jahrzehnten beginnen Ärzte, Biologen und Psychologen im Westen, die Wechselbeziehungen zwischen Gefühlszuständen einerseits und dem geistigen und körperlichen Wohlbefinden andererseits zu verstehen. Aber schon seit 2000 Jahren wissen buddhistische Denker um die Heilkräfte des menschlichen Geistes. Daß der führende Vertreter des tibetischen Buddhismus an diesem Treffen teilnahm, ermöglichte eine einzigartige Ost-West-Begegnung. Der Dalai Lama wurde zum Prüfstein für die von den europäischen Wissenschaftlern vorgestellten Entdeckungen.

Die »Mind-and-Life«-Konferenzen

Seit 1959, als er Tausende seiner Landsleute aus der chinesischen Unterdrückung in die Freiheit führte, lebt der Dalai Lama in Indien. Der Träger des Friedensnobelpreises 1989 genießt weltweite Achtung als Sprecher für eine mitfühlende, friedliche Lösung menschlicher Konflikte. Weniger bekannt ist sein starkes persönliches Interesse an Erkenntnissen der Wissenschaft. Er sagte einmal, wenn er nicht schon Mönch wäre, hätte er gern als Ingenieur gearbeitet. Als er noch ein Junge in Lhasa war, rief man ihn, wenn im Palast von Potala irgendein defektes Gerät – eine Uhr oder auch ein Auto – zu reparieren war.

Seit Oktober 1987 trifft der Dalai Lama immer wieder ausgewählte Fachleute zu Diskussionen über Verknüpfungen und Schnittstellen der Wissenschaften von Geist und Leben im weitesten Sinn, das heißt sowohl der Biologie, Neurologie und Psychologie, speziell der kognitiven Psychologie, als auch der Philosophie und der Geisteswissenschaften – Disziplinen von höchster und unmittelbarer Bedeutung für die Tradition des Buddhismus. Die Atmosphäre dieser Begegnungen war auf beiden Seiten geprägt von Offenheit und gegenseitigem Respekt, bedingt durch die umsichtige Auswahl der Teilnehmer, die genaue Vorbereitung und den privaten Charakter des Treffens, die ausgezeichnete Übersetzung der Beiträge und den großen zeitlichen Rahmen, den der Dalai Lama diesen Zusammentreffen einräumte. Die Dokumentation der Gespräche (also auch, wie wir hoffen, dieses Buch) bietet dem Leser das Nacherleben spontaner Lebendigkeit eines Dialogs, in dem sich der Weg der Spiritualität und der neueste Stand der Wissenschaft begegnen, uralte Weisheit und die moderne Suche nach Antworten.

Hintergrund

Die »Mind-and-Life«-Gesprächsreihe wurde 1985 ins Leben gerufen, und zwar von Adam Engle, einem Anwalt und Geschäftsmann in den USA, und Dr. Francisco Varela, der als Neurobiologe am Centre National de Recherche Scientifique in Paris tätig war und die Bedeutung eines ernsthaften Gesprächs zwischen Wissenschaft und Buddhismus erkannt hatte. Die erste dieser Konferenzen von einwöchiger Dauer fand in Dharamsala statt und befaßte sich allgemein mit Neurologie und Kognitionspsychologie. Über dieses Treffen erschien ein Buch mit dem Titel ›Gentle Bridges: Conversations with the Dalai Lama on the Sciences of Mind‹, herausgegeben von Francisco Varela und Jeremy Hayward (Shambhala Publications, Boston 1993). Diesem ersten Treffen folgten vier weitere, bei denen der Dalai Lama mit mehreren Gruppen von Wissenschaftlern zusammenkam. Gesprächsgegenstände waren Gefühle und Gesundheit (der Inhalt des vorliegenden Buches), Schlafen und Träumen (dazu die Dokumentation ›Sleeping, Dreaming and Dying‹, Wisdom Publications, Boston 1997) und zuletzt Selbstlosigkeit und Mitgefühl (1996).

Jeder Tag begann mit der Vorstellung eines wissenschaftlichen Themas, etwa »Neurobiologie der Emotionen«. Darauf folgten Dialog und Diskussion mit dem Dalai Lama. Er bewies während der gesamten Dauer nicht nur ein hohes Wissenschaftsverständnis, sondern eine Weite und Tiefe der Erkenntnis, die sich über die Grenzen des derzeitigen Wissensstandes hinaus erstreckte. Ein Beispiel: In der Diskussion zum oben genannten Thema trug der Dalai Lama vor, es könne möglicherweise sehr feine Schichten der Bewußtheit geben, die von der Wissenschaft im Westen noch gar nicht erforscht seien und die nicht von einer Gehirnfunktion abhingen, im Gegensatz zu einfacheren Bewußtseinsschichten, die unmittelbar auf eine Tätigkeit des Gehirns zurückzuführen seien.

Mit vorbildlicher geistiger Offenheit und kühner Entdeckungslust hat der Dalai Lama das Gespräch zwischen Buddhismus und zeitgenössischer Wissenschaft eröffnet. Er hat klar erkannt, daß der tibetische Buddhismus künftig nur insoweit überleben kann, als er nicht in flagrantem Widerspruch zu den Ergebnissen moderner Wissenschaft steht. Er drückte das folgendermaßen aus: Wenn die Wissenschaft beweisen sollte, daß eine wesentliche Aussage des Buddhismus falsch sei, dann müsse sich eben der Buddhismus entsprechend ändern.

Darüber hinaus ergaben die Gespräche, daß die westliche Wissenschaft von den Einsichten des Ostens viel zu lernen hat. Die tibetischen Erkundungen der menschlichen Psyche haben zu einer sehr verfeinerten Phänomenologie des Geistes geführt, die auch für moderne Wissenschaftler zum Leitfaden werden könnte, vorausgesetzt, sie nehmen sie wahr. Ein konkretes Ergebnis dieser Dialoge, speziell der dritten »Mind-and-Life«-Konferenz, ist ein bereits laufendes Forschungsprojekt, eine neurophysiologische Studie der Gehirnzustände bei fortgeschrittenen tibetischen Yogis, mit dem Ziel, das Potential eines konzentrierten Aufmerksamkeitstrainings genauer zu verstehen.

Buddhismus und Wissenschaft, Gefühle und Gesundheit

Der Buddhismus verfolgt vorrangig zwei Ziele, nämlich Erfahrung und Wahrnehmung zu verändern und den Geist mit dem Körper in Harmonie zu bringen. Dies ist nach der buddhistischen Lehre nur schrittweise zu erreichen. Der Weg dorthin besteht aus verschiedenen Meditationsübungen zusammen mit der Anweisung zu einem aktiv tugendhaften Leben. Diese Aktivität beruht ihrerseits auf der Wahrnehmung des unauflöslichen Zusammenhangs alles Lebendigen und dem umfassenden Mitgefühl, das aus dieser Wahrnehmung entspringt.

Die buddhistischen Philosophen Tibets beschäftigen sich

schon seit langem mit geistig-körperlicher Gesundheit, haben medizinische Abhandlungen veröffentlicht, deren erste bereits im 11. Jahrhundert zu finden sind. Die vier wichtigsten Tantras (Erklärungen) wurden sogar schon im 9. Jahrhundert von dem Lama Vairochana aus dem Sanskrit ins Tibetische übersetzt und seitdem bis zum heutigen Tag immer wieder von Lehrern zu Schülern weiterüberliefert. Dieser alten Tradition zufolge ist Krankheit das Ergebnis eines Ungleichgewichts im Geist-Körper-Organismus, das durch widersprüchliche Gefühle wie Wut oder Gier hervorgerufen wird. Die Experten, die an der vorliegenden »Mind-and-Life«-Konferenz teilnahmen, haben einige dieser von Buddhisten seit Jahrhunderten aufgeworfenen Fragen in wissenschaftlichen Labor-Experimenten selbst untersucht.

Beginnen wir mit Lee Yearleys Zusammenfassung einiger westlicher Ethik-Lehren und seiner Suche nach einer möglichen Grundlage für eine nicht auf Religion beruhende Ethik. Der Dalai Lama machte mehrfach deutlich, daß er eine derartige Ethik für nötig ansehe, da nur sie die Milliarden von Menschen auf dieser Erde, die keine starke religiöse Überzeugung in sich tragen, wirksam ansprechen könne.

Im Anschluß daran trägt Daniel Goleman vor, die Arbeitsweise des Körpers ergebe möglicherweise eine solche Grundlage; er geht dabei von der Tatsache aus, daß bestimmte Bewußtseinszustände der Gesundheit förderlich sind, bestimmte andere jedoch den Körper einer Krankheit gegenüber verwundbarer machen – Erkenntnisse, die den Schluß nahelegen, daß bedrückende, also negative Gefühle die Gesundheit schwächen, wohingegen positive Bewußtseinszustände sie womöglich schützen.

Der Abschnitt über die biologischen Grundlagen befaßt sich sodann mit einigen Ergebnissen der Laborforschung, insbesondere zum Thema Gefühle und Gesundheit. Er beginnt mit einem Referat von Francisco Varela über das Immunsystem und seine Bedeutung für die geistig-körperliche Eigenart eines Menschen. Der gesamte Bereich der Immunologie öffnet sich allmählich der Einsicht, daß das Immunsystem beinahe eine Art »zweites Gehirn« ist, ein

Netzwerk hochspezialisierter Zellen, die dem Körper eine anpassungsfähige Identität verleihen. Denn die auf den ersten Blick nur körperliche Identität beseitzt auch sehr enge Verknüpfungen mit dem gesamten Nervensystem, auf dem die Erkenntnistätigkeit beruht, und bildet somit die Ausgangsbasis für ein neues Forschungsgebiet, die Psychoneuroimmunologie.

Auf Dr. Varelas Vortrag und die anschließende Diskussion folgt das Referat von Clifford Saron über die Methoden, mit denen das Gehirn die Gefühle steuert. Die von ihm und Richard Davidson durchgeführten Forschungen erklären, wie einige Aktivitätsmuster des Gehirns mit bestimmten Gesichtsausdrücken und anderen Meßgrößen von Gemütszuständen zusammenhängen.

Daniel Browns Darstellung, wie Streß die körperliche Befindlichkeit verändert, belegt detailliert die biologischen Grundlagen der Einwirkung von Gefühlen auf den Körper. Dr. Brown eröffnet damit eine Diskussion über posttraumatische streßbedingte Störungen und ihre Behandlung. Der Dalai Lama erwähnt dazu eine Besonderheit: Anders als westliche Folteropfer, die unter posttraumatischen Symptomen leiden, zeigt die Erfahrung mit vielen tibetischen Opfern der chinesischen Folterungen, daß ein tiefer religiöser Glaube bis zu einem gewissen Grad solchem Leiden Bedeutung gibt und somit als eine Art Gegenmittel wirkt.

Achtsamkeit, umsichtige Aufmerksamkeit für aufeinanderfolgende Augenblickserfahrungen ist eine traditionelle Meditationsübung im Buddhismus. Sharon Salzberg erläutert dies als Voraussetzung und Einführung einer auf die Gesundheit angewandten Achtsamkeit, wobei die Pflege wohltuender Gefühle in der gesamten Krankheitstherapie eine Rolle spielt. Jon Kabat-Zinn schildert danach die Anwendungen der Achtsamkeitsmeditation, die mit gutem Erfolg eingesetzt wurde und Patienten zur Entwicklung einer Wahrnehmungsfähigkeit verhalf, die weniger von wechselnden Gemütszuständen ins Wanken gebracht wird – also die Anwendung einer Meditationspraxis, die Symptome lindert und Heilung erleichtert.

Daniel Brown stellt dann die Verhaltensmedizin vor, die bestimmte psychologische Techniken zur Prävention oder zur Therapie chronischer Krankheiten benützt. Er beschreibt, daß viele Krankheitssymptome von physiologischen Zuständen herrühren, die von Streß beeinflußt und somit im Ungleichgewicht sind. Der heutige Stand der Verhaltensmedizin bietet bestimmte Techniken an, mit denen Patienten diejenigen Körpersysteme steuern können, die die Krankheitssymptome verursachen. Zu diesem modernen Heilverfahren gehören moderne Methoden wie Biofeedback ebenso wie ältere Praktiken, etwa die Meditation.

Westliche Psychologen kommen häufig zu dem Befund, daß Psychopathologien, vor allem ein zu niedriges Selbstwertgefühl, in der Menschheit von heute überhandnehmen. Für den Dalai Lama jedoch ist sogar der Begriff »Selbstwertgefühl« eine unbekannte Größe; möglicherweise tritt er in den Kulturen des Ostens, die ja das »Selbst« in völlig anderer Weise verstehen als der westliche Individualismus, überhaupt nicht auf.

Eine nicht mehr überschreitbare Grenze im Dialog des Buddhismus mit der Wissenschaft ist das Verhältnis von Geist und Gehirn. Die westliche Wissenschaft betrachtet den menschlichen Geist als eine emergente (auftauchende) Eigenschaft des vom Gehirn abhängigen Bewußtseins, während die tibetisch-buddhistische Auffassung eine sehr feingegliederte Schichtung von Bewußtseinszuständen annimmt, die unabhängig vom Gehirn existieren. Wenn der Westen also keine geistigen Vorgänge erkennen kann, die sich nicht auf das Gehirn zurückführen lassen, bedeutet dann diese Unfähigkeit, daß es tatsächlich kein Bewußtsein außerhalb des Gehirns gibt? Der Dalai Lama hält dem entgegen, daß außerordentlich differenzierte Bewußtseinsschichten, die der Westen erst noch zu entdecken hat, fortgeschrittenen Meditationspraktikern in Wachträumen und beim bewußten Sterben zugänglich sind. Sollten sich diese Beobachtungen wissenschaftlich erhärten lassen, so wäre die Folge eine völlig veränderte Forschungsrichtung der westlichen Neurologie.

Den Schluß bildet ein umfassendes Gespräch über die

Notwendigkeit von Mitgefühl, aber auch eines Ethik-Systems, das für die Milliarden von Menschen ohne einen ausgeprägten religiösen Glauben geeignet ist. Am Ende steht die Frage, ob ein neues Wissenschaftsverständnis der Verknüpfung von Geist, Gehirn und Gesundheit eines Tages zu einem Leitbild des Lebens beitragen könnte, also zu einer Ethik, in der die Werte der großen Weltreligionen Geltung behalten.

Erster Teil:

Ethik
—
Was uns der Körper lehrt

Drei Ansichten der Tugend
(Lee Yearley)

Lee Yearley eröffnet das Gespräch mit einem sehr grundlegenden philosophisch-ethischen Beitrag, in dem er gleichsam querschnittartig drei westliche Philosophie-Traditionen vorstellt: Individualismus, Idealismus und Rationalismus.* Der Individualismus stellt das Primat dessen in den Mittelpunkt, was der Befriedigung des Einzelnen dient. Der Rationalismus verlangt für eine moralische Handlung, daß sie logischerweise in jeder denkbaren Situation ebenso moralisch sein muß. Der ethische Idealismus wiederum vergleicht die Handlungen des Einzelnen mit einem vorgegebenen Ideal; die Handlung ist um so moralischer, je genauer sie dem Vorbild gleicht.

Die Ethik ganz allgemein befaßt sich mit der Frage, was gut und richtig ist, mit einem Wort: tugendhaft. Aber der Begriff der Tugend ist jeweils in der philosophische Perspektive des einzelnen gegründet. Was in dem einen System tugendhaft sein mag, muß nicht in einem anderen System gelten.

Yearley erhebt die Frage, ob nicht bestimmte Tugenden, etwa Mitleiden, als Grundlage eines allgemeinen Ethik-Systems dienen können. In diesem Zusammenhang erläutert er, wie die Philosophie des Westens den Aspekt des Mitleidens zusammen mit einer umfassenden religiösen Fundierung der Ethik verworfen hat. Im anschließenden Gespräch werden verschiedene Widersprüche innerhalb der drei Ethik-Systeme beleuchtet. Nach Yearleys Auffassung ist ein durch den Rationalismus beeinflußter Idealismus möglicherweise die beste Lösung für die Herausbil-

---

* Die drei hier gebrauchten Bezeichnungen weichen von ihren im Westen üblichen Bedeutungsinhalten ab.

dung einer universellen Ethik. Die Antwort des Dalai
Lama ist die bleibende Aufforderung, für die sechzig bis
achtzig Prozent der Erdbevölkerung, die ohne starke religiöse Überzeugungen leben, wirksame moralische Grundsätze zu entwickeln.

LEE YEARLEY: In der Geschichte der westlichen Ethik neh-
men drei Anschauungen einen herausragenden Platz ein. Der
Individualismus gründet die Ethik auf die Wünsche und
Bedürfnisse des Individuums. Die Ethik hat demnach die
Aufgabe, herauszufinden, was ich brauche und durch welche
Handlungen ich das Gewünschte erreichen kann.

Der Idealismus bewertet die Wünsche eines Individuums
als schlecht oder gut, indem er sie mit dem Idealbild eines
vollkommenen Menschen vergleicht. Im allgemeinen ist dieses Ideal aufgebaut auf einem Begriff der bestmöglichen
Entwicklung der menschlichen Natur.

Der Rationalismus schließlich ist sicherlich die am deutlichsten moderne westliche Auffassung von Ethik. Er beansprucht die Vernunft als alleinige ethische Richtschnur, wobei
Vernunft definiert ist als dasjenige, was dem Menschen das
Denken abstrakter Allgemeinbegriffe ermöglicht.

Die drei Ethiken auf den zweiten Blick

Der Individualismus fragt nicht danach, ob der Wunsch eines
Menschen in einem abstrakten Sinn gut oder schlecht ist. Ihn
beschäftigen nur die Methoden, mit denen der Mensch am
besten zu dem kommt, was er begehrt. Die Frage ist also
nicht, ob ich einen Rolls-Royce wollen sollte, sondern ob ich
den Wagen kriegen und dann noch meinen Urlaub und meinen Therapeuten bezahlen kann. Die menschliche Vernunft
ist erforderlich für dieses Verfahren, aber sie tut dabei eigentlich nichts anderes als rechnen. Ich rechne mir aus, wie ich
die meisten meiner Wünsche erfüllen kann, oder vielleicht
auch, welche Wunscherfüllung mir die wichtigste ist. Danach

entscheide ich beispielsweise, daß ich den Rolls-Royce besonders dringlich brauche und dafür lieber den Urlaub und den Therapeuten aufgebe. Oder, andersherum, ich entscheide, daß ich Urlaub und Therapie lieber behalte und auf den Wagen verzichte. Alles geht von den individuellen Wünschen aus, und die Vernunft ermöglicht mir nur, das besonders wirksam zu tun, was ich ohnehin tun möchte.

Die Anhänger des Individualismus wissen zwar, daß sie bestimmte Dienstleistungen der Gesellschaft brauchen, etwa die Aufrechterhaltung der öffentlichen Ordnung durch die Polizei. Aber sie begehren und berechnen deshalb auch nur jene öffentlichen Angelegenheiten, die ihnen zu dem verhelfen, was sie sich zu erreichen wünschen. Ein derartiger »Individualist« wird also kaum einen hinlänglichen Grund dafür sehen, den Armen Geld zu geben. Diese individualistische Einstellung kann im Westen auf eine lange Geschichte zurücksehen, die im antiken Griechenland beginnt und sich bis in die Gegenwart fortsetzt. Viele Menschen, möglicherweise insbesondere viele Amerikaner, halten sie für eine ganz normale Art und Weise des ethischen Denkens.

Der Idealismus bildet das Fundament der meisten religiösen Traditionen im Westen. Idealisten nehmen an, es gibt eine Grundlage für das Urteil darüber, ob menschliche Wünsche gut oder schlecht sind, tugendhaft oder sittenlos. Sie stellen eine Norm auf, beispielsweise: Selbstsucht ist schlecht, Mitgefühl ist gut, und beurteilen mit Hilfe dieser Norm sich selbst und andere. Für den Idealisten steht am Anfang der Frage nicht sein tatsächlicher Wunsch. Er richtet den Blick vielmehr auf das Ideal eines vollkommenen Menschen, und er versucht, auf eine Weise zu handeln, die diesem Menschen entspricht. Die Frage, die er sich stellt, ist also nicht, ob er sich den Rolls-Royce leisten kann, sondern ob er das Geld nicht eigentlich dafür nehmen sollte, den Armen zu helfen oder sich selbst zu vervollkommnen, indem er – sagen wir – zu meditieren lernt.

Die Ideal-Person, der vollkommene Mensch, der die Norm verkörpert, ist meist in einer Aussage der religiösen Überlieferung zu finden, im Fall des Christentums zum Beispiel in der Bereitschaft Jesu, sich um der anderen Menschen willen selbst zu opfern. Der Idealist läßt sich demnach nicht leiten von einem Bild des Menschen, *wie er ist*, sondern *wie er sein kann*, wenn er vollkommen ist. Die Vernunft dient hier nicht irgendeiner Berechnung, sondern hilft, die Norm der Vollkommenheit zu erkennen und sich ihr allmählich anzunähern. Ein bedeutsames Vernunft-Problem des Idealismus bleibt allerdings die Frage, ob es nur einen einzigen Zustand der menschlichen Vollkommenheit gibt. Zum Beispiel: Kann ein Mensch, der zwar ein großer Künstler ist, anderen zuliebe jedoch auf fast nichts verzichtet, ein geeignetes Vorbild sein? Um diese Streitfrage dreht sich seit langem eine erbitterte Diskussion im Westen. Trotzdem nehmen die meisten religiösen Überlieferungen an, daß es wohl nur einen einzigen Zustand der Vollkommenheit geben kann.

Die Haltung des Rationalismus ist außerordentlich schwierig zu verstehen. Er beschränkt die Geltung einer Ethik auf die wenigen Situationen, von denen wir sagen können, daß sich eine allgemeingültige Regel darauf anwenden läßt. In dieser Sicht ist die Vernunft wieder anders definiert: Jetzt erlaubt sie dem Menschen zu erkennen, daß im speziellen Fall eine allgemeine Regel anwendbar ist. Der Vernunft kommt hierbei eine entscheidende Rolle zu, und zwar aus zwei Gründen. Erstens ist allein sie imstande, allgemeingültige Regeln überhaupt wahrzunehmen. Und zweitens können Menschen erst durch das rechte Verständnis solcher Regeln einsehen, warum ihre je einzelnen Wünsche und Bedürfnisse nicht ihr Handeln bestimmen sollten. Nehmen wir einmal an, ich hätte den Drang, eine bestimmte Person zu mißhandeln, nur weil sie eine Frau ist oder weil sie einer anderen Religionsgruppe angehört. Nun wird – oder jedenfalls sollte – mich meine Vernunft zu der Frage veranlassen, ob ich dieses Verlangen zur allgemeingültigen Regel machen kann? Würde ich zum Beispiel eine solche Mißhandlung auch dann hinnehmen, wenn sie gegen mich selbst gerichtet wäre? Wohl kaum. Indem ich also die allgemeine Gültigkeit einer solchen Regel ablehne, erkenne ich, daß ich so nicht handeln sollte, und überwinde daraufhin das Verlangen. Dem Rationalismus zufolge werden demnach mit Hilfe der Vernunft allgemein anwendbare Regeln aufgefunden, und nur diese sollten Richtschnur sein für die ethisch vertretbaren Handlungen eines Menschen.

Die meisten westlichen Regierungen stützen sich heute auf die eine oder andere Form des Rationalismus, wenn es um ethische Normen geht, nach denen jeder in einer Gesellschaft handeln sollte. In dieser Weise beschäftigen sich Regierungen etwa mit den Menschenrechten oder den Mindestvoraussetzungen für ein menschenwürdiges Leben. Der Rationalismus nimmt heute also eine maßgebliche Position ein. Allerdings ergeben sich daraus auch offene Streitfragen. Einige Vertreter des Rationalismus dringen kühn bis zur Kernaussage vor, die besagt, daß allgemeingültige Urteile und Regeln unser Handeln bestimmen sollten. Nehmen wir als Beispiel den berühmtesten Philosophen dieser Richtung, Immanuel Kant. Er sagt, daß niemand jemals lügen dürfe, denn es sei eine allgemein anerkannte Tatsache, daß bedeutungsvolle Verständigung nur auf der Annahme aufbauen kann, daß die daran Beteiligten die Wahrheit sagen. Jetzt einmal unterstellt, jemand hätte mir einen Revolver geliehen; eine Weile später kommt er wieder und möchte den Revolver zurückhaben, um seine Schwester damit zu erschießen. Kant würde sagen, ich müsse ihm den Revolver zurückgeben, weil die Lüge, ich hätte die Waffe verloren, grundsätzlich verboten sei. Viele andere jedoch fänden diese Forderung, die ja zu einer sicher nicht von allen gewünschten Entscheidung führt, reichlich fehlerhaft.

Ein anderes und noch dringlicheres Problem des Rationalismus ist, daß es für die Vernunft scheinbar nur recht wenige allgemeingültige Regeln zu entdecken gibt. Das heißt nun aber, daß die rationalistische Ethik nur einen Bruchteil dessen erfaßt, was das menschliche Leben insgesamt ausmacht. Anders gesagt: Die Vernunft kann vielleicht klarmachen, daß man nicht stehlen oder morden sollte, aber nachdem sie eine Art Liste solcher allgemeingültiger Regeln erstellt hat, bleibt das ganze übrige Handeln eines Menschen dann doch seinen jeweiligen Wünschen und Begierden unterworfen. Diese

Unzulänglichkeit hat im Westen dazu geführt, daß heute der Rationalismus oft vereint mit dem Individualismus auftritt. Viele Menschen halten es so: Sie befolgen einige der wenigen strengen, durch die Vernunft erkannten Allgemeinregeln, darüber hinaus aber lassen sie sich von ihren Wünschen und Bedürfnissen leiten. Sie setzen ihre Vernunft also nur dazu ein, sich auszurechnen, wie diese Wünsche am besten zu befriedigen sind.

Eine Erklärung der mächtigen Verbindung aus Rationalismus und Individualismus besagt, daß viele im Westen jeglichen ethischen Idealismus ablehnen. Viele mißbilligen auch die Verknüpfung des Idealismus mit grundlegenden religiösen Aussagen. Aber selbst wenn sie für sich derartige Aussagen akzeptieren, sind sie überzeugt, daß auf den Ideen einer bestimmten Religion keine wirklich pluralistische Gesellschaft aufgebaut werden kann, da viele Menschen andere Glaubensinhalte für richtig halten oder mit Religion überhaupt nichts zu tun haben wollen. Eine weitere Schwierigkeit kommt hinzu. Viele stellen eine idealistische Ethik auch deshalb in Frage, weil nach ihrer Auffassung Menschen mit derartigen Vollkommenheitsidealen immer wieder andere Gruppen der Gesellschaft unmenschlich behandelt haben – die Geschichte des Westens beweist das zur Genüge. Sowohl die Sklaverei als auch die Unterdrückung der Frauen wurden auch vom Christentum gutgeheißen und gerechtfertigt.

Schließlich wird der Idealismus noch aus einem ganz anderen Grund abgelehnt: Er fesselt den Menschen, sagt man, zu eng an die übrige Natur und ihre Lebewesen. Diese Kritiker sagen also: Man kann nicht von der Vervollkommnung der menschlichen Natur in derselben Weise sprechen wie von der Vervollkommnung eines nicht-menschlichen Lebewesens. Eine schön gewachsene Eiche zum Beispiel mag die Vervollkommnung des Eichensamens sein, aber es gibt viel zu viele mögliche Formen menschlicher Vervollkommnung, um von einer von ihnen sagen zu können, sie sei die wahre Perfektion des menschlichen »Samenkorns«. Die Vorgänge in der Natur sind also kein geeignetes Muster für die Vervollkommnung des Menschen.

Vier Argumente gegen das Mitgefühl als Grundlage eines Ethik-Systems

Obwohl mehrere Religionen solche Haltungen wie Anteilnahme oder Mitleiden zu bedeutenden Tugenden erheben, betrachten doch viele Menschen im heutigen Westen Mitleiden nicht als eine tragfähige Grundlage für ein Ethik-System – auch wenn zweifellos die meisten darin übereinstimmen, daß es eine wichtige Charaktereigenschaft sei. Die Kritiker verweisen häufig auf die Tatsache, daß das Christentum und andere religiöse Strömungen trotz dieses Ideals immer wieder die Rechtlosigkeit von Menschen hingenommen haben. Entscheidend dabei ist, daß die Kritiker diesen Widerspruch nicht für eine Sache des historischen Zufalls halten; er macht nur die Probleme sichtbar, die mit einem Ethik-System allein auf dieser Grundlage verbunden sind. Sie argumentieren, daß neben dem Gedanken des Mitgefühls auch ein Begriff des rechtmäßigen Anspruchs nötig ist. Und diese Forderung kann nach einer verbreiteten Auffassung nur vom Rationalismus erfüllt werden, der einen gesellschaftlichen Zustand herbeiführt, in dem alle Menschen gleich und gut leben können.

Ein zweiter Kritikpunkt ist, daß Mitgefühl auf Empfindungen angewiesen ist, die in allen Menschen – außer den wenigen vollkommenen – leider sehr unbeständig sind. Die meisten Menschen fühlen zwar so etwas wie Mitleiden, aber im Normalfall nur gelegentlich und nur einigen Mitmenschen gegenüber. Mitgefühl, so fügen diese Kritiker hinzu, kann wirksam nur in der persönlichen Begegnung eintreten und deshalb nicht diejenigen allgemeingültigen Richtlinien hervorbringen, die wir zur Beseitigung der Ungerechtigkeiten in der Gesellschaft brauchen. Das Mitgefühl sagt mir vielleicht, wie ich mich gegenüber einem hilfsbedürftigen Menschen auf der Straße verhalten soll; es kann mir aber nicht – jedenfalls nicht ohne zusätzliche Normen – sagen, was ich in der Gesellschaft tun soll, damit dieser Mensch und alle anderen in seiner Lage nicht mehr hilfsbedürftig sein müssen.

Ein dritter Vorwurf ist damit verknüpft. Es wird gesagt,

daß Mitgefühl fast immer Herablassung produziert, eine Art Paternalismus, oder zumindest fragwürdige hierarchische Strukturen, kurz: eine Situation, in der eine Gruppe die Fürsorge für eine andere Gruppe übernimmt. Eine derartige Situation beschädigt die Freiheit derjenigen, die Gegenstand dieser Fürsorge sind. Das heißt aber, sie in die Abhängigkeit von Kindern zu versetzen und ihre Selbstbefähigung zur wahren Freiheit zu untergraben. Für die Kritik dieser Art ist es von entscheidender Bedeutung, daß der Mensch nicht abhängig wird, sondern seine Wahlfreiheit behält, auch wenn er nur zwischen mehr oder weniger schlechten Alternativen zu wählen hat.

Im vierten Gegenargument ist Mitgefühl als ethische Grundlegung deshalb fragwürdig, weil es üblicherweise mit einer religiösen Sicht der Dinge verbunden ist, wonach das gegenwärtige Leben auf Erden nur ein winziger Bestandteil des Lebens ist, das der Mensch erst noch vor sich hat. Die Kritiker werfen dem religiösen Gedanken eines Lebens nach dem irdischen Leben vor, er sei falsch oder zumindest nicht wissenschaftlich zweifelsfrei bewiesen. Zudem erscheint es ihnen wichtig, daß Menschen anerkennen, wie wenig sie eigentlich von all diesen Dingen wissen. Sie befürchten außerdem, daß derartige religiöse Überlegungen praktisch alle Menschen einer Gesellschaft dazu bringen, sich nicht mehr mit ihrem tatsächlichen Leiden zu befassen. Wenn ihre gegenwärtige Notlage lediglich als ein kleines Stück ihres großen, viel längeren Lebens verstanden wird, das erst nach ihrem Tod beginnt, so werden sie gleichgültig gegen die augenblicklichen Mißstände in der Welt.

Eine Ethik ohne Religion

DALAI LAMA: Sie haben den Begriff der Ethik von einem westlichen Standpunkt aus erläutert. Meine Frage geht dahin, ob es möglich ist, ein Ethik-System zu formulieren, ohne dafür irgendwelche Grundsätze einer Religion zu beanspruchen. Mit anderen Worten: Kann man eine Grenzlinie ziehen zwischen Tugend und Untugend, zwischen richtig und falsch, ohne die Annahme Gottes oder anderer geheimnisvoller Kräfte, ohne frühere Leben oder Karma, ganz einfach auf der Grundlage des gegenwärtigen Lebens?

LEE YEARLEY: Die meisten Ethik-Systeme der westlichen Moderne haben sich genau darum bemüht. Auch die rationalistische Auffassung versucht, religiöse Grundsätze durch etwas anderes zu ersetzen und trotzdem überzeugende Gründe anzubieten, warum die Menschen kein unmoralisches Verhalten zeigen sollten, wenigstens nicht in seinen schlimmeren Formen. Die Krise der Ethik gegen Ende des 20. Jahrhunderts besteht nun aber darin, daß jene Auffassung so viele mögliche Handlungsarten ohne irgendeine Richtlinie stehengelassen hat. Man hat zwar diese sehr allgemeinen Grundsätze, aber so vieles, was Menschen tun, wie sie ihre Angehörigen behandeln, was sie von kleinen Diebstählen halten oder wie sie mit ihrer Wut umgehen, wird davon überhaupt nicht berührt.

Eine Antwort auf dieses Problem ist dann häufig die Hauptthese aller westlichen Ethik, daß nämlich eine heutige Gesellschaft nur nach nicht-religiösen Grundsätzen eingerichtet werden kann, weil es zu viele Religionen gibt und außerdem zu viele Menschen, die gar nicht religiös sind. Eine zweite, eher herausfordernde Auffassung besagt, daß die im höchsten Maß kennzeichnende Eigenschaft des Menschen die Fähigkeit ist, frei zu entscheiden, ob er etwas Bestimmtes tun will oder nicht. Der Mensch sollte überhaupt nie von irgendwelchen Ideen angeleitet werden, die wissenschaftlich nicht zu beweisen sind; und das schließt religiöse Gedanken ein. Wenn er auch dann noch fürchterliche Fehler macht, dann ist das eben der Preis, den die Freiheit des Menschen verlangt. Einige der größten Verteidiger dieser sehr liberalen Auffassung sind davon überzeugt: Selbst wenn wir für ein Leben ohne religiöse Anleitung mit einem gescheiterten Leben bezahlen, so müssen wir das Ergebnis eben hinnehmen und damit leben. Im Grunde ihres Herzens glauben viele

Verteidiger dieses Systems, daß wir ohnehin von sehr vielen Dingen nur sehr wenig verstehen. Sie sagen es so: Das bestmögliche Leben ist das Eingeständnis, wie wenig man davon wissen kann, was ein gutes Leben ist.

DALAI LAMA: Ich halte es für sehr wichtig, die Aufstellung moralischer Grundsätze ohne irgendeine Verwicklung ins Religiöse zu versuchen. Es ist eine Tatsache, daß von fünf Menschen nur einer oder zwei einen religiösen Glauben haben. Mit den anderen, der Mehrheit, müssen wir uns also ernsthaft befassen. Im übrigen denke ich manchmal, es ist leichter, diese Nicht-Gläubigen anzusprechen. Was das Mitgefühl betrifft: Es bedeutet innerhalb jeder Ideologie etwas Unterschiedliches. Eine bestimmte Art und Weise, Mitleiden zu lehren, ist demnach für Menschen unterschiedlichen Glaubens möglicherweise nicht akzeptabel. Auch wenn das Mitgefühl im Denken der Nicht-Gläubigen keine Rolle spielt, muß man trotzdem einen Weg zu ihnen finden. In Norwegen entdeckte ich eine Gruppe, die sich zu dem Zweck organisiert hatte, menschliche Werte, insbesondere Mitleiden, unter die Leute zu bringen, und zwar ohne irgendeinen religiösen Zusammenhang.

Mitleiden als Grundlage einer Ethik

SHARON SALZBERG: Im Theravada-Buddhismus beginnt die Ethik mit der Unterscheidung zwischen dem, wodurch Leiden geschaffen wird, und dem, wodurch Leiden beendet wird. Die Unterscheidung ist sogar genauer, als wenn man nur sagt, bestimmte Handlungen seien richtig oder falsch, gut oder böse. Sie behält ihre Wahrheit sowohl für mich selbst wie für andere. Wir können nicht für uns selbst Leiden schaffen, ohne es gleichzeitig anderen anzutun, ebensowenig, wie wir anderen Leiden schaffen können, ohne es uns selbst anzutun. Folglich ist das Vorbild der Vollkommenheit und der höchsten Entwicklung eines menschlichen Wesens jemand, der am Ende des Leidens bei sich selbst angelangt ist und der deshalb auch anderen niemals mehr Leiden schafft. Aus diesem Grund ist es absolut entscheidend, das Mitleiden zur wahren Grundlage eines Ethik-Systems zu machen.

Dazu noch etwas: Wenn wir das Wort »Mitleiden« benützen, dann hat es nicht die Bedeutung, als betrachte ein gesunder Mensch einen kranken Menschen. Vielleicht weil wir daran denken, daß wir in so vielen Lebensabschnitten so viele verschiedene Dinge getan haben, und es kommt uns nicht in den Sinn, wir könnten besser als andere sein, wenn wir einem anderen Menschen helfen. In seiner Lage waren wir irgendwann selbst einmal. Auf diese Weise ist Mitleiden eher ein Gefühl der Gleichheit als die Haltung eines höhergestellten Menschen, der auf einen Niedrigeren herabschaut.

Die Bedeutung des Mitleidens wird überdies durch die Lehrmeinung gestützt, daß das Motiv der kräftigste und dauerhafteste Teil einer Handlung ist. Ein Beispiel: Wenn wir jemandem zu essen geben, weil er hungrig ist, wird er trotzdem morgen wieder hungrig sein. Aber aufgrund des Karmas besitzt das Motiv der Handlung über einen längeren Zeitraum hinweg eine kräftigere Wirkung als die Handlung selbst.*

DALAI LAMA: Ganz verschiedene Religionen heben die große Bedeutung des Mitgefühls hervor. Vom buddhistischen Standpunkt aus glaube ich, daß Mitleiden ein wichtiger Aspekt der menschlichen Natur ist, ein Bestandteil des menschlichen Geistes. Es ist eine der guten Eigenschaften des menschlichen Wesens. Die verschiedenen Religionen versuchen, diese grundlegende menschliche Eigenschaft zu fördern und zu stärken, aber sie ist keine äußerliche, dem Menschen hinzukommende Erwerbung oder irgendeine vom religiösen Glauben aufgestellte Erfindung. Sie ist immer schon

---

* Karma im Buddhismus ist ein Vorgang von Ursache und Wirkung, in dem Motive und Handlungen physische und mentale Wirkungen hervorbringen, sowohl für den Handelnden wie für den, auf den die Handlung gerichtet ist. Ein Mensch, der einem anderen aus Mitleiden zu essen gibt, verstärkt in sich den Antrieb zu einem selbstlosen Verhalten.

da, ob ich nun Buddhist bin oder nicht. Es gibt heute so viele Religionen auf der Welt, daß die religiöse Praxis nicht notwendigerweise das gleiche ist wie praktiziertes Mitgefühl. Man kann Güte und Mitleiden durchaus ohne religiöse Nebenbedeutung zeigen und fördern. Mir hat auch Ihre Bemerkung gefallen, Lee, mit der Sie auf die Unzulänglichkeit des Mitgefühls als alleiniger Grundlage einer Ethik hingewiesen haben, denn wenn jemand lediglich Selbstlosigkeit besitzt, dann ist das wenig, zu wenig. Aber Mitleiden verbunden mit Weisheit und einem tatkräftigen Dienen wird schon eine rundere Sache, nicht wahr?

JON KABAT-ZINN: Eure Heiligkeit, welche neue Sicht, die nicht schon vom Mitleiden allein geliefert wird, bringt eigentlich die Weisheit hinzu?

DALAI LAMA: Das läßt sich an dem Beispiel verdeutlichen, in dem der Hunger eines anderen Menschen für lediglich einen Tag gestillt wird. Wenn man den Fall mit Weisheit betrachtet, wird man über den Tag hinausdenken: Wie kann ich die Umstände so verändern, daß dieser Mensch in Zukunft nicht mehr leidet oder gar nicht erst in diese Zwangslage gerät? Andererseits, wenn wir von Weisheit reden, gibt es verschiedene Erscheinungsformen. Schon für einen Nicht-Buddhisten bedeutet sie nicht dasselbe wie für einen Buddhisten. Und auch noch unter Buddhisten selbst gibt es viele verschiedene Ausprägungen von Weisheit. Ich glaube, bei Nicht-Buddhisten ist Weisheit eher etwas Praktisches; bei Buddhisten wird Weisheit gern zu sehr verfeinert, zu sehr idealisiert. Das Ziel bleibt natürlich, daß alle fühlenden Wesen auf dem Weg der Meditation Buddha-Natur erlangen sollen. Aber um diese Weisheit zu erreichen, ist es nicht genug, nur Mitgefühl oder Betroffenheit zu zeigen. Man muß wissen, daß nichts getan werden kann, wenn die Menschen nicht den Versuch machen, selbst besser zu werden. Weisheit, nicht bloß Sympathie, wird verlangt, damit man sich weiterentwickelt. Allerdings ist die Buddha-Natur dann immer noch unendlich weit entfernt.

LEE YEARLEY: Die gleichen Leute, die das Argument vorbringen, Mitgefühl allein sei nicht genug, sagen aber auch, daß es selbst in der Verknüpfung mit Weisheit letztlich die Fürsorge einiger für viele andere bedeutet. Mitleiden als solches führt beispielsweise nie zum Gedanken der Menschenrechte, weil diese nicht aus Güte oder verständnisvoller Sympathie abgeleitet werden können. Sie verlangen vielmehr einen völlig anderen Blick auf die Welt. So lautet das Argument. Und ich finde die Feststellung historisch richtig, daß das Mitgefühl – unabhängig von seiner jeweiligen Bedeutung in verschiedenen Denktraditionen – normalerweise nie mit dem Gedanken der Menschenrechte verbunden war, und als Ergebnis davon wurden grauenhafte Taten begangen.*

FRANCISCO VARELA: Gibt es nicht vielleicht doch einen Beleg für die Bemerkung Seiner Heiligkeit, man sollte das Mitleiden nicht isoliert sehen, sondern in Verbindung – nicht notwendigerweise mit Weisheit, aber doch – mit einem geeigneten Verfahren, um dieses Mitgefühl tatsächlich hervorzubringen oder wirksam werden zu lassen? Abgesehen davon: Was den ethischen Idealismus betrifft, so scheinen Sie mir das Erreichen eines Zustands der Vollkommenheit immer

---

* Der »völlig andere Blick auf die Welt«, der zur Konzeption der Menschenrechte führt, entwickelt sich aus einer Ethik des Rationalismus. Ihm zufolge ist auch die Idee der Menschenrechte ein abstraktes Konzept. Sie beruht nicht auf bestimmten Empfindungen, sondern auf allgemeinen logischen Grundsätzen. Immanuel Kant legt das Grundprinzip einer Metaphysik der Moral folgendermaßen fest: »Handle so, daß die Maxime deines Handelns zugleich als Prinzip einer allgemeinen Gesetzgebung gelten könnte.« Das verpflichtet mich in der Anwendung auf menschliche Verhältnisse, andere nicht als Mittel zum Zweck zu behandeln, sondern als Sinn und Zweck selbst. Andere Menschen haben also innewohnende Rechte. Bestimmte Philosophen im Westen haben die Menschenrechte noch auf andere Weise definiert. Der Empiriker John Locke zum Beispiel ist der Auffassung, daß der Organisation der menschlichen Gesellschaft ein Naturgesetz zeitlich vorhergeht, das er als einen glücklichen, von Vernunft und Toleranz geprägten Zustand der Gesellschaft betrachtet. Daraus leitet er das Recht des Menschen auf Leben, Freiheit und Eigentum ab.

gleichzusetzen mit einer Art Glauben. Aber der Glaube ist hier gar nicht erforderlich. Es könnte – mit Hilfe des erwähnten Verfahrens – auch einfach ein Bemühen sein, ein Streben, ganz ohne eine Liste streng theologischer Glaubensinhalte.

LEE YEARLEY: Es gibt in der Tat Auffassungen in den großen westlichen Denktraditionen, ob im Judentum, im Christentum oder im Säkularismus, die derartige Verfahren befürworten und anwenden, indem sie bei solchen grundlegenden menschlichen Antrieben wie Sympathie ansetzen und den Menschen dann durch Methoden wie etwa Visualisierung zu verbessern trachten. Dabei würde einer sich zum Beispiel die schlechtestmöglichen Fälle eines Mangels an Mitleiden vorstellen, dann die bestmöglichen Fälle eines angewandten Mitleidens, die dazu passende Literatur nachlesen und schließlich die Gefühle unterdrücken, die ihn zu einem Handeln ohne Mitgefühl zwingen.

FRANCISCO VARELA: Aber all diese Beispiele sind immer noch an irgendeinen Glauben gebunden. Wie war das eigentlich in der Frühzeit des Marxismus? Da gab es doch ein unglaubliches Bemühen um Solidarität und Mitgefühl, das ausdrücklich mit der Ablehnung des religiösen Glaubens gekoppelt war. Es gab doch ein Verfahren zum Aufbau einer Gesellschaft, in der dieses Streben verwirklicht sein sollte, obwohl wir heute natürlich wissen, daß dies alles nicht gerade glücklich geendet hat.

LEE YEARLEY: Ich behaupte, daß der Marxismus, insbesondere in seiner Frühzeit, eine ebenso mächtige und glühende religiöse Bewegung war wie vieles, was der Westen in den letzten 500 Jahren erlebt hat. Der Marxismus hatte alle Anzeichen einer Religion. Seine Rechtfertigung wies weit voraus in die Zukunft. Er verlangte von den Menschen eine außerordentliche Selbstaufopferung und ein dauerndes Erlernen dieser Selbstaufopferung. Er hatte erhabene Ziele, eine hochverehrte Gründerfigur und fleißig gelesene heilige Texte. Es gab eine festgefügte Institution und eine ebenso starre

Organisation der Bevölkerung. Im Vergleich dazu sehen der römische Katholizismus oder das orthodoxe Judentum geradezu dürftig aus.

Ich will aber auch einmal auf der Seite der Mitgefühl-Kritiker argumentieren. Ich finde die Beobachtung absolut richtig, daß die großen Glaubenstraditionen wie Buddhismus, Christentum oder Konfuzianismus, in denen Mitgefühl ein Zentralbegriff ist, immer zusammen mit Gesellschaften existierten, in denen bestimmte Gruppen benachteiligt wurden, etwa Frauen oder Bauern oder Menschen ohne Schulbildung. Aber ganz unabhängig von der allgemeinen Geltung einer Aufforderung zum Mitgefühl ergab das wenige oder gar keine Impulse, das Los dieser Menschen zu verbessern. Nachdem die Kritiker gesehen hatten, was die religiöse Grundlegung einer Ethik angerichtet hatte, spürten sie die Notwendigkeit, noch einmal und ganz neu anzufangen.

DAN BROWN: Wenn ich Sie richtig verstehe, Lee, wird Mitgefühl als Motiv einer Ethik im Westen deshalb kritisiert, weil damit immer eine Ungleichheit zwischen Menschen verbunden ist, Divergenzen der gesellschaftlichen Rangstellung, der verfügbaren Macht oder des Entwicklungsniveaus. Ist also der Begriff der Ungleichheit wesentlich zum Verständnis der Kritiker?

LEE YEARLEY: Er ist in der Tat wesentlich, aber ebenso wichtig ist ihre Definition von Mitgefühl als etwas Privates, das nur von Mensch zu Mensch möglich ist.

DAN BROWN: Könnten vielleicht buddhistische Übungen, die ja nicht nur die eigene, sondern die Erleuchtung aller Lebewesen zum Ziel haben, dazu dienen, das beim Begriff des Mitleidens auftretende Problem der Ungleichheit zu umgehen?

DALAI LAMA: Aus der Sicht des Buddhismus gibt es sehr verschiedene Arten und Ebenen von Mitleiden, die sich bei jedem einzelnen Meditationspraktiker jeweils anders ergeben und zudem weitere Übungen und ihre Ergebnisse widerspiegeln können, zum Beispiel Weisheit oder Einsicht. In den frühen Meditationsphasen ist Mitgefühl üblicherweise noch mit Wünschen oder Abhängigkeiten vermischt, wie etwa die Gefühle der Eltern ihren Kindern gegenüber. Dabei mag durchaus ein starkes Gefühl der Nähe und der Verantwortung vorherrschen, aber der hauptsächliche Grund für das Mitleiden ist die Sorge für jemanden, der einem nahesteht. Da diese Art Mitleiden noch sehr von Bindung und Abhängigkeit beeinflußt bleibt, ist sie naturgemäß sehr begrenzt.

Es trifft sicher zu, daß unter bestimmten Umständen Ungleichheit vorliegt, wenn ein Mensch die Fähigkeit hat, das Leiden eines anderen Menschen zu erleichtern oder einen anderen Menschen überhaupt vor Leiden zu beschützen. Hier hat der eine Mensch eine Fähigkeit, die der andere nicht hat. Aber in der tatsächlichen Art und Weise, wie im Mitleiden andere fühlende Wesen betrachtet werden, gibt es keine derartige Ungleichheit. Sie ist einfach nicht da. Mitleiden als solches führt nicht zwangsläufig die Unterscheidung zwischen einem Ranghöheren und einem Rangniederen herbei.

Ein tiefer und weiträumiger angelegtes Mitgefühl als dasjenige, das durch eine Bindungsabhängigkeit beeinflußt ist, beruht in erster Linie auf der teilnehmenden Empfindung, daß das andere Lebewesen, dem ich Mitleiden entgegenbringe, mir völlig gleicht. Dieser andere Mensch sucht das Glück wie ich selbst, er hat genau wie ich das Recht auf Zufriedenheit und die Überwindung von Leiden, ob er mir nun nahesteht oder nicht. Solange es sich um ein Lebewesen handelt, insbesondere ein menschliches Wesen mit ähnlichen Wünschen und Rechten, kann ich gerade auf dieser Grundlage Mitleiden entwickeln. Diese Art des Mitgefühls beruht auf der Gleichheit zwischen mir selbst und anderen. Da ist keinerlei Anlaß, sich überlegen zu fühlen. In Wirklichkeit ist es eher so: In einem ersten Schritt erkenne ich an, daß auch andere Menschen Rechte haben, und danach entwickle ich auf dieser Grundlage ein Gefühl von Sorge und Verantwortung.

Ethik und der kulturelle Hintergrund

DAN GOLEMAN: Ich möchte gern Dr. Yearleys Bemerkung noch einmal aufgreifen. Er sagte, daß es im Lauf der Geschichte in vielen religiösen Gesellschaften, Tibet eingeschlossen, Unterschichten gegeben habe, etwa die Bauern, mit einem niedrigen Lebensstandard, und daneben andere Schichten, denen es sehr gut gegangen sei. Er fügte hinzu, daß der säkulare, demokratische Rationalismus diese Ungleichheit unmittelbar als eine Frage der Menschenrechte anspreche. Wie kommt es aber dazu, daß derartige Ungerechtigkeiten überhaupt bestehen trotz der gleichzeitigen und weitverbreiteten Lehre des Mitleidens?

DALAI LAMA: Wir haben einen einfachen Spruch dafür, daß manche Menschen »die Religion nur im Mund haben«, das heißt, sie praktizieren nicht, was sie sagen. Trotzdem glaube ich, wenn man das Feudalsystem Tibets mit dem Feudalsystem in China oder Indien vergleicht, wird man in Tibet erheblich mehr Mitgefühl und weniger Leiden finden. Allgemein gesprochen: Ich bin überzeugt, der Grund dafür ist die starke Betonung des Mitleidens in Buddhas Lehre. Nichtsdestoweniger würde ich gern einmal eine Untersuchung dieses Themas von Forschern sehen, die hier nicht so voreingenommen sind wie ich. Viele Ausländer haben in diesem Land auf den ersten Blick bemerkt, daß Tibeter im allgemeinen glücklich und lebenslustig sind, gerade diejenigen, die noch in den schlechten Zeiten des alten Systems geboren und aufgewachsen sind. Niemand behauptet, daß Tibet in der Vergangenheit ein idealer Platz zum Leben war. Es gab natürlich eine ganze Menge schädlicher Übel und Rückständigkeiten, aber im allgemeinen waren wir eine ziemlich glückliche Gesellschaft. Ich glaube, daß die Religion hier eine besonders wichtige Rolle spielt. Vor der historischen Blütezeit des tibetischen Buddhismus waren die Tibeter eine Nation von Kriegern. Der Buddhismus machte uns unfähig dazu. Deshalb haben wir schließlich unser Land verloren. Gleichzeitig waren wir jedoch imstande, eine große Zahl von Anhängern zu erwerben.

Wenn man sich aus buddhistischer Sicht mit der Frage des geeigneten Unterbaus für ethische Grundsätze befaßt, muß man den im Buddhismus fundamentalen Begriff der Wechselbeziehung aller Dinge untereinander berücksichtigen. Man kann also nicht sagen, Mitleiden sei die einzige Grundlage, man brauche allein Mitleiden, und alles andere sei vollkommen, und wenn man es nicht habe, dann sei nichts vollkommen. Es kann wohl der Antrieb für eine moralische Handlung sein, aber das heißt nicht, daß es allein dafür ausreichend ist.

Aus der Sicht des Buddhismus haben alle drei von Dr. Yearley vorgestellten Denktraditionen des Westens gute Gründe für ihre jeweiligen Thesen. Der Individualismus hat insofern recht, als jedes Individuum für sein eigenes Wohl tätig sein muß, zu seiner eigenen Erfüllung; und dabei sind die individuellen Wünsche zu berücksichtigen. Auch der ethische Idealismus hat seine Berechtigung, denn wir alle streben nach einem vollkommenen Zustand des Lebens. Und zum dritten brauchen wir den Rationalismus, weil wir ohne die Fähigkeit der menschlichen Vernunft keine Urteile darüber treffen können, was in einer bestimmten Situation richtig und falsch ist. Demnach kann ein Buddhist nicht sagen, eine einzige Sache sei die Grundlage für eine Ethik; man muß immer die wechselseitigen Abhängigkeiten im Auge behalten. Jede der drei Denktraditionen ist notwendig, aber keine kann für sich alleine bestehen. So ist auch das Mitleiden allein keine geeignete Grundlage für eine Ethik, was aber nicht heißen soll, es sei als Antrieb oder Unterbau einer Ethik falsch am Platz.

LEE YEARLEY: In der Ethik des Westens können die genannten drei Ideensysteme jedoch überhaupt nicht miteinander vereint werden, wenigstens nicht ohne große Schwierigkeiten. Wenn man nämlich sagt, das Wichtigste seien die individuellen Wünsche, meint man damit entweder, daß jeglicher Wunsch eines Individuums ganz in Ordnung ist, oder aber, daß manche Wünsche besser sind als andere. Beginnt man jedoch, zwischen guten und schlechten Wünschen zu unterscheiden, dann ist man schon mitten im ethischen Idealismus. Im Westen behauptet die Position des Individualismus, daß das Individuum das einzig Wichtige im gesamten Universum ist: Alles, was der Individualist haben will, sollte er auch zu erreichen suchen, und der Staat soll dabei keinem Menschen Hindernisse in den Weg legen. Das ist es wahrscheinlich, was bei einer Suche nach einem religiösen Grundsatz in der modernen westlichen Ethik herauskommt. Mir ist nicht erkennbar, welchen Sinn er hat, außer als religiöser Grundsatz. Der Rationalismus ist ein sehr gutes Beispiel dafür, wie hoch manche Menschen ihre persönliche Ansicht von Vernunft veranschlagen können, da er ja die Möglichkeit voraussetzt, Menschen zu überzeugen, daß sie bestimmte Dinge einfach aus dem Grund, daß sie schlecht sind, nicht tun sollen.

DALAI LAMA: Wenn das die Position des Rationalismus ist, könnte es doch bestimmte Handlungen geben, bei denen Übereinstimmung darüber herrscht, ob sie richtig oder falsch sind. In vielen anderen Fällen jedoch ist dieses Urteil abhängig von der jeweiligen Situation. Man muß dann verschiedene Umstände berücksichtigen, die darin verwickelten Menschen, ihre innere Veranlagung und Neigung und vieles andere mehr. Wie beurteilt also der Rationalismus die Tatsache, daß ein und dieselbe Handlung für einen Menschen gerechtfertigt und für einen anderen untauglich ist?

LEE YEARLEY: In westlichen Begriffen ausgedrückt, hat Seine Heiligkeit gerade einen kritischen Punkt ganz in der Tradition von Aristoteles oder Thomas von Aquin vorgetragen. Und doch würde der Rationalist behaupten, daß die jeweilige Situation absolut keinen Unterschied macht. Erinnern wir uns: Kant verlangte, daß ein Mensch niemals lügen dürfe, da bedeutungsvolle Verständigung auf der Annahme der Wahrheit beruht. Denken Sie an mein Beispiel, in dem Ihnen jemand einen Revolver leiht und ihn später zurückhaben will, um damit seine Schwester zu erschießen. Kant würde nun sagen, Sie müssen ihm den Revolver zurückgeben, weil Sie nicht fälschlicherweise behaupten dürfen, Sie hätten ihn verloren. Es wurde hier schon gesagt, und viele andere würden zustimmen: Es ist falsch, daß eine philosophische Einstellung ein derartiges Ergebnis gutheißt.

DALAI LAMA: Das Beispiel zeigt gerade die Relativität der Begriffe von falsch und richtig. Das heißt aber doch, daß Entscheidungen letztlich auf der Grundlage dessen zu treffen sind, was einerseits vorteilhaft und nützlich, andererseits nachteilig und schädlich ist. Es sind die Folgen einer Handlung, die diese als richtig oder falsch bestimmen. Jede Handlung, die zu einer schädlichen Folge führt, kann als falsch, jede Handlung mit nützlichen Folgen als richtig beurteilt werden.

LEE YEARLEY: Das bringt uns aber zu einer weiteren Schwierigkeit in dieser Denktradition. Wenn man lediglich in Begriffen von Konsequenz und Nutzen argumentiert, gerät man anscheinend sehr schnell in ganz verzwickte Problemfälle.

DALAI LAMA: Deshalb sind der innere Antrieb und Mitleiden wichtig.

FRANCISCO VARELA: Sehen Sie, Lee, in der Blickrichtung des ethischen Idealismus, den Sie doch für eine mögliche Ethik halten, irgendeine ihm innewohnende pragmatische, praktische Methode? Und wenn ja, welche? Ich stelle diese Frage, weil es mir als einem in christlicher Umgebung erzogenen Westler, weit entfernt von allen Ansichten des ethischen Idealismus, so vorkommt, als sagte man mir zum Beispiel: Du sollst lieben, aber du wirst dabei jämmerlich scheitern.

LEE YEARLEY: Das ist, denke ich, einmal eine Gelegenheit, den tatsächlich wunderbaren Reichtum der westlichen Denktraditionen sichtbar werden zu lassen. Es wird uns ja nicht nur einfach gesagt, daß wir Mitgefühl und Liebe haben sollen, sondern wir bekommen statt dessen praktisch tätige Übungen als Aufgabe. Aber viele Menschen sehen das ganz anders. Sie glauben, man sagt ihnen bloß, wie sie sein sollen, und dann scheitern sie kläglich und ziehen daraus den Schluß, daß die westlichen Morallehren irgendwie ein völliges Fiasko sind. Das zeigt uns, wie sehr die Tradition die Verbindung mit ihren eigenen Wurzeln verloren und einige sehr fragwürdige Denkfiguren der modernen Welt übernommen hat. Eine davon ist die Meinung, daß man, wenn man etwas verstanden hat, irgendwie sofort schon imstande ist, es auch zu tun. Ich glaube, das ist eines der Ergebnisse des Rationalismus, daß allein der Gedanke auf normale und natürliche Weise zur Tätigkeit führt.

Keine einzige der tieferen Traditionen des Westens, weder das Christentum noch das Judentum oder anderes, haben je so etwas gelehrt.

DALAI LAMA: Sie kommen also zu dem Schluß, daß wir zur Aufstellung einer gültigen Grundlage der Ethik gezwungen sind, uns an religiöse oder transzendente Gedankengänge zu wenden, die von der Wissenschaft nicht zu beweisen sind? Wenn Sie also ein Idealismus-Modell befürworten, bedeutet das, daß Sie tatsächlich auf irgendeine Art Religion zurückgreifen müssen, um dieser Ethik eine Grundlage zu geben?

LEE YEARLEY: Ja, und zwar ganz entschieden. Ich glaube, daß wir dafür religiöse Überzeugungen und religiöse Praxis brauchen und daß wir dafür Energien und Kräfte heranziehen müssen, die nicht Teil der alltäglichen menschlichen Erfahrung sind.

DALAI LAMA: Wie steht es damit bei Tieren, speziell bei gruppenbildenden Tieren? Wir finden bei ihnen doch eine eingeschränkte Form von Uneigennützigkeit, und sie haben anscheinend auch ein recht gutes Gefühl von Verantwortung für das Gemeinwohl, dabei aber keine Religion.

LEE YEARLEY: Zweifellos gibt es Kraftquellen, die Menschen von Natur aus haben, und man kann auf diese Hilfsmittel zurückgreifen, um eine soziale Gemeinschaft aufzubauen und Verpflichtungen zu erfüllen. Die Geschichte des Westens macht mich sehr traurig, weil die Menschen immer weniger fähig scheinen, ethisch zu handeln ohne religiöse Grundlagen. In der Vergangenheit handelten hier Menschen oft auch dann verantwortungsvoll, wenn sie nicht religiös waren, weil sie dann auf die eine oder andere Weise eine Kultur oder Überlieferung benützten, die ihrerseits religiös fundiert war. Mir kommt es so vor, als sei die Begründung dafür, daß Amerika heute in so einer verzweifelten Notlage steckt, zum Teil darin zu suchen, daß die Menschen sich von jeder religiösen Grundlegung weit entfernt haben. Man sagt ihnen, sie sollen als Bürger ihrem Land angehören, zu seinem Besten beitragen und gewisse Grundpflichten erfüllen, aber genau das tun sie nicht, und es gibt sozusagen keine Möglichkeit, sie zu überzeugen oder zu der gewünschten Tätigkeit zu bringen.

DALAI LAMA: Glauben Sie demnach, daß ethische Grundentscheidungen, ob etwas richtig oder falsch ist, immer nur in bezug auf eine religiöse Gemeinschaft existieren? Oder würden Sie sagen, es gibt einige allgemeine Wahrheiten, die allen Menschen gemeinsam sind?

LEE YEARLEY: Ich habe die letzten zwanzig Jahre meines Lebens versucht, mich mit dieser Frage zu beschäftigen. Ich glaube, es gibt einige bemerkenswerte Ähnlichkeiten zumindest in den Religionen, von denen ich ein wenig verstehe, und ich finde das einen erhebenden Gedanken. Wenn wir aber über diese allgemeinen Wahrheiten sprechen wollen, so erfordert das anscheinend eine Sprache, die über die Angebote einer einzelnen Denktradition hinausgeht. Weder eine konfuzianische, noch eine christliche, noch eine buddhistische Redeweise ist diesen Dingen vollkommen angemessen. Wir brauchen also eine neue Art des Sprechens, ohne darüber die Verbindung mit der Denktradition, deren Teil wir sind, völlig zu verlieren. Es scheint mir von entscheidender Bedeutung, diese neue Sprache zu finden.

THUBTEN JINPA: Sie sagen also, daß es allgemeine und gemeinsame religiöse Wahrheiten gibt, die im Kontext verschiedener religiöser Sprachen ausgedrückt werden können?

LEE YEARLEY: Das ist genau, was ich damit meine. Es hat mich einige Zeit gekostet, zu dieser Auffassung zu gelangen, und ich bin nicht einmal sicher, welche Auffassung ich in fünf Jahren vertreten werde.

Eine allgemeine Grundlage der Ethik

FRANCISCO VARELA: Die Frage Seiner Heiligkeit zu gruppenbildenden Tieren, die einfach aus Mitgefühl eine sehr verantwortungsvolle Uneigennützigkeit zeigen, aber ohne Religion oder einen kulturellen Kontext – diese Frage bedeutet ja auch, daß die Triebfeder solcher Werte nicht unbedingt eine religiöse Tradition zu sein braucht. Nicht daß sie das niemals ist, aber warum sollte sie das einzig mögliche Motiv sein?

LEE YEARLEY: Das ist eine Angelegenheit, über die keine Einigkeit besteht. Aber eine bestimmte Ethik-Auffassung behauptet, dasjenige, was die Menschen im besonderen kennzeichnet, ist die Tatsache, daß sie nicht so leicht wie andere Tiere soziale Gemeinschaften bilden, so daß also die Eigenschaft, die bei uns Menschen höchst einzigartig ist und vielleicht sogar brauchbar, gleichzeitig das potentiell Gefährlichste ist, daß wir nämlich nicht in jedem Fall etwas für die Gruppe opfern, nicht unbedingt diejenigen lieben, die uns nahestehen. Wir können ebensogut beschließen, ganz raffiniert unseren eigenen Weg zu gehen, und wir können damit ja Erfolg haben. Ich glaube, daß Tiere und Menschen sich einfach grundsätzlich unterscheiden, zumindest in diesem Punkt, aber ich weiß, es gibt viele Wissenschaftler, die sich selbst ebenfalls für Ethiker halten und trotzdem meiner Meinung nicht zustimmen würden.

FRANCISCO VARELA: Gerade deshalb möchte ich als Biologe die Frage gern vertiefen.

DALAI LAMA: Die freie Entscheidung kann unsere größte Macht sein, aber auch unser größter Schaden.

FRANCISCO VARELA: Seine Heiligkeit hatte die Meinung vertreten, es gebe möglicherweise eine grundlegende Fähigkeit, die zwar nicht ausgesprochen religiös sei, aber als Fundament einer Ethik dienen könnte. Ich komme noch einmal auf die Frage der Tiere zurück: Ich hatte immer den Eindruck, daß ihr naturgegebenes Mitgefühl für die eigene Art einen recht unscharfen Rand hat. Wir haben aber auch Beispiele für Mitgefühl über die eigene Art hinaus. Das Symbol der Stadt Rom sind zwei Kinder, Romulus und Remus, die von einer Wölfin gesäugt werden. Diese Wölfin handelte also nicht für die eigene Art. Sie hatte etwas in sich, das es ihr ermöglichte, die Grenze ihrer Spezies zu überwinden und menschliche Kinder zu ernähren.

LEE YEARLEY: Das ist aber gerade ein religiöses Symbol. Es hat genau deshalb eine so hohe Bedeutung, weil es keine biologische Grundlage hat, und aus diesem Grund haben die Römer es zu ihrem Symbol gemacht.

FRANCISCO VARELA: Und doch, solche Dinge kommen biologisch vor. Es gibt viele Berichte von Delphinen, die verunglückten Seeleuten geholfen haben.

LEE YEARLEY: Zweifellos kommt so etwas biologisch vor. Ich glaube aber, die Menschen bemerken es gerade wegen seiner Ungewöhnlichkeit.

FRANCISCO VARELA: Aber wenn es da nun etwas gibt, das zu seiner Entstehung keine Kultur braucht, dann ist das doch ei-

41

ne ganz erstaunliche Grundlage, auf der man etwas aufbauen kann, die man durch Einübung erweitern kann.

DALAI LAMA: Mit dem Blick auf die menschliche Entwicklung gefragt: Ist das nicht dasselbe, was in der Beziehung zwischen den Eltern und ihrem Kind oder auch zwischen den Geschlechtern vorkommt? Aus dem Grund wächst ja die Bevölkerung immer weiter. Sogar bei Pflanzen kennen wir etwas wie Zusammenarbeit. Die menschliche Gesellschaft baut sich auf der Familie auf und die Familie auf Zusammenarbeit, nicht etwa durch Gewalt, sondern aus reiner Notwendigkeit.

Diese ursprüngliche Notwendigkeit führt zu einem positiven Ergebnis, einer Art Befriedigung, und auf diese Weise wächst die Familie. Es geschieht also auf der Grundlage der positiven Eigenschaften der menschlichen Natur. Religion ist dabei noch gar nicht im Spiel, es ist vielmehr eine grundlegende Eigenschaft des menschlichen Geistes. Sicher, auch Wut und Eifersucht sind Produkte unseres Geistes. Trotzdem glaube ich, daß die beherrschende Kraft unseres Geistes das Mitgefühl ist, die Zuneigung zu anderen Menschen. Wenn etwa Wut diese hauptsächliche Kraft wäre, könnte sich keine Familie entwickeln. Andere Menschen tyrannisieren oder töten, das bringt keine Familie hervor. Aber die Menschheit existiert. Jetzt sind wir in Sorge über das Ergebnis, die Übervölkerung der Erde. Die menschliche Natur ist also im Grunde etwas Gutes, und das ist aus buddhistischer Sicht auch die Grundlage der Religion. Trotzdem: Die Religion ist ein Werk der Menschheit. Selbstverständlich kann man Gott als etwas außerhalb der Menschheit ansehen, aber selbst wenn es einen Gott gibt, kann sich ohne einen geeigneten Empfänger, ohne ein menschliches Wesen keine Religion entwickeln. Der hauptsächliche Beitrag stammt hier vom Menschen. Demnach hat die Religion als Grundlage die guten Eigenschaften der menschlichen Natur, ihre innewohnende Zuneigung. Wenn jemand feststellt, daß hierin etwas Gutes liegt, Vorteilhaftes, dann versucht er, diese Eigenschaft zu festigen und durchzusetzen.

Zu bestimmten Gelegenheiten mag es allerdings erlaubt sein, auch einmal Wut auszudrücken. Und doch fördert keine Religion die Wut als etwas Wohltätiges, weil Wut immer Probleme schafft. Menschen schätzen Wutanfälle ja auch nicht, sie mögen keine Zerstörung. Ich glaube, sie mögen lieber etwas Aufbauendes.

LEE YEARLEY: Warum zerstören sie dann so viel?

DALAI LAMA: Wenn wir auf die Geschichte der Millionen Jahre schauen, in denen Menschen auf dieser Erde sind, so werden wir, glaube ich, mehr Aufbauendes als Zerstörung finden. Wenn etwas Zerstörerisches geschieht, sind wir normalerweise erschüttert, weil wir von Natur aus liebevoll und sanft sind. Wenn aber angenehme Dinge passieren, dann halten wir sie für selbstverständlich. Zerstörung hinterläßt immer einen stärkeren Eindruck, und deshalb denken wir, es gibt in der Welt mehr Zerstörerisches als Positives, wie zum Beispiel aufbauende und freundliche Taten. Könnten Sie vielleicht darüber weiterdiskutieren? Ich habe es immer für sehr wichtig gehalten, dazu eine andere Meinung zu hören.

LEE YEARLEY: Ich neige immer wieder zu der Auffassung, ja ich bin sogar davon überzeugt, daß der in meinen Augen tiefste Charakterzug der christlichen Überlieferung das bestätigt, was Sie eben sagten – Menschen bauen auf, sie bilden Familien; daß es aber gleichzeitig etwas gibt im Menschen, das uns auf den Weg der Zerstörung treibt, zur Gewalt gegen andere und gegen uns selbst, etwas, das dunkel ist und nur in der Dunkelheit zu sich findet, das den Drang hat, auch gegen etwas loszuschlagen, was wir einst geliebt haben. Es ist unerklärlich, aber es ist da, und die gesamte christliche Denktradition versucht ja, mit der Frage klarzukommen, warum es dieses tiefe Böse in den Menschen gibt, unabhängig von allem, was sie eben sagten. Ein christlicher Theologe hat einmal gesagt: Die Erbsünde sollte es eigentlich nicht geben, aber es gibt sie eindeutig.

DAN GOLEMAN: Kennt der Buddhismus etwas der Erbsünde oder dem Bösen Vergleichbares?

DALAI LAMA: Das Vergleichbare im Buddhismus wäre das grundsätzliche Nicht-Wissen.

JON KABAT-ZINN: Das Böse ein Nicht-Wissen zu nennen, ist eine Betrachtungsweise voll Mitleiden. Lee, Sie haben das genaue Bild eines ernsten Dilemmas gezeichnet, ein erkenntnistheoretisches Problem. Was ist Ihre persönliche Ansicht zur Möglichkeit seiner Lösung?

LEE YEARLEY: Ich habe mich – und ein paar Freunde von mir – davon überzeugt, daß eine Lösung möglich ist. Ich glaube, sie geht von einem ethisch-idealistischen Menschenbild aus. Das heißt zum Teil aber auch, daß man einige Menschen niemals von der Richtigkeit dieses Bildes überzeugen kann, was manchmal ziemlich deprimierend ist.

JON KABAT-ZINN: Aber in welcher Weise wäre denn dieses Menschenbild verschieden von dem traditionellen Bild des ethischen Idealismus, das ja seine eigenen Konflikte hat?

LEE YEARLEY: Ich glaube, daß einige Aspekte des Rationalismus, auch Begriffe von Recht und Gerechtigkeit, in das Menschenbild des Idealismus eingefügt werden können. Jedenfalls habe ich größere Schwierigkeiten mit der Frage, wie man ein ethisch-idealistisches Menschenbild in einer freien, demokratischen Gesellschaft aufzustellen versuchen soll. Mir kommt das wie eine in vielem sehr problematische Kontrolle über Menschen vor.

JON KABAT-ZINN: Glauben Sie, daß die Wissenschaft oder die breiter angelegte Sicht einer Geist-Körper-Verbindung einen Beitrag zu diesem neuen ethisch-idealistischen Menschenbild verheißt, wodurch es wesentlich anders aussähe als die bisherigen Sackgassen des Idealismus?

DAN GOLEMAN: Mit anderen Worten, wir haben die Grundlage einer neuen Ethik?

LEE YEARLEY: Da habe ich meine Zweifel, aber vielleicht lasse ich mich überzeugen.

Belastende und heilsame Gefühle und ihre Wirkung auf die Gesundheit (Daniel Goleman)

Gefühle sind für unsere Gesundheit von großer Bedeutung. Zum einen belegen zahlreiche wissenschaftlich gewonnene Fakten, daß die Verbindung von Emotion und Gesundheit gerade bei negativen Gefühlen wie Wut, Angst oder Depression besonders intensiv ist. Diese Zustände können bei einer gewissen Kraft und Dauer die körperliche Anfälligkeit für Krankheiten erhöhen, vorhandene Symptome verstärken und die Heilung behindern. Zum andern besitzen positive Gefühlszustände wie Gelassenheit und Zuversichtlichkeit offenbar eine heilsame Wirkung – obwohl die Forschungsergebnisse für die Wirkung positiver Gefühle nicht so eindeutig und aussagekräftig sind wie für die Wirkung negativer Gefühle.

Hier nun ein Überblick über die wissenschaftlichen Erkenntnisse und über die Möglichkeiten, biologische Gesundheitsvorschriften als Richtschnur für eine Ethik des Handelns anzuwenden.

DAN GOLEMAN: Eure Heiligkeit, Sie erwähnten bereits die Tatsache, daß drei bis vier Milliarden Menschen auf der Erde keinen religiösen Glauben haben. Die Frage ist also: Welche Art Ethik kann diese vier Milliarden ansprechen? Ich werde die Ergebnisse wissenschaftlicher Experimente vorstellen, die einen völlig neuen Weg zur Beantwortung dieser Frage weisen. Sie zeigen nämlich, daß der körpereigene Geist – mit anderen Worten: das Immunsystem – als Grundlage für ein tatsächliches Ethik-System dient, und zwar durch den Unterschied zwischen Gefühlszuständen, die einen Menschen gesund bleiben und länger leben lassen, und solchen, die Krankheiten begünstigen. Ich werde also zeigen, daß das körpereigene Ethik-System, das »Körper-Dharma«, einem Aspekt der buddhistischen Lehre sehr nahekommt, indem quälende Gefühle krank machen und wohltuende Gefühle die Gesundheit fördern. Wenn ich mir die neueren Wissenschaftsbeweise vor Augen führe, bin ich immer wieder überwältigt von der Ähnlichkeit der mentalen Zustände, die zu Krankheit oder Gesundheit führen, mit denjenigen Geisteshaltungen, die in vielen alten spirituellen Überlieferungen wie Christentum und Buddhismus als heilsam bzw. schädlich beschrieben werden.

Lassen Sie mich zuerst den größeren Zusammenhang der zu besprechenden Forschungen aufzeigen. Ich betrachte mentale Zustände, die zu Gesundheit oder Krankheit führen. Ich meine damit nicht, daß sie allein an diesem Vorgang beteiligt sind. Wenn wir recht bedenken, warum wir zu einem bestimmten Zeitpunkt krank werden, so wirken dabei immer mehrere Ursachen mit. Dauernd sind wir Bakterien oder auch gewissen Körperzellen ausgesetzt, die sich zu einem Tumor auswachsen, und obwohl das Immunsystem ständig seine Wachen gegen sie aufstellt, kennen wir vieles, was dieses Abwehrsystem schwächen kann. Eine Ursache ist Vererbung: Wir haben vielleicht eine genetische Disposition für Autoimmunkrankheiten geerbt, für Krebs oder andere Leiden. Eine weitere Ursache sind schädliche Angewohnheiten: Rauchen führt zu Lungenkrankheiten, falsches Essen schwächt das Immunsystem. Auch die Umwelt kommt als Ursache zur Wirkung: Die Luftverschmutzung unserer Zeit hatte eine merkliche Zunahme von Atembeschwerden zur Folge, zum Beispiel von Asthma.

Die neueste Entdeckung der letzten fünf oder zehn Jahre besagt, daß bestimmte innere, geistige Zustände die Stärke des Immunsystems und die Belastbarkeit des Herz-Kreislauf-Systems erhöhen können. Die einzelnen Gefühlszustände, über die ich sprechen werde, sind bis jetzt die einzigen, zu denen in nennenswertem Umfang wissenschaftliche Untersuchungen vorliegen. Die schädlichen Zustände im folgenden sind Wut oder Feindseligkeit, Depression (die nicht nur Traurigkeit einschließt, sondern auch Selbstmitleid, Schuldgefühle und Hoffnungslosigkeit), Streß (also Aufgeregtheit, Nervosität und Angst) und Verdrängung (oder auch das

Leugnen von Angst). Die hier behandelten heilsamen Zustände sind Ruhe, Optimismus, Selbstvertrauen, Freude und Güte.

Die Wirkung dieser Gefühlszustände auf das Immunsystem wird gemessen an der Zunahme oder Abnahme der Zahl der Immunzellen oder auch ihrer Effektivität. Die bisher herrschende Meinung in der Medizin lautet, daß das von bestimmten Gefühlszuständen abhängige Ausmaß der Immunzellen-Veränderung noch keine spürbare Auswirkung auf die Gesundheit hat; aber diese Auffassung wird sich mit den neueren Untersuchungsergebnissen sicher wandeln. Ich möchte das Maß der Immunzellen-Veränderung einmal in die richtige Perspektive rücken. Man kann zum Beispiel das Immunsystem von weißen Ratten durch die wiederholte Anwendung von Elektroschocks schwächen; sobald die Wirksamkeit der Immunzellen um etwa achtzig Prozent vermindert ist, sterben die Tiere an verschiedenen Krankheiten, weil ihr Immunsystem weitgehend beschädigt ist. Bei einem Rückgang von zwanzig bis dreißig Prozent, bei der Größenordnung, die wir in den meisten Untersuchungen zu Gefühlen und Immunsystem finden, geschieht dies jedoch nicht; trotzdem kann man auch hier die Meinung vertreten, daß eine Veränderung auch dieser Größenordnung einen Unterschied macht, wie wirksam ich die Bakterien bekämpfe, die auf mich zukommen, und wie schnell ich mich von einer Krankheit wieder erhole. Im übrigen untersucht die Forschung zur Wirkung von Gefühlen nun auch Herz- und andere Krankheiten, die mit dem Immunsystem gar nichts zu tun haben, so daß wir eine Auswirkung der Gefühle auf die Gesundheit ganz allgemein annehmen können.

Der Grundgedanke, daß mentale Zustände überhaupt den Gesundheitszustand beeinflussen, ist ausgesprochen neu in der Wissenschaft. Dabei ist es bezeichnend, welche geistigen Zustände bisher nicht untersucht wurden. So gibt es zum Beispiel keine Experimente zur Wirkung von Habgier auf die Gesundheit, weil Habgier im Westen nicht als Problem oder Krankheitserscheinung gesehen wird; Habgier ist vielmehr eine kulturelle Norm. Die Betrachtung verschiedener geistiger Zustände während der Meditation und ihre Auswirkungen auf die Gesundheit ist zweifellos ein vielversprechendes Projekt, aber noch liegt es jenseits all dessen, was die Wissenschaft heute tut. Nur zu näherliegenden Gefühlen und ihrem Einfluß auf die Gesundheit verfügen wir über einen großen Datenbestand.

Der erste mentale Zustand, über den ich sprechen möchte, ist Wut. Dr. John Barefoot von der University of North Carolina hat Personen mit Symptomen möglicherweise ernster Kreislaufstörungen untersucht. Wenn sie zur Messung der Arterienverengung in seine Klinik kamen, wurden sie einem psychologischen Test unterzogen, um festzustellen, wie oft sie ganz allgemein wütend waren. Eine Frage lautete zum Beispiel, wie oft sie ihre Kinder anschreien. Das Ergebnis: Die geringsten Arterienverschlüsse wurden in der Gruppe gefunden, die die wenigsten Wut-Fälle hatte, während die Personen mit den meisten Wut-Fällen die größten Arterienverschlüsse aufwiesen. Das muß aber noch nicht beweisen, daß Wut die Arterien verstopft, denn eine dritte Ursache kann sowohl die Wut, als auch die Arterienverengung auslösen.

Wir brauchen also eine prospektive Untersuchung, die den künftigen Zustand einer Person aus ihrem gegenwärtigen Zustand vorhersagt. Dr. Redford Williams von der Duke University stellte ein solches Experiment mit 2000 Fabrikarbeitern an, die zufällig 25 Jahre vorher einen Test abgelegt hatten, unter anderem über ihren Grad an Feindseligkeit. Von den Personen mit einem niedrigen Wert für Wut waren inzwischen bis zu zwanzig Prozent gestorben. Von den Personen mit entsprechend hohen Werten waren dreißig Prozent gestorben, und die Ursachen waren Herz-Kreislauf-Krankheiten, Krebs, andere Leiden sowie Ursachen, die nichts mit Gesundheit zu tun haben, etwa Unfälle.

Das legt den Schluß nahe, daß die Wahrscheinlichkeit, in den nächsten 25 Jahren zu sterben, für einen chronisch wütenden Menschen um fünfzig Prozent höher ist als für einen nicht zu Wutanfällen neigenden Menschen. Wir könnten überdies annehmen, die Unfälle unter den Todesursachen seien ebenfalls auf Wutausbrüche zurückzuführen, aber mit Sicherheit können wir das nicht behaupten.

Neuerdings zeigen weitere Untersuchungen, daß Zorn oder Wut sogar eine noch stärkere Ursache für einen frühen Tod ist. In einer Studie Mitte der fünfziger Jahre wurden Medizinstudenten auf chronische Feindseligkeit getestet und nach ihren Werten eingestuft. Zwanzig Jahre später ging Dr. Williams ihnen nach und fand heraus, daß nur drei von den 136 als nicht feindselig Eingestuften gestorben waren. In der Gruppe der hochgradig Feindseligen dagegen waren 16 Personen gestorben. Diese Eigenschaft scheint also das Sterberisiko ganz erheblich zu erhöhen. Das Interessanteste an dem Ergebnis war, daß die meisten Todesfälle in der Gruppe der Feindseligen vor dem Alter von fünfzig eingetreten waren. Die Zornigen scheinen also jung zu sterben.

Dr. Williams hat außerdem die besonderen Kennzeichen jener offenbar zu einem frühen Tod führenden Wut untersucht und entdeckte darin drei Bestandteile. Erstens eine Neigung zum Zynismus. Wenn ich ein mißtrauisches, negatives Bild von meinen Mitmenschen habe, nehme ich an, daß sie mich höchstwahrscheinlich bedrohen werden und ich deshalb auf der Hut sein muß. Diese andauernd feindselige Haltung führt sodann zu einem Gefühl der Wut, und dieses Gefühl schließlich drittens zu entsprechenden Handlungen: Ich habe Wutausbrüche, schreie andere Menschen an oder beschwere mich ungehalten über alles mögliche.

Wissenschaftler an der Harvard Medical School fanden heraus, daß das häufigste Einzelgefühl vor einem Herzinfarkt Wut war. Ist eine Herzschwäche weiter fortgeschritten, so ist Wut offenbar tödlich. Bei Menschen, die bereits einen Herzinfarkt hatten, kann ein Wutanfall die Pumpenergie des Herzens um sieben Prozent oder mehr vermindern, das ist ein Wert, den Kardiologen als gefährlichen Rückgang der Blutzirkulation im Herzen ansehen. Auch in ähnlichen Analysen der Stanford und der Yale Medical School ergaben sich die gleichen Resultate: Patienten mit hoher Reizbarkeit zu Wutausbrüchen und nach einem ersten Herzinfarkt starben in den zehn Jahren danach mit zwei- bis dreifach höherer

Wahrscheinlichkeit an einem zweiten Herzinfarkt als andere Patienten. Das mit einer Disposition zur Feindseligkeit verbundene Risiko ist vermutlich für Männer höher als für Frauen. Das Hormon, das während der Schwangerschaft ein Baby sozusagen zum Mann macht, heißt Testosteron. Das heißt, Männer haben mehr Testosteron im Körper als Frauen. Möglicherweise erhöht dieses Hormon Agressivität, doch dies ist noch umstritten. Aber Personen, die Gewaltverbrechen begehen, haben tendenziell einen überdurchschnittlichen Testosteron-Spiegel. Menschen mit einem hohen Testosteron-Spiegel neigen dazu, eine Situation beherrschen zu wollen, sie sind eher streitlustig und schlagen öfter zu. Es scheint, daß bei dieser Veranlagung Herzkrankheiten in höherer Zahl auftreten.

Ein zweiter mentaler Zustand, der gesundheitsschädigend wirkt, ist Depression, also ein Gefühl von Niedergeschlagenheit, Selbstmitleid und Ausweglosigkeit. Es gibt in diesem Bereich eine Vielzahl von Untersuchungen, die ich nur kurz erwähnen möchte. Gewichtige Beweise sprechen dafür, daß Depression stärker den Erholungsvorgang nach einer schweren Krankheit stört, als daß sie selbst der Auslöser einer Krankheit ist. In einer Studie über weibliche Brustkrebspatienten zum Beispiel wiesen die Frauen mit höherer Depression weniger natürliche Abwehrzellen auf. Man nimmt an, daß diese Antikörper auch die Aufgabe haben, Krebs zu bekämpfen, indem sie den Organismus nach beginnenden Tumoren absuchen. Die Patienten mit hoher Depression hatten also die niedrigste Zahl dieser Antikörper, im übrigen breiteten sich bei diesen Personen die Tumore auch schneller im ganzen Körper aus.

An der Mount Sinai Medical School in New York wurden bei älteren Patienten, die mit einer Hüftverletzung ins Krankenhaus kamen, auch die verschiedenen Grade der Depression untersucht; es handelte sich bei dieser Art der Verletzung um eine ernste Schädigung, die unter Umständen das Gehen künftig unmöglich machte. Folgendes stellte sich heraus: Die Patienten ohne Depression hatten eine dreimal höhere Wahrscheinlichkeit, wieder gehen zu können, als die

Patienten mit Depression sowie eine neunmal höhere Wahrscheinlichkeit, zu ihrem Gesundheitszustand vor der Verletzung zurückzufinden. Hier scheint also die Depression den Heilungsprozeß der Knochen oder auch die Wiedergewinnung der Bewegungsfähigkeit zu beeinträchtigen.

An der Universität von Minnesota beschäftigte sich eine Studie mit hundert Patienten, die eine Knochenmarkstransplantation erhalten hatten. Zwölf der 13 Personen, die vor der Operation schwer depressiv waren, starben innerhalb eines Jahres nach der Transplantation, während 34 der anderen 87 Personen noch zwei Jahre danach am Leben waren.

Depression ist aber auch ein Risikofaktor für Menschen, die einen Herzinfarkt hinter sich haben. An der Universität von Montreal fand sich unter jeweils acht Herzinfarkt-Patienten einer mit einer schweren Depression; seine Überlebenschance war fünfmal geringer als die der anderen Patienten mit einer vergleichbaren Herzschwäche, aber ohne Depression.

Ich komme zum Gefühl der Angst, manchmal Streß genannt, im buddhistischen Abhidharma auch Aufgeregtheit oder innere Unruhe. In einem Laborexperiment wurden fünf männliche Affen, die sich vorher noch nie gesehen hatten, zusammen in einen Käfig gesperrt. Affen haben von Natur aus gern einen Anführer. Er wird dadurch bestimmt, daß sie miteinander kämpfen; sobald entschieden ist, wer als ihr Chef gilt, folgen die anderen seinem Befehl, und alles wird friedlich.

Die Wissenschaftler nahmen jeden Monat zwei der Affen aus dem Käfig heraus und steckten zwei neue hinein. Das hieß natürlich, daß die Affengruppe immer wieder aufs neue um die gewünschte Hierarchie zu kämpfen hatte. Das ging ein Jahr lang so. Daneben wurde eine unveränderte Affengruppe im Käfig gehalten. Nach einem Jahr stellte sich heraus, daß die Affen in der Gruppe mit der wechselnden Zusammensetzung Arterienverkalkung hatten. Der Anführer hatte sogar die schlimmste Herzkrankheit, da er ja am meisten um seinen Posten zu kämpfen hatte. Das Bemerkenswerte ist, daß der Anführer der stabilen Vergleichsgruppe die geringste Verkalkung aufwies. Es ist offenbar gesünder für einen Chef, wenn er nicht dauernd um seinen Job kämpfen muß.

Eine andere Art der Untersuchung wurde an Personen in der Umgebung des Kernkraftwerks Three Miles Island durchgeführt. In Blutproben dieser Menschen, die durch die Nähe des Atomreaktors in Angst leben, wurden weniger T- und B-Lymphozyten (Antikörper) gefunden als bei der Vergleichsgruppe, die in größerer Entfernung vom Atomreaktor wohnte. Anscheinend haben demnach Furcht und Sorge eine direkte Auswirkung auf das Immunsystem.

Allerdings sind Untersuchungen lediglich zu Veränderungen des Immunsystems weniger aussagekräftig als andere, die darüber hinaus ein damit zusammenhängendes Krankheitssymptom zum Gegenstand haben. So wurde zum Beispiel an der Ohio State University beobachtet, daß Medizinstudenten während der Vorbereitung auf entscheidende Prüfungen, also unter Streß, nicht nur eine starke Verminderung der T- und B-Lymphozyten zeigten, sondern auch in höherem Maß an Erkältungen und Grippe litten.

Die besten Untersuchungsergebnisse aber kommen aus einer speziellen Forschungsstelle für Erkältungskrankheiten in England, die mit Wissenschaftlern der Carnegie-Mellon-Universität zusammenarbeitet. Hier werden immer wieder Freiwillige systematisch mit Erkältung auslösenden Viren infiziert. Aber nicht alle, die diesen Viren ausgesetzt wurden, erkälten sich. Die wichtigste Rolle spielt dabei naturgemäß die Widerstandsfähigkeit des Immunsystems. Auch hier scheinen Streß und Angst von entscheidender Bedeutung zu sein. Von den Personen, die kaum unter Streß standen und dem Virus ausgesetzt wurden, holten sich nur 27 Prozent eine Erkältung, in der Vergleichsgruppe mit starkem Streß jedoch 47 Prozent.

Wir können also mit guten Gründen annehmen, daß alle aufregenden und belastenden Gefühlszustände das Krankheitsrisiko erhöhen. An der University of California in Irvine hat Howard Friedman die Krankheitsdaten aus hundert Untersuchungen über den Zusammenhang zwischen vorherrschenden Gemütszuständen und Gesundheit zusammengetragen und analysiert. Im Vergleich zum Durchschnitt hatten Personen, die außergewöhnlich feindselig und wütend, sehr ängstlich, traurig, pessimistisch oder angespannt waren, das doppelte Risiko einer ernsten Erkrankung, darunter etwa Asthma, chronische Kopfschmerzen, Magengeschwüre, Herzschwäche und Arthritis.

Der hier abschließend genannte negative Zustand, zu dem ausgiebige Forschungsergebnisse vorliegen, ist die Verdrängung oder Verleugnung eines inneren Problems. Ich bin überzeugt, daß dieser Begriff im weiteren Sinn sich berührt mit einigen Aspekten dessen, was im Abhidharma Nicht-Wissen oder Täuschung ist. Vor einigen Jahren haben Gary Schwartz und seine Kollegen in Harvard die Gesichtsmuskeln untersucht, mit denen Gefühle ausgedrückt werden, insbesondere den Muskel in der Stirnmitte, der sich anspannt, wenn wir uns Sorgen machen. Menschen mit häufigen Kopfschmerzen zeigen hier eine auffallend hohe Muskelspannung. Gelegentlich ist der Muskel angespannt, ohne daß sich auf der Haut eine Falte zeigt; deshalb wird zur Messung der Muskelspannung eine Elektrode herangezogen. Nun gab es nicht selten Menschen mit hoher Muskelspannung an dieser Stelle, gleichzeitig gaben sie aber an, es gehe ihnen gut und sie hätten keinerlei Sorgen. Nachdem die näheren Lebensumstände dieser Personen genauer erforscht wurden, fand Gary Schwartz heraus, daß sie sich selbst nicht eingestanden, was tatsächlich in ihrem Körper vorging. Die Wissenschaftler konfrontierten sie mit verschiedenen Aussagen, die körperliche Erregungszustände verursachen, maßen dann die entsprechenden Anzeichen wie Herzrhythmus und Muskelspannung und fragten die Versuchspersonen, ob sie sich angespannt oder locker fühlten. Die meisten Menschen geben zu, daß sie angespannt sind, wenn es ihr Körper ist, aber diese Personen behaupteten, nicht angespannt zu sein, obwohl ihr Körper es tatsächlich war. Dies wird Verdrängung genannt.

Solche typischen »Verdränger« sind vermutlich anfälliger für Beschwerden wie Asthma, Bluthochdruck und Erkältungen. Bei weiblichen »Verdrängern« mit behandeltem Brustkrebs tritt der Tumor mit höherer Wahrscheinlichkeit wieder auf. Auch hier zeigt sich also Verdrängung als gesundheitsschädlich.

Wohltuende Gefühle und ihr Einfluß auf die Gesundheit

Werfen wir nun einen Blick auf die wohltuenden, heilsamen Gefühlslagen. Hier bietet sich das genau entgegengesetzte Bild, zum Beispiel bei Gelassenheit – anders gesagt: bei einem inneren Ruhezustand. Die meisten Untersuchungen auf diesem Gebiet wurden mit Personen durchgeführt, die auf irgendeine Weise bewußte Entspannung, sehr oft auch eine Form der Meditation gelernt hatten. Sie empfinden diese Übungen als beruhigende Lockerung des Körpers (was Dr. Herbert Benson an der Harvard University die »Entspannungsreaktion« nennt). Damit sind zahlreiche gesundheitliche Vorteile verbunden.

Es gibt eine ganze Reihe von auch klinisch angewandten Maßnahmen, mit denen man Menschen helfen kann, sich zu entspannen. Beim Biofeedback etwa wird einem Menschen, der zu innerer Unruhe neigt, am Muskel in der Stirnmitte eine Elektrode angebracht; jedesmal, wenn dieser Muskel sich spannt, hört dieser Mensch aus einem angeschlossenen Gerät einen Ton. Allmählich lernt er, diesen Ton durch Entspannung zu unterdrücken. Er lernt, sich immer wirksamer zu entspannen, da er nun genau erkennen kann, wann der Muskel angespannt oder locker ist. Ein derartiger Zustand der inneren Ruhe hat sehr viele Vorteile für die Gesundheit. Ich erwähnte schon, daß die Zahl der T- und B-Lymphozyten bei Studenten im Examen abnimmt. Als jedoch die Studenten an der Ohio State University vor ihren Prüfungen täglich Meditationsübungen machten, nahm die Zahl ihrer T-Lymphozyten sogar zu. Der Anstieg war um so höher, je öfter und regelmäßiger sie meditierten.

Optimismus, der nächste positive Gefühlszustand, ist eigentlich mehr eine allgemeine Lebenseinstellung, die dadurch bestimmt ist, wie jemand sich die unangenehmen Dinge, die in seinem Leben passieren, erklärt und zurechtlegt. Dies wiederum bewahrt ihn im Falle eines Scheiterns vor Mutlosigkeit und Depression. Manche Menschen, die zum Beispiel gerade bei einer Prüfung durchgefallen sind, sagen sich vielleicht, das sei nur passiert, weil sie zu dumm sind. Sie erklären sich das Scheitern in Begriffen einer festen, unveränderlichen persönlichen Eigenschaft. Das ist die negative, die pessimistische Sicht der Dinge. Andere sagen vielleicht, ihr Scheitern habe an der besonderen Schwere der Prüfung gelegen, und auf die Wiederholung würden sie sich eben gründlicher vorbereiten. Sie erklären sich das unangenehme Geschehen in Begriffen einer fluktuierenden, fortlaufend wechselnden Situation – eine, wie ich denke, eher buddhistische Sichtweise. Diese Menschen haben einfach die Hoffnung, daß beim nächsten Mal alles besser wird. In einem Experiment, das schon in den vierziger Jahren begann, wurden Studenten der Harvard University als Optimisten oder Pessimisten eingestuft, und zwar auf der Grundlage von Aufsätzen, in denen sie wichtige Ereignisse ihres Lebens beschrieben und erklärten. Etwa dreißig Jahre später wurde der Gesundheitsverlauf dieser Studenten nach ihrem Abgang von der Universität untersucht. Die Pessimisten hatten ab ihrem vierzigsten Lebensjahr erheblich mehr ernste Krankheiten als die Optimisten. Eine ähnliche Untersuchung wurde an der University of Michigan mit Patienten nach einer Bypass-Operation durchgeführt; hier zeigte sich, daß bei den Optimisten nicht nur die Operation weniger problematisch, sondern auch der Erholungsvorgang schneller verlief. Offensichtlich hat eine optimistische Einstellung auch in einer so kritischen Situation einen wohltuenden Einfluß auf die Gesundheit.

Ein weiterer positiver mentaler Zustand ist Selbstvertrauen, also die Sicherheit, auch mit einer schwierigen Lage zurechtzukommen. Im Westen versteht man darunter nicht selten die Herrschaft über eine Situation. Eine Person mit starkem Selbstvertrauen hat das Gefühl, die Dinge zu beherrschen. In gewissen Berufen scheint aber gerade dies kaum möglich. Ein Busfahrer zum Beispiel muß seinen Fahrplan einhalten. Unter allen Umständen wird er zu einer bestimmten Zeit an einer bestimmten Haltestelle erwartet. Auf dem Weg dahin könnte aber alles mögliche passieren, was er überhaupt nicht beherrscht oder unter Kontrolle hat. Menschen in derartigen Berufen weisen einen viel höheren Blutdruck auf als andere, die eher selbst bestimmen können, was sie tun.

An mehreren medizinischen Forschungszentren wurde folgendes Experiment wiederholt durchgeführt: Zwei Laborratten werden nebeneinander in zwei Käfige gesteckt; beide erhalten gleichzeitig einen elektrischen Schlag, aber die eine Ratte hat in ihrem Käfig einen Hebel, mit dem sie den Stromstoß abbrechen kann, die andere hat keinen solchen Hebel; beide erhalten also den genau gleichen elektrischen Schlag, aber nur eine von ihnen hat ihn unter Kontrolle. Resultat: Das Tier ohne Hebel kriegt Magengeschwüre. Injiziert man beiden Ratten Krebszellen, so breiten sich die Tumoren in dem Tier ohne Kontrollhebel deutlich schneller aus.

Menschen in Pflegeheimen haben sehr oft das Gefühl, daß sie ihre Situation nicht mehr beherrschen, da viele dieser Heime nach einem sehr strengen Reglement geführt werden. Psychologen der Yale University überredeten nun die Leitung eines Pflegeheims, einer Gruppe älterer Patienten größere Entscheidungsfreiheiten zu lassen, etwa bei der Festlegung des Speiseplans oder der Besuchszeiten. Außerdem erhielt jede Person dieser Gruppe eine Topfpflanze, um die sie sich kümmern sollte. Ein Jahr danach ergaben sich in dieser Gruppe nur halb so viele Todesfälle wie in der weiterhin fremdbestimmten Vergleichsgruppe.

Ein andere wirkungsvolle innere Haltung ist Freundlichkeit, in der Sprache der Psychologen auch Sozialkompetenz oder Bindungsfähigkeit genannt, das heißt die Fähigkeit eines Menschen, Freunde zu haben oder anderen emotionale Hilfe zu geben. Auch hier waren die Versuchspersonen meistens Studenten im Examen, also in einer zwangsläufigen

Streßsituation. Diejenigen Studenten, die sich einsam fühlten, hatten während der Prüfungen eine auffallend geschwächte Immunabwehr. Dagegen fand man bei Frauen mit Brustkrebs, die emotionale Hilfe erhielten, dreißig Prozent mehr Abwehrzellen als bei vergleichbaren Frauen ohne solche sozialen Bindungen.

In einer wissenschaftlichen Untersuchung an der University of California wurden 5000 Menschen in einer Großstadt befragt, wie viele Freunde sie hätten und wie viele andere Menschen sich um sie kümmerten. Darin waren nicht nur die privaten Freundschaften eingeschlossen, sondern auch andere Verbindungen, durch die Menschen am Leben ihrer urbanen Gemeinschaft teilnehmen, so etwa Bürgerinitiativen, Kirchengemeinden, öffentliche Veranstaltungen oder Elternabende und Tage der offenen Tür an der Schule ihrer Kinder. Es wurde also nach ihren Verbindungen mit der Gesellschaft im weiteren Sinn gefragt. Neun Jahre später beobachtete man, daß von den Menschen mit sehr wenig Freunden und Bekannten doppelt so viele gestorben waren wie in der Vergleichsgruppe mit sehr vielen Bindungen. Auch zahlreiche andere Untersuchungen haben diesen Zusammenhang zwischen Sozialkontakten und Todesrate bestätigt.

Eine ganze Reihe von Ergebnissen zeigt, daß menschliche Bindungen die Folgen einer Streßsituation weich auffangen. Aus diesem Grund bringt man heute Kranke und Genesende häufiger mit Gruppen zusammen, die dieselbe Krankheit haben oder hatten. Noch vor kurzem gab es keine einheitliche Meinung über die gesundheitsfördernde Wirkung eines Verfahrens, bei dem man Menschen um sich hat, die sich um einen kümmern und für die man auch selbst sorgt. Vor zehn Jahren untersuchte Dr. David Spiegel an der Stanford University dieses Phänomen genauer, und zwar an Frauen mit fortgeschrittenem Brustkrebs. Er nahm an, es könne ihnen auf keinen Fall schaden, möglicherweise aber dabei helfen, innerlich zurechtzukommen mit einer in diesem Stadium sicher tödlichen Krankheit. Einer Gruppe dieser Frauen wurden lediglich die üblichen Medikamente verabreicht. Die andere Gruppe erhielt dieselben Medikamente, traf sich jedoch außerdem zu einer Gruppentherapie ein Jahr lang einmal wöchentlich. Sie redeten über ihre Gefühle als Krebskranke und wie sich die Krankheit auf das Familienleben auswirkte. In dieser Gruppe ergab sich mit der Zeit ein sehr starker Zusammenhalt, und die regelmäßigen Treffen waren von großer Freundlichkeit und Zuwendung geprägt. Im übrigen erlernten sie zur besseren Schmerzkontrolle auch noch gewisse Techniken der Selbsthypnose.

Während der nächsten zehn Jahre analysierten die Wissenschaftler dann die Todesfälle in den beiden Gruppen. Die ersten Unterschiede traten nach zwei bis drei Jahren auf. Die Frauen aus der Gruppentherapie starben weniger schnell als diejenigen, die nur die medikamentöse Behandlung erhalten hatten. Nach zehn Jahren war die Todesrate in der ersten Gruppe doppelt so hoch wie in der zweiten.

Das gleiche hat man auch in Tierexperimenten herausgefunden. Zu diesem Zweck wurde ein im Käfig gehaltener Affe starken Lichtblitzen und lauten Knallgeräuschen ausgesetzt; daraufhin wurde die Kortisol-Ausschüttung im Körper gemessen – Kortisol ist ein Hormon, das der Organismus als Reaktion auf eine Streßsituation produziert und das außerdem das Immunsystem lahmlegt. Sobald bei diesem Experiment ein zweiter Affe im Käfig gehalten wurde, verminderte sich die Hormonausschüttung auf die Hälfte. Und mit fünf weiteren Affen im Käfig hatte die Licht- und Lärmeinwirkung überhaupt keinen Einfluß mehr auf den Hormonspiegel.

In einem ähnlichen Experiment, diesmal mit Kaninchen, untersuchte man die Wirkung von Zuwendung auf Kreislaufkrankheiten. Allen Tieren wurde eine Nahrung verabreicht, die Arteriosklerose fördert. Einige Kaninchen wurden ausgesucht, öfter in den Arm genommen und liebevoll gestreichelt. Die gestreichelten Kaninchen hatten weniger Verschlüsse in ihren Arterien als die nicht gestreichelten.

Der nächste positive Zustand, den ich erwähnen möchte, ist Freude oder Glück. Wissenschaftler der Harvard University untersuchten die Hormonausschüttung von Personen, die sich Filmkomödien anschauten, und entdeckten, daß sich

der Kortisol-Spiegel dabei senkte und die Zahl der Abwehrzellen erhöhte. Lachen hat also eine Bedeutung, auch wenn
wir nicht sagen können, ob es auch einen medizinisch wirksa-
men Effekt hat. In einem anderen, ähnlichen Experiment mit
Filmkomödien wurde eine Vermehrung von T-Lymphozyten
festgestellt und außerdem, daß diejenigen Menschen, die im
Alltag gern lachen, während der Filmvorführung den höchsten Anstieg an T-Lymphozyten hatten. Bei einer anderen
Untersuchung in diesem Zusammenhang waren die Versuchspersonen Frauen mit Brustkrebstumoren. Einige von
ihnen lebten recht gut damit, bei anderen trat das Wachstum
der Krebszellen erneut auf. Sieben Jahre später waren 24 der
Frauen gestorben. Vorhergehende psychologische Tests ergaben, daß der einzige Unterschied zwischen den verstorbenen
und den überlebenden Frauen der Grad an Lebensfreude war.
Die Wissenschaftler waren ziemlich überrascht von der Tatsache, daß Freude als Vorhersagefaktor für Tod oder Leben
verläßlicher war als die Anzahl der Metastasen. Dieses Ergebnis muß sich allerdings noch einige Male wiederholen, bevor
man weitergehende Schlüsse daraus ziehen kann.

Schließlich die Güte – obwohl die Meßdaten in diesem Fall
dürftig und eher spekulativ sind. Dr. David McClelland an
der Harvard University zeigte einigen Personen einen sehr
gefühlvollen Film über Mutter Teresa und ihre Sorge für andere Menschen. Andere mußten sich dagegen einen Film
über die Nazis in Deutschland ansehen, der sie ziemlich wütend machte. Bei den Personen im Mutter-Teresa-Film ergab
sich eine kurzfristige Zunahme der T-Lymphozyten. Wenn
sie aber nach der Vorführung noch eine Stunde zusammen-
blieben und über Güte meditierten und an all die Menschen
dachten, die ihnen in ihrem Leben Gutes getan hatten, dann
hielt die Zunahme der T-Lymphozyten längere Zeit an. Die
Herbeiführung eines solchen Gefühlszustands scheint demnach die Produktion gewisser Abwehrzellen und das Immunsystem ganz allgemein zu begünstigen und zu verstärken, obwohl wir noch nicht genau wissen, ob das Ausmaß der
Veränderungen im Immunsystem auch wirklich medizinische
Aussagekraft hat.

Soweit die bisherigen Untersuchungen sowohl positiver als auch negativer Gefühlszustände. Allem Anschein nach bieten sie klare Beweise für eine Wirkung auf die Gesundheit, insbesondere den schädlichen Einfluß starker, dauerhafter negativer Gefühle. Dieses medizinische Forschungsgebiet ist noch sehr neu, und zahlreiche der genannten klinischen Untersuchungen müssen noch mehrere Male wiederholt werden, um zu einer verläßlichen Aussage über die tatsächliche Wirkung zu kommen. Wie erwähnt, wissen wir auch bei den Messungen des Immunsystems noch nicht, ob der beobachtete Grad der Veränderungen eine Wirkung im medizinischen Sinn bedeutet – die Experimente legen das nahe, aber sie belegen es nicht zweifelsfrei. Die aussagekräftigsten Daten haben wir in Untersuchungen, bei denen das beobachtete Resultat Krankheit oder Tod ist; aber sogar hier gilt: Je häufiger derartige Ergebnisse von Wissenschaftlern festgestellt werden, um so sicherer ist die Annahme dieser Verbindung zwischen Gefühlen und Gesundheitszustand.

Wenn also diese Aussagen durch künftige Experimente weiter untermauert werden, hätten wir vielleicht eine Antwort auf die Frage, die Lee Yearley aufgeworfen hat: Wie überzeugt man Menschen ohne religiösen Glauben – die nur nach der Devise des Individualismus leben: »Was ich möchte, das sollte ich auch kriegen!« – von der Notwendigkeit, ein Leben nach ethischen Grundsätzen zu führen. Vielleicht könnte man zum Beispiel sagen, es liege ja in ihrem Eigeninteresse, lieber gütig als wütend zu sein.

DALAI LAMA: Sie haben mir ja eine Menge Munition geliefert.

Gegenargumente

FRANCISCO VARELA: Ich habe einen Kommentar zur Biologie der Ergebnisse, die Dan gerade vorgetragen hat. Die genannten Messungen drücken umfassende Parameter und Kenngrößen aus, auf einem sehr allgemeinen und unspezifischen

Maßstab. Es ist wie beim Fiebermessen; auch die Temperatur sagt etwas Allgemeines über den körperlichen Zustand aus, aber das Fieber kann durch hundert verschiedene Gründe verursacht sein. Die Messung der Anzahl der T-Lymphozyten ist ein ähnlich ungenauer, umfassender Parameter, der im genaueren Hinblick auf die entsprechende Tätigkeit wesentlicher Körperorgane ganz und gar Verschiedenes bedeuten kann. Auch wenn man vom Gehirn ein Elektroenzephalogramm abnimmt, dann ist das, als würde man in der Mitte einer Großstadt ein Mikrophon aufhängen. Man kann wohl noch erkennen, ob es in dieser Stadt laut oder leise zugeht, aber was man daran nicht ablesen kann, ist der aktuelle Wechselkurs von Dollars in D-Mark. Wie das Gehirn ist auch das Immunsystem eine außerordentlich präzise Angelegenheit. Die Ausschaltung oder die Vermehrung von T-Lymphozyten dagegen ist ein großflächiges, verschwommenes Meßergebnis, das uns nicht verraten kann, ob ein bestimmter Faktor förderlich ist für beispielsweise die Heilung von Wunden oder die Krebsverhütung.

Wir haben hier gewisse Untersuchungsverfahren vor uns, die sich eben erst entwickeln, und wir müssen uns vorerst begnügen mit ungenauen, möglicherweise irreführenden Ergebnissen. Wir müssen also sehr genau aufpassen, daß wir nicht zu hoffnungsvoll werden bei der Auswertung dieser Experimente, die erst an ihrem Anfang stehen.

DAN BROWN: Einige der aufwendigeren Untersuchungen gehen immerhin einen Schritt weiter, indem sie nicht nur Funktionsänderungen im gesamten Immunsystem messen, etwa die Anzahl der T-Lymphozyten, sondern darüber hinaus Veränderungen, wenn Krankheiten auftreten. Bei den Medizinstudenten zum Beispiel wurden ja nicht nur die Funktionen des Immunsystems gemessen, sondern auch ein Zusammenhang zwischen dem Zustand des Immunsystems und dem Ausbruch von Krankheiten festgestellt. Die Wissenschaftler konnten darlegen, daß die Personen bei einem Rückgang der Meßzahlen des Immunsystems vermehrt von Krankheiten befallen wurden. Ebenso sind Analysen von

Sterberaten ein sehr konkreter Meßwert dafür, daß die Zustände des Immunsystems entweder eine positive oder eine negative Wirkung ausüben. Natürlich ist die Zunahme an körpereigenen Abwehrzellen ein ziemlich grober Hinweis. Ein genaueres Maß der Wirkung dieser Abwehrzellen bietet aber schon die sogenannte Zellgiftigkeit, weil diese Untersuchung nicht bloß zählt, wie viele Zellen da sind, sondern vor allem zeigt, daß die Zellen in der Verteidigung gegen die Krankheit tatsächlich etwas tun.

FRANCISCO VARELA: Ich kann ein anderes Beispiel einer genaueren Messung nennen. Wir haben einige Studenten aufgefordert, ein Jahr lang über alle ihre Erkrankungen ein Tagebuch zu führen. Es ging dabei um ein Problem ähnlich dem, ob Gehirnzustände bestimmte Gefühle entsprechend abbilden. Es gibt bis jetzt noch kein Verfahren, diese Dinge genau zu messen. Aber in einigen Fällen von Myasthenie, also krankhafter Muskelschwäche, konnten wir die Zu- oder Abnahme der Anzahl von fünf verschiedenen Antikörper-Klonen messen, die bei dieser Krankheit eine große Rolle spielen. Dies ist schon ein sehr fein abgestimmtes Untersuchungsverfahren, kein so globales Vorgehen, wie wenn man jemandem eine Elektrode ins Hirn steckt und dann die Tätigkeit der Gehirnzellen abliest. Das genannte Verfahren ist erheblich aussagekräftiger, aber es steckt auch mehr Arbeit dahinter.

Zweiter Teil:

Biologische Grundlagen

Das Ich des Körpers
(Francisco Varela)

Francisco Varela beschreibt die Struktur und die Funktion des Immunsystems, das er »das zweite Gehirn« nennt. Er zieht dabei eine Parallele zwischen dem Immun- und dem Nervensystem, weil beide Systeme selbststeuernd sind und die Reaktionen des Körpers auf die Umwelt bestimmen. Genau wie das Nervensystem kann auch das Immunsystem lernen, sich zu erinnern und sich damit anzupassen – nicht in einem bewußt erkennenden, wohl aber in einem physiologischen Sinn. Die Wechselwirkungen zwischen dem Geist des Menschen, dem Nerven- und dem Immunsystem bieten dem Einfluß der Gefühle auf die Gesundheit eine physiologische Grundlage. Belege für die Stärke dieser Wechselwirkung ergeben sich aus der Tatsache, daß beispielsweise eine vom Nervensystem erfahrene Streßsituation die Funktion des Immunsystems beeinträchtigt oder daß Immunreaktionen als bedingte Reflexe gelernt werden können – genau wie dem Pawlowschen Hund beim Ertönen der Glocke das Wasser im Mund zusammenläuft. Die Untersuchung dieser fein aufeinander abgestimmten Reaktionen des Nerven- und des Immunsystems wird heute als neues Teilgebiet der Biologie Psychoneuroimmunologie genannt. Ihr Ausgangspunkt, die wechselseitige Abhängigkeit zwischen Neurologie, Immunologie und Psychologie, bildet den Begriffsrahmen für die meisten der hier folgenden Forschungsberichte.

FRANCISCO VARELA: Meine Untersuchungen befassen sich mit den biologischen Grundlagen des Wissens in all seinen Formen. In diesem Kontext werde ich über das Immunsystem sprechen. Der Begriff Psychoneuroimmunologie bezeichnet die Wissenschaft von den Beziehungen zwischen dem Nervensystem, dem Immunsystem und mentalen Zuständen. Dies ist im Westen ein neues Forschungsgebiet, kaum älter als 15 Jahre, und überdies ein spannendes Fach, da es ein tieferes Verständnis unserer Geist-Körper-Verbindung in die Wege leitet. Wer danach fragt, wie Gefühle auf den Körper einwirken, kommt nicht darum herum, das Nervensystem und die Arbeitsweise des Gehirns zu untersuchen, um schließlich zu erkennen, daß das Immunsystem wie ein zweites Gehirn im Körper arbeitet – und das ist ganz wörtlich gemeint.

Das zweite Gehirn des Körpers

Die erste Frage, die sich bei einem System stellt, lautet: Wo ist das dazugehörige Organ? Beim Immunsystem – wie beim Nervensystem ja auch – sind die organischen Bestandteile über den ganzen Körper verteilt. Diese Bestandteile sind die Thymusdrüse und das Knochenmark, die beiden Quellen, aus denen sich das System immer wieder erneuert, sodann die Milz und das gesamte Lymphsystem, ein Netzwerk von Gewebeknoten, die untereinander durch Kanäle verbunden sind, die Lymphkapillaren, in denen die Lymphe fließt.

Die Zellen, die das Immunsystem bilden, werden Lymphozyten genannt, oft auch weiße Blutkörperchen. Sie sind – anders als die ortsfesten Neuronen des Nervensystems – immer irgendwohin unterwegs. Die meisten Lymphozyten werden im Knochenmark, und zwar im sogenannten Bursaäquivalent produziert und heißen deshalb B-Lymphozyten; im Thymus entstehen die T-Lymphozyten. Die T-Zellen sind zwar nur in geringerer Zahl vorhanden, sie steuern jedoch die zahlreicheren B-Zellen, so wie Offiziere eine Armee befehligen.

Die Zellen des Nervensystems sind nach Form und Lage leicht zu unterscheiden. Zum Beispiel haben im Gehirn die Neuronen des Sehzentrums eine ganz andere Gestalt als die Zellen des Hippokampus. Lymphozyten werden, da sie dauernd zirkulieren, nicht durch ihre Position bestimmt, statt dessen durch ihre Rezeptoren. Das sind Makromoleküle auf der Zelloberfläche, die während der Zirkulation mit den Rezeptoren anderer Zellen in Kontakt treten. Diese Rezeptoren sind Markierungen oder Marker, an denen wir die präzise Funktion einer Zelle erkennen können, mit ebensolcher Genauigkeit, wie wir die Arbeitsweise bestimmter Neuronen im Gehirn erkennen.

Zu diesen Markern gehören auch die Makromoleküle, die Antikörper genannt werden. B-Zellen sind durch gleichartige Antikörper gekennzeichnet, die sie mit nur zwanzig oder dreißig anderen Zellen im Immunsystem gemeinsam haben. Sie formen kleine Gruppen von Klonen, die immer wieder identische Antikörper bilden und diese sozusagen wie ihren Familiennamen tragen. In einem normalen Immunsystem zirkulieren etwa hundert Millionen verschiedene Klon-Familien, alle erkennbar an ihren spezifischen Antikörpern. Stellen Sie sich eine riesige Stadt mit hundert Millionen Familien vor, und jede Familie ist dauernd in Bewegung und pflegt Kontakte mit vielen anderen Familien. Das alles ist also ganz schön unübersichtlich. Wie andere Rezeptoren auf der Zelloberfläche haben die Antikörper jeweils eine ganz bestimmte Form, mit der sie an jeder Art anderer Moleküle andocken können, deren Form zu der ihrigen paßt. Es ist so ähnlich wie mit meiner Hand: Wenn ich die Handfläche ein wenig wölbe, dann paßt in diesen offenen Hohlraum zum Beispiel ein Apfel oder eine Orange hinein und kann sich mit ihm kurzzeitig verbinden; aber diese Form der Hand wäre ungeeignet, etwa einen Kugelschreiber zu halten. In gleicher Weise kann eine B-Zelle sehr schnell an eine andere Zelle oder eine Mikrobe andocken, die mit der passenden Molekülform im Blut herumschwimmt. Das geschieht mit hoher Geschwindigkeit, ein sehr schnelles Hin und Zurück, Andocken und Ablegen. Diese wechselseitigen Aktionen sind ein Kommunikationsmittel, genau wie Neuronen zu ihrer Kommunikation elektrische Impulse benutzen.

Im Nervensystem kennen wir als wichtigste Ereignisse die Aktivierung und die Blockierung oder Hemmung der Neuronen. Die meisten Forschungsarbeiten der Neurologie befassen sich mit Messungen der wechselnden Stärke dieser elektrischen Aktivität. Beim Immunsystem haben wir dazu eine genaue Entsprechung, und zwar die Aktivierung und die Deaktivierung der B- und T-Zellen. Aktivierung bedeutet hier, daß die Zellen sich zu teilen beginnen, so daß die entsprechende Klon-Familie an Zahl zunimmt. Deaktivierung ist gleichbedeutend mit einer Abnahme der Zahl der Familienmitglieder, da die einzelnen Zellen absterben.

Die normale Lebensdauer einer menschlichen B-Zelle beträgt nur einen oder zwei Tage, wenn auch manche ein bißchen länger leben. Auf diese Weise erneuert sich das gesamte System sehr schnell und im großen Maßstab. Schon nach acht oder 14 Tagen sind alle Lymphozyten im Körper durch neue ersetzt. Was übrigbleibt, was also Bestand hat, ist ein Schema, ein Muster: die verschiedenen Arten der Klon-Familien und ihr Aktivierungsgrad. Hier liegt nun allerdings ein Unterschied zum Gehirn vor; im großen und ganzen ist es dort so, daß Neuronen weder sterben noch sich reproduzieren.

Es gibt noch weitere bedeutsame Ähnlichkeiten zwischen Nerven- und Immunsystem. Die Sinnesorgane, die ihre Daten aus der Umgebung dem Gehirn mitteilen, die Augen zum Beispiel oder die Ohren, haben hier ihre Entsprechung in einer Anzahl von Lymphorganen. In beiden Fällen arbeiten genau bestimmbare Stellen im Körper wie Meßfühler oder Sensoren und werden aktiv, indem sie bestimmte Reize aussenden. Im Gehirn zum Beispiel die Mandelkernregion im limbischen System und im Darmtrakt diejenigen Regionen, die dauernd melden, was der Organismus gegessen hat.

Schließlich gleichen sich die beiden Systeme auch darin, daß sie beide gewissermaßen ihre ausführenden Organe haben, die sogenannten Effektoren. Beim Nervensystem sind das typischerweise die Muskeln, die sich zur Ausführung einer Bewegung anspannen; aber es gibt hier noch weitere Effektoren. Die Entsprechung beim Immunsystem ist die Reifung der B-Zellen, ein Vorgang von hoher Bedeutung für die Gesundheit. Während ihrer Reifung verändert die Zelle ihren bisherigen Zustand und verwandelt sich in eine Fabrik, die jede Stunde statt der gewöhnlichen zwölf nun etwa 2000

Antikörper produziert. Diese Antikörper werden in den Blutstrom geschickt, und diesen Effekt kennen wir als Immunreaktion.

Das Ich des Körpers

Wir können jetzt damit beginnen, eine noch tiefere Ähnlichkeit zwischen Nerven- und Immunsystem zu betrachten. Genau wie mit Hilfe des Nervensystems eine Identität aufgebaut wird, ein eigenes, erkennendes Ich mit Erinnerungen, Gedanken und Neigungen, so hat auch der Körper eine Identität oder ein Ich mit ähnlichen Erkenntnisfähigkeiten wie Gedächtnis, Lernen und Erwartungen. Der Aufbau dieser Identität geschieht durch das Immunsystem.

Das Nervensystem verfügt über eine Reihe einfacher Mechanismen mit der Aufgabe, die Unversehrtheit des Organismus zu verteidigen. Ein Tier weicht einem schmerzhaften Reiz aus; ein Autofahrer schlägt plötzlich das Lenkrad ein, um einen Unfall zu vermeiden. Für den Biologen sind solche Reaktionen einfache Fluchtreflexe, die ohne großen Aufwand und auf der tiefsten Schicht des Nervensystems vor sich gehen.

Aber das Nervensystem hat noch eine ganz andere Seite, nämlich all die Gefühle, Phantasien, Wünsche und Erinnerungen, die Teil unseres täglichen Lebens sind und nichts mit irgendeiner Katastrophenabwehr zu tun haben. Das ist unser immer tätiges Innenleben, das Gefühl unserer persönlichen Identität, erheblich vielschichtiger und auch aufregender als diese einfachen Fluchtreaktionen. Diese Arbeit leistet der größte Teil der Hirnrinde, der Kortex.

Beim Immunsystem haben wir genau die gleiche Situation. In seiner Verteidigung reagiert das Immunsystem auf solche Katastrophenfälle wie etwa eine Infektion. Wenn zum Beispiel Bakterien in den Körper eingedrungen sind, erkennt das Immunsystem plötzlich ein ungewöhnliches molekulares Etwas. Die Feststellung eines unbekannten Molekülprofils ist ein sehr einfacher Erkenntnisakt. Die B-Zellklone, die an das Bakterium andocken können, reifen und produzieren eine Unzahl von Antikörpern. Die Antikörper umzingeln das Bakterium von allen Seiten, kleben sich an seiner Oberfläche fest, und der Eindringling wird mit der Lymphe weggespült. Auf dieser Immunreaktion beruht auch die Wirkung von Impfungen.*

Die Forschungen auf dem Gebiet des Immunsystems wurden in den letzten hundert Jahren vor allem durch die nach außen gerichteten Abwehrmaßnahmen des Immunsystems beherrscht, während die Wahrnehmung der inneren Verteidigung – anders als in der Neurologie – erst allerjüngsten Datums ist. Noch heute beschäftigen sich etwa 95 Prozent der immunologischen Arbeiten ausschließlich mit solchen Reflexmechanismen wie der erwähnten Immunreaktion. Ich will damit nicht sagen, daß die Immunreaktion als solche unwichtig ist.

Wir brauchen sie zum Leben genauso notwendig wie unsere Nervenreflexe, mit deren Hilfe wir einer plötzlichen Gefahr ausweichen. Aber es wäre wohl unsinnig, unsere gesamte Erkenntnistätigkeit auf Fluchtreflexe zu beschränken. Vor einem drohenden Raubtier davonzulaufen, macht aber nur einen sehr geringen Teil unseres bewußten Lebens aus, und genauso sind wir auch die meiste Zeit nicht von einer Infektionskrankheit befallen. Die Frage ist also: Was geht im

---

*Impfstoffe entwickelt man aus getöteten Bakterien oder Viren, auch aus Bruchstücken von Viren, deren Zelloberfläche noch die für sie typischen Marker aufweist. Sobald diese unschädlich gemachten Krankheitserreger durch Impfung in den Körper gebracht werden, reagiert das Immunsystem darauf mit der Produktion von Antikörpern, die dem Markerprofil der Erreger entsprechen. Die B-Zellen beginnen zu reifen und stellen die Antikörper her. Das tote Bakterium oder Virus wird vom Immunsystem so behandelt, als handelte sich um einen tatsächlich lebenden Infektionserreger. Der Körper entwickelt also durch die Impfung Antikörper gegen ein Molekül-Profil, das nicht von einer Infektion stammt. Man könnte auch sagen, Impfstoffe führen eine Probe-Infektion herbei, eine Art Feuerwehrübung, die das Immunsystem in Bereitschaft setzt, bevor die eigentliche Bedrohung eintritt.

Immunsysten vor sich, wenn keine Immunreaktion stattfindet? Gibt es dort eine Entsprechung zur Erkenntnistätigkeit?

Ich möchte zu einer ersten Antwort gern ein Beispiel benützen. Was macht die Identität einer Nation aus? Frankreich zum Beispiel hat zweifellos eine eigene Identität, und diese sitzt selbstverständlich nicht im Büro des Präsidenten der Republik. Offensichtlich würde die Invasion einer starken fremden Identität irgendeine nach außen gerichtete Verteidigungsreaktion auslösen. In diesem Fall rüstet sich die Armee zu einer militärischen Aktion. Und doch wäre es Unsinn zu behaupten, der bewaffnete Gegenschlag wäre die gesamte Identität Frankreichs. Anders gesagt: Was ist die Identität Frankreichs, wenn es sich nicht im Krieg befindet?

Es ist die menschliche Kommunikation, die diese Identität schafft, das vielschichtige Gewebe des gesellschaftlichen Lebens, wo Menschen einander begegnen und miteinander sprechen. Es ist der Herzschlag des ganzen Landes. Man geht auf den Straßen der Städte spazieren, sieht die Menschen in den Cafés sitzen, Bücher lesen, man sieht, wie sie ihre Kinder erziehen, was sie kochen, am häufigsten aber, daß sie einfach miteinander reden. Genau das gleiche geschieht im Immunsystem beim Aufbau unserer Körper-Identität. Zellen und Gewebe haben ihre Gruppen-Identität aufgrund des Netzwerks aus B- und T-Zellen, die andauernd herumwandern, in ihren Kontakten mit anderen Molekülen im Körper andokken und wieder ablegen. Außerdem heften sie sich auch aneinander und lösen sich wieder. Etwa achtzig Prozent aller B-Zellen-Kontakte spielen sich mit anderen B-Zellen ab. Die Zellen bauen ein kompliziertes Gewebe von Wechselwirkungen auf, genau wie es eine ganze Gesellschaft tut. Durch die gegenseitigen Einflüsse finden sich einzelne Zellen gehemmt oder verstärkt, wie ja auch der Lebensweg der Menschen manchmal leichtgängig, manchmal dagegen verbaut ist oder wie Familien sich vergrößern oder verkleinern. Diese Tätigkeit ist keine Abwehrreaktion, sondern der positive Aufbau einer System-Identität, eine Art Selbstbeweis, kurz: das eigene »Ich« auf der Ebene der Moleküle und Zellen.

Man kann sich das auch im Experiment ansehen. Zu diesem Zweck werden Mäuse in einem keimfreien Zelt aufgezogen, wo keine Infektion sie bedroht, wo sie keinen Antigenen oder körperfremden Molekülen ausgesetzt sind außer der Luft zum Atmen. Sie erhalten sehr einfaches Futter. Wenn man diese Situation nun mit dem herkömmlichen Begriff des nur zur Verteidigung eingerichteten Immunsystems betrachtet, müßte man erwarten, daß die Tiere überhaupt kein Verteidigungssystem besitzen. Wenn man das Immunsystem jedoch sowohl als inneren Systemkern als auch als Verteidigung nach außen ansieht, so erwartet man auch bei diesen Tieren ein ganz normales Immunsystem. Die Ergebnisse des Experiments sind völlig eindeutig: Es ist überhaupt kein Unterschied zu erkennen zwischen dem Immunsystem dieser ohne Antigene aufgewachsenen Mäuse und dem anderer, die in einer normalen Umgebung aufgewachsen sind. Selbstverständlich würden die keimfreien Tiere sterben, ebenso wie ein Kind, das in einer Umgebung ohne Herausforderungen groß wird, nicht wissen würde, wie man sich vor einer Gefahr in Sicherheit bringt. Aber auch das Nervensystem dieses Kindes ist kaum zu unterscheiden von dem eines normal aufgewachsenen Kindes. Wenn man die Maus aus dem keimfreien Zelt allmählich mit Antigenen in Kontakt bringt, wird sie überleben. Was ihr fehlt, ist im wesentlichen ein bißchen Lernen.

Die klassische Lehre sagt, daß Antikörper – wie ja schon ihr Name verrät – gegen irgend etwas anderes gerichtet sind. Es wäre demzufolge sinnlos, wenn sie sich plötzlich aggressiv an unseren eigenen Körper anheften würden. Nach der geschilderten neueren Auffassung vom inneren Leben des Immunsystems – fachlich »Netzwerk-Immunologie« genannt – müßte man jedoch einzelne T-Zellen erwarten, die an jedem denkbaren Molekül-Profil im Körper andocken können. Ähnlich wie es ja ausreichend Franzosen geben muß, die sich mit jeder Facette des Lebens in Frankreich beschäftigen, mit Museen und Bibliotheken ebenso wie mit Bäckereien und Cafés und Restaurants. Aus der Sicht der klassischen Immunologie ist das reine Ketzerei. Paul Ehrlich, der Begründer

der Immunologie, sprach vom *horror autotoxicus*, dem Schreckensbild einer Immunreaktion gegen den eigenen Körper. Für ihn hatte das Immunsystem nur eine Richtung: gegen Eindringlinge. Es ist aber eine Tatsache, daß man Antikörper findet, die auf jedes einzelne Molekül-Profil ansprechen. Aus der Sicht der Netzwerk-Immunologie ist das Immunsystem nichts anderes als die Befähigung zu dauernder Kommunikation zwischen allen Zellen des Körpers, so wie die Neuronen weitentfernte Stellen des Nervensystems miteinander verbinden.

Ich erwähnte bereits, daß die Zellen des Immunsystems etwa alle zwei Tage absterben und ersetzt werden. So ähnlich, wie auch in einer Gesellschaft Menschen nach einer Reihe von Jahren sterben und Kinder geboren werden. Mit speziell eingerichteten Methoden bringt die Gesellschaft diesen Kindern bei, wie sie später verschiedene Aufgaben und Rollen übernehmen können. In vergleichbarer Weise produziert das Knochenmark etwas, das wir »kindliche« oder ruhende B-Zellen nennen. Einige dieser ruhenden B-Zellen werden vom Immunsystem ausgewählt und wie Rekruten zum Training für bestimmte Aufgaben geschickt. Mit diesem Verfahren erneuert das System unablässig seine Zusammensetzung. Wir haben hier also durchaus ein Lernen vor uns, ein Gedächtnis, da die Zellen gewissermaßen für das System »ausgebildet« werden. Es sind nicht mehr dieselben Zellen, aber die neuen erledigen die gleichen Arbeiten für die umfassende Gesamtaufgabe des von ihnen gebildeten Systems.

Die Unterscheidung zwischen aktiven und ruhenden Immunzellen ist wesentlich für den umfassenderen Unterschied zwischen dem nach außen gerichteten Immunsystem, das mit der Verteidigung des Organismus beschäftigt ist, und dem nach innen gerichteten Immunsystem, das die molekulare Identität oder das körpereigene Ich aufrechterhält. Hier liegt eine deutliche Parallele zum peripheren und zentralen Nervensystem. Wir nennen jene beiden Systeme deshalb ja auch das periphere und das zentrale Immunsystem. Das zentrale Immunsystem besteht hauptsächlich aus den größeren aktiven Lymphozyten mit ihren zahlreicheren Rezeptoren auf der Oberfläche. Das periphere Immunsystem besteht vor allem aus den kleineren ruhenden Lymphozyten mit weniger Rezeptoren. Die beiden Systeme sind also nicht nur bildlich gesprochen unterschiedlich, sondern gerade auch aufgrund konkreter Merkmale, die im Experiment nachweisbar sind.

Die Verbindungen des Immunsystems zum Gehirn

Aus dem bisher Gesagten geht hervor, daß die Aktivitäten des Immunsystems in unserem Körper eine Identität aufbauen, vergleichbar der bewußten Identität, die auf den mentalen Zuständen des zentralen Nervensystems beruht. Jetzt gehen wir der Frage nach, wie Immun- und Nervensystem im Körper zusammenarbeiten. Ich möchte drei Beispiele anführen, um zu zeigen, wie diese beiden Identitäten zusammenwirken.

Die ersten Experimente, die die Wissenschaft überzeugten, daß die Psychoneuroimmunologie doch kein leeres Gerede war, wurden von Robert Ader in den USA durchgeführt. Er arbeitete mit dem Begriff des bedingten Reflexes, der uns seit Pawlows Hunde-Experiment vertraut ist. Dabei wird ein tatsächlicher Reiz (hier das Futter) durch einen nur symbolischen Reiz (eine tönende Klingel) ersetzt, wobei die Reaktion (der Speichelfluß) trotzdem eintritt. Ader nahm nun an, daß auch eine Immunreaktion als bedingter Reflex zu erlernen sei, wenn wirklich zwischen dem Immun- und dem Nervensystem eine Verbindung besteht. Er fütterte Ratten mit Zuckerwasser und injizierte ihnen gleichzeitig Psychophosmanin, einen chemischen Stoff, der die Entstehung von Klonen im Immunsystem hemmt. Nach einigen Wiederholungen dieser Prozedur verursachte auch das Zuckerwasser allein, ohne die begleitende Chemikalie, die Hemmung der Klon-Bildung. Damit so etwas überhaupt möglich ist, muß es also im Körper einen Weg geben, auf dem das Erkennen des Geschmacks des Zuckerwassers auf das Immunsystem einwirkt. Hier haben wir einen Musterfall von Psychoneuroimmunologie vor uns, und die Wissenschaft war darüber ziemlich erstaunt. Auch das zweite Beispiel stammt erst aus jüngerer Zeit. Es war die Entdeckung einer Verbindung zwischen Dyslexie und Immunsystem. Dyslexie ist ein bei Schulkindern auftretendes Lernproblem und bezeichnet Schwierigkeiten beim Lesen, das bekanntlich eine äußerst komplexe Erkennungsaktivität des Gehirns voraussetzt.

Kinder mit Leseschwäche sehen bestimmte Buchstaben verkehrt, sie verwechseln zum Beispiel *b* und *d*. Man nimmt an, daß Dyslexie durch Störungen in der frühen Entwicklung des Gehirns verursacht wird; wir beobachten auch gewisse kleine Abweichungen in der Gehirnphysiologie bei dyslexischen Kindern. Autoimmunkrankheiten treten auf, wenn das Immunsystem einen bestimmten Teil des Körpers so behandelt, als hätte es Bakterien vor sich und daraufhin eine Abwehrreaktion auslöst. Bei *Myasthenia gravis** zum Beispiel greift das Immunsystem die Verbindungsstellen zwischen Muskeln und Nervensystem an, was die Bewegung erschwert und erhebliche Schmerzen verursacht. Es gibt eine ganze Reihe derartiger Autoimmunreaktionen, und die Medizin hat bei ihrer Behandlung noch keine großen Fortschritte gemacht.

Vor einigen Jahren konnte nun nachgewiesen werden, daß 95 – wenn nicht hundert – Prozent aller Dyslexiefälle auch unter Störungen durch Autoimmunreaktionen leiden. Die beiden Phänomene sind also eindeutig miteinander verknüpft, und beide kann man auf Ungleichgewichtigkeiten des Hormonhaushalts (speziell der dem Cortison verwandten Sexualhormone) während der Adoleszenz zurückführen. Ein und dieselbe Funktionsstörung in der Entwicklung des Nerven- und Immunsystems kann also zu zwar miteinander ver-

---

* *Myasthenia gravis* ist eine chronische Störung der Muskeltätigkeit. Ihre Kennzeichen sind Muskelschwäche und eine Tendenz zu schneller Ermüdung. Man findet sie meist bei jungen Erwachsenen. Die Krankheit entsteht durch einen Verlust an muskeleigenen Rezeptoren für diejenigen chemischen Stoffe, die die Zusammenziehung der Muskeln herbeiführen. Am häufigsten werden davon die Muskeln am Kopf und am Hals betroffen.

wandten, aber völlig verschiedenen Wirkungen führen. Auch diese Beobachtung ist vom Standpunkt der klassischen Immunologie aus eigentlich der reine Unsinn.

Als drittes Beispiel erwähne ich das Streß-Problem. Streß hat ganz offensichtlich mit mentalen Zuständen und psychischen Einstellungen zu tun und zeigt gleichzeitig eine Reihe körperlicher Erscheinungen. Wir stellen uns dazu die Frage: Wo berühren sich die beiden?

Man weiß, daß das Gehirn auf Streß immer wieder und systematisch mit der Produktion bestimmter Hormone reagiert (etwa Glucocorticoide). Diese Hormone werden in den Blutkreislauf oder direkt ins Lymphsystem ausgeschüttet. Sie verbinden sich mit den Rezeptoren auf der Oberfläche der Lymphozyten, wobei sie diese entweder hemmen oder aktivieren. Aufgrund der Veränderungen im Immunsystem produzieren nun auch die Lymphozyten Hormone und andere Botenstoffe, die man Immunotransmitter nennt. Diese Moleküle wirken nun ihrerseits direkt auf bestimmte Neuronen im limbischen System des Gehirns ein. Wir sehen also, die Verbindung zwischen den Systemen arbeitet in beiden Richtungen.

Wichtig in diesem Zusammenhang ist noch eine weitere Beobachtung. Das vegetative Nervensystem, das die körperinneren Vorgänge wie etwa Drüsentätigkeit oder die Tätigkeit der Darmmuskulatur steuert, kann auch Nervenreize in das Knochenmark schicken. Das vegetative Nervensystem reicht nämlich bis dorthin und bestimmt Art und Anzahl der dort produzierten T-Zellen. Die Stimulierung des Knochenmarks verursacht demnach in der Organisation des Immunsystems bestimmte Veränderungen, die ihrerseits die Produktion von Botenstoffen auslösen, und diese bewirken dann spezifische Veränderungen im Gehirn. Auch dies ist also ein klarer Fall einer neuroimmunologischen Wechselwirkung.

Die Forschung konnte noch ganz andere, sehr detaillierte und aufregende Beispiele neuroimmunologischer Interaktionen aufdecken. So hat man erst neulich herausgefunden, daß manche Lymphozyten bestimmte Hormone produzieren, die man Beta-Endorphine nennt. Endorphine werden normalerweise vom Gehirn produziert und dienen als schmerzstillendes Mittel. Dieselben Hormone, die als Botenstoffe im Gehirn arbeiten, können also von Lymphozyten hergestellt werden, die in diesem Fall wie weitentfernte Neuronen auftreten.

Dies sind einige der Verbindungswege zwischen Immun- und Nervensystem. Wir entdecken sie erst allmählich. Was wir heute noch nicht wissen, ist die genaue Arbeitsweise dieser wechselseitigen Wirkungen. Wenn wir zum Beispiel von der Hemmung oder Aktivierung einer Immunreaktion sprechen, dann ist diese Wirkung mit ganz bestimmten Klonen verknüpft. Ebenso genau bekannt ist die Wirkung derjenigen Botenstoffe auf das Gehirn, die Neuronen stimulieren oder hemmen. Offenbar muß nun die Zusammenarbeit zwischen diesen beiden »Gehirnen«, dem Immun- und dem Nervensystem, genauer zu kennzeichnen sein. Aber wie? Das ist heute eine Frage ohne Antwort. Die Feinabstimmung der gegenseitigen Beeinflussung der beiden Systeme ist uns nicht klar. Erkennbar ist nur, daß es solche Verbindungsstellen gibt und daß man sie irgendwie für heilende Eingriffe benützen kann.

Vielleicht fragen Sie sich jetzt, wo bei der Psychoneuro-immunologie der »Psycho«-Anteil steckt. In den Köpfen westlicher Wissenschaftler, zumindest bei Neurologen, besteht eine automatische Gleichsetzung von Gefühls-, Wahrnehmungs- oder Wissenszuständen mit Neuronenaktivität. Wir neigen zu der Annahme, daß ein mentaler Zustand immer mit einer meßbaren Gehirnaktivität einhergeht. Wenn sich jemand zum Beispiel unter Streß fühlt, kann man genau die Wege der vom Gehirn ausgeschütteten Hormone verfolgen. Diese Psycho-Neuro-Verknüpfung ist eine grundlegende Auffassung in der Neurologie.

Wir haben also einerseits eine Neuropsycho-Identität und parallel dazu das, was ich eine Immunosoma-Identität oder Immuno-Körper-Identität nenne (man trifft hier auf eine bemerkenswerte sprachliche Schwierigkeit: Wenn wir »ich« sagen, so benützen wir ein kennzeichnendes Etikett für etwas, das vor allem als kompliziertes psychisches oder kognitives Gebilde definiert ist; für die parallele Körper- oder »Soma«-Identität haben wir in unserer Sprache nicht einmal ein Wort). Dieser Immuno-Körper besitzt dieselbe Ganzheit oder alles umfassende Einheit, die auch unser mentales Ich besitzt. Wenn ich zum Beispiel mich selbst definiere als »ich, Francisco«, so gebe ich einem komplizierten Sachverhalt eine Kennzeichnung. Auch mein Körper vollzieht in seinen Funktionen eine solche Selbstkennzeichnung. Wenn ich ein Stück meiner Haut durch ein fremdes Stück Haut ersetze, wird dieses Gewebe abgestoßen, obwohl ich mir alle Mühe gebe, nur genau dieselbe Art Zellen dafür herzunehmen. Der Körper erkennt sie als fremde Zellen. Bei einem tieferen Blick in den Körper würde sich herausstellen, daß das scheinbar schlichte Zellgewebe tatsächlich äußerst aktive Vorgänge in Gang bringt, die aber erst nach einer Art Herausforderung sichtbar werden. Wir sind es nur nicht gewohnt, uns den Körper als ein eigenes »Ich« vorzustellen, das einen ebenso komplizierten Zusammenhalt wie unser bewußtes Ich besitzt. Aber in Wahrheit arbeitet der Körper auf diese Weise, auch wenn die Sprache uns keinen Namen dafür bietet.

Ich komme noch einmal auf den Vergleich mit einer Gesellschaft zurück. Ich kaufe in Paris jeden Tag mein Brot bei einem Bäcker, dessen Familie schon seit 200 Jahren da wohnt. Er gehört zu seiner Gesellschaft, und er weiß, wie er sein Brot backen muß. Angenommen, ich fände eines Tages plötzlich einen ganz anderen Menschen in meiner Bäckerei, der genau dasselbe tut, nämlich Brot backen und es verkaufen. Wäre es noch dasselbe für mich? Nein. Der Bäcker gehört dorthin, weil er schon seit langer Zeit dort tätig ist, weil er seine Kunden seit langem kennt und eine mit ihnen gemeinsame Sprache spricht. Man könnte meinen Bäcker vielleicht imitieren, aber ohne die richtige Vergangenheit und Sprache, ohne seine Fähigkeit, mit Menschen umzugehen, würden alle diesen Nachahmer ablehnen. So ähnlich geht es in meinem Körper auch zu. Was hier die genau richtigen Zellen auf ihre Plätze stellt, was meine Leber-Zellen und Thymus-Zellen anweist, genau als Leber- und Thymus-Zellen aktiv zu werden, das ist diese gemeinsame Sprache, mit der sie im engen Zusammenhang miteinander tätig sind. Wie ja auch der Bäcker weiß, daß etwa der Bankbeamte trotzdem zur Nachbarschaft gehört, obwohl dieser einen ganz anderen Beruf ausübt.

Wir sind so daran gewöhnt, daß unser Körper funktioniert, daß wir kaum ein Auge darauf haben, wie vielschichtig die Vorgänge sind, die seinen Zustand aufrechterhalten. Im menschlichen Gehirn sind Fähigkeiten wie Gedächtnis oder das Gefühl für das eigene Ich Emergenzerscheinungen der Gesamtheit der Neuronen. Ähnlich gibt es auch im Immunsystem die emergente Fähigkeit, den Körper zu bewahren, mit ihm eine Geschichte, eine Biographie aufzubauen und ein Ich zu bilden. Diese emergente Fähigkeit, wie ihr Name sagt, taucht auf, aber sie ist nicht an einem bestimmten Punkt festzumachen. Aus der Sicht der Psychoneuroimmunologie besitzt der Körper eine Identität, die zwar als gedankliche Einheit benannt werden kann, die aber nirgendwo wirklich existiert. Meine Identität liegt nicht in meinen Genen oder in meinen Zellen, sondern im komplexen Zusammenspiel ihrer Tätigkeiten. Haben Sie nicht den Eindruck, das könnte etwas zu tun haben mit dem buddhistischen Begriff eines namentlich bezeichneten und ansprechbaren Ichs, das trotzdem nirgendwo wirklich existiert?

DALAI LAMA: Kommt das Immunsystem bei allen Organismen vor, also beispielsweise auch bei extrem einfachen Lebewesen?

FRANCISCO VARELA: Eine sehr gute Frage, Eure Heiligkeit, die meinen Hauptpunkt darlegt, wie ich finde. Nehmen Sie eine einzellige Amöbe: Da haben wir offenbar nicht den Eindruck eines vorhandenen Immunsystems. Sobald aber sehr viele Zellen zusammenkommen, die einen vielzelligen Organismus aufbauen, sehen wir den Beginn der Immunsystems. Unter den niederen Organismen haben Schwämme die einfachsten Anfänge eines Immunsystems.

DALAI LAMA: Haben Pflanzen irgendeine Art Immunsystem? Stoßen sie fremdes Material ab?

FRANCISCO VARELA: Sie verfügen über andere Verteidigungsmechanismen, etwa Gifte. Auch können Einzeller immerhin fremde Moleküle als Nahrung aufnehmen, so daß ein Immunsystem nicht die einzige Möglichkeit ist, eine Identität aufzubauen oder zu verteidigen. Aber bei uns Wirbeltieren ist es so.

DALAI LAMA: Haben Insekten ein Immunsystem?

FRANCISCO VARELA: Insekten haben kein Immunsystem. Das voll entwickelte Immunsystem ist ein Charakteristikum der Wirbeltiere.

DALAI LAMA: Kann man sagen, ob sich im Verlauf des Körperwachstums das Immunsystem vor dem Nervensystem bildet oder umgekehrt?

FRANCISCO VARELA: Sie bilden sich gleichzeitig. Ich habe das beim Zusammenhang von Dyslexie und Autoimmunreaktionen kurz erwähnt: Wenn in der Entwicklung des Embryos etwas falsch läuft, sind beide Systeme davon betroffen. Das eine wird autoimmun und neigt dazu, seine eigenen Bestandteile anzugreifen; das andere bildet nur mangelhaft die für das Lesen nötige Aufnahmefähigkeit heraus.

DALAI LAMA: Ist es möglich festzustellen, welches der beiden Systeme im Sterben als erstes zerfällt?

FRANCISCO VARELA: Der Gehirntod, vom biologischen Standpunkt aus gesehen, dauert vermutlich höchstens wenige Stunden. Der innere Zusammenhalt des Immunsystems bricht wahrscheinlich zusammen, sobald das Blut zu zirkulieren aufhört. Die Lymphozyten verschwinden, nehme ich an, im Verlauf höchstens eines Tages. Das heißt, beide Systeme sterben ziemlich schnell ab.

DALAI LAMA: Das betrifft wohl eher die Dauer ihrer vollständigen Zerstörung. Aber beginnen sie gleichzeitig abzusterben?

FRANCISCO VARELA: Beim Sterben hört normalerweise das Herz zu schlagen auf. Dies hat eine Unterversorgung des Gehirns mit Sauerstoff zur Folge. Zur gleichen Zeit bricht die aktive Zell-Kommunikation, die das Immunsystem bildet, zusammen, denn ohne Blutzirkulation können die Zellen nicht zueinanderkommen. Als nächstes sterben beide Zellarten, Neuronen und Lymphozyten, innerhalb weniger Stunden. Beide Systeme gehen also ziemlich gleichartig unter. Biologisch gesehen löst sich die Identität beider Systeme auf. Es ist ein Sterben des Körpers, ein Soma-Tod.

DALAI LAMA: Wenn man ein körperliches Gefühl wie Freude empfindet, hat dann das Immunsystem irgend etwas damit zu tun?

FRANCISCO VARELA: Das ist eine Frage ohne Antwort. Wie wir wissen, läßt sich eine Immunreaktion als bedingter Reflex herstellen, als Reaktion auf den Reiz Zuckerwasser, also auf die Wahrnehmung eines Geschmacks. Es spricht nichts gegen die Vorstellung, daß ein angenehmer oder unangenehmer Gefühlszustand eine verändernde Wirkung auf das Immunsystem haben könnte. Man muß sogar sagen, die meisten von uns nehmen an, daß genau das geschieht. Man muß aber auch zugeben, daß experimentelle Beweise fehlen, da schnell vorübergehende Gefühle sehr schwer zu messen sind. Wir können leichter etwas länger Andauerndes messen, Streß zum Beispiel.

DALAI LAMA: Sind Empfindungen ganz und gar eine Angelegenheit der Nerven, die richtig miteinander verbunden sind und ordentlich funktionieren? Wenn man etwa den gesamten Körper anästhesiert oder – rein hypothetisch – alle Nerven entfernt, würden dann Knochen und Fleisch noch irgendeine Befähigung zu Gefühlen behalten?

FRANCISCO VARELA: Soweit wir wissen, hat jemand keine Empfindungen mehr in der Hand, dem man alle Nerven, die zu der Hand führen, herausschneidet oder anästhesiert. Wenn sich die Hand jedoch unabsichtlich verbrennt, weiß mein Körper- oder Soma-Ich genau, was zu tun ist und reagiert ausgesprochen intelligent. Es würde zum Beispiel die Wunde durch eine Röte-Reaktion schützen. Es schafft vermehrt Zellen herbei, die das Gewebe reparieren und neues Gewebe herstellen. Das Immunsystem reagiert, indem es die gesamte Harmonie aufrechterhält. Während also das Ich des Nervensystems gar nichts davon weiß, zeigt das zweite Ich eine intelligente Reaktion.

DALAI LAMA: Aber der Verletzte würde kein Schmerzbewußtsein haben? Das ist nämlich mein wesentlicher Punkt: Wenn ein Buddhist vom Gewahrsein des Körpers spricht, dann nimmt er seinen Körper wahr.

FRANCISCO VARELA: Ich hatte das Gewahrsein des Körpers im Buddhismus so verstanden, daß es als Gewahrsein oder Unterscheidungsvermögen auf ein Ereignis gerichtet ist, in diesem Fall auf den Körper.

DALAI LAMA: Gibt es vielleicht eine wiewohl ungenaue Ähnlichkeit, wenn ich irgendwie das Blatt einer Pflanze verletze? Sie fühlt nichts, sie weiß nichts, kann aber bestimmte Verteidigungsmaßnahmen ergreifen.

FRANCISCO VARELA: Das wäre eine unscharfe Analogie, Eure Heiligkeit. Die Pflanze hat nur die einfache Fähigkeit der Regeneration. Was aber unser Körper kann, ist erheblich vielfältiger und vielschichtiger, und genau diese gesteigerte Komplexität gibt ihm einen höheren Rang und erlaubt uns zu sagen, es handele sich hier eher um eine Art Ich als um den einfachen Spontan-Reflex eines pflanzlichen Gewebes. Die Pflanze kann immer nur in gleicher und sehr beschränkter Weise reagieren, wohingegen unser Körper bei seiner Selbsterhaltung eine erstaunliche Flexibilität beweist.

DALAI LAMA: Dann wäre also die Frage, die Sie gestellt haben, die nach der Identität des Körpers?

FRANCISCO VARELA: Ja. Es ist eine Tatsache, daß der Körper ein Wissen von sich selbst hat, und dies hat seine Selbststeuerung zur Folge. Nehmen wir irgendein Hormon, das in unserem Körper zirkuliert: Wer steuert die Menge dieses Hormons? Zum großen Teil wird der Hormonspiegel durch das Immunsystem gesteuert. Wenn mein Körper zum Beispiel bei einer Gymnastikübung unter Streß steht, kann der Körper selbständig erkennen, was er braucht, und entscheiden, welche Hormone deshalb zu vermehren oder zu vermindern sind. All dieses Wissen geschieht, ohne daß ein sprachlich bewußtes Ich daran mitwirkt, und doch ist es in einem nichttrivialen Sinn mein eigenes Ich.

DALAI LAMA: Sie sagen damit, daß es beinahe zwei parallele Ichs gibt?

FRANCISCO VARELA: Das ist genau mein Punkt. Das eine ist das Ich, das wir alle kennen und für das wir einen Namen haben; das andere Ich hat einfach keine sprachliche Bezeichnung, deshalb können wir es nur an seinen Wirkungen erkennen. Aber das Wissen des Körpers ist eine Idee in vielen Denktraditionen der Menschheit, und das Aufregende an dieser Neuroimmun-Verbindung ist ja gerade, daß sie uns einen eher wissenschaftlichen Zugang dazu liefert.

DALAI LAMA: Warum greift das Immunsystem gelegentlich seine eigenen Zell-Familien an, und warum sind Autoimmunkrankheiten so tödlich?

FRANCISCO VARELA: Das ist schwer zu sagen, aber vermutlich gibt es dafür ein ganzes Bündel von Ursachen. Manche Menschen neigen wohl zu Autoimmunkrankheiten. In vielen Fällen scheint eine genetische Grundlage die Ursache zu sein, aber damit ist die Geschichte offensichtlich nicht ganz erklärt. Trotzdem gibt es manchmal klare Schwachstellen in der normalen Tätigkeit eines Organismus, mal auf einer rein psychologischen, mal mehr auf der Ebene des »Körper-Ichs«.

Erst das Immunsystem erlaubt uns, eine Körperexistenz aufzubauen. Wenn man mein Immunsystem lahmlegen würde, so fiele ich einfach auseinander, auch in einem keimfreien Zelt ohne jede Infektion. Das ist ja genau das, was bei der Krankheit passiert, die unter dem Namen *Lupus* bekannt ist, einer Hauttuberkulose. Die Zellen werden plötzlich ohne Koordination tätig, jede nur noch für sich. Einen ganzen Körper und seine Millionen verschiedenen Zellen in Harmonie zu halten, ist eine Wahnsinnsarbeit, mindestens so schwer, wie den Bestand eines ganzen Landes mit seinen Millionen Menschen so zu sichern, daß der Bäcker weiterhin Brot backt und der Bankbeamte die Konten verwaltet und nicht etwa umgekehrt. Diese Koordinierungsaufgabe hat das Körper-Ich, von dem wir hier sprechen.

Die traditionelle Medizin auf der Grundlage der klassischen Abwehr-Immunologie weiß eigentlich nicht, wie sie diese Autoimmunkrankheiten behandeln soll, denn diese Krankheiten sind Beispiele einer geringen Disharmonie im Körper-Ich. Plötzlich und unerwartet wird ein Teilnehmer am fortwährenden Gespräch der Zellen miteinander auf irgendeine Weise zu einem Fremdling. So ähnlich, wie wenn eine Gruppe von Menschen in einer Gesellschaft plötzlich asozial und in ihrem Verhältnis zu dieser Gesellschaft aggressiv wird. Die geeignete Behandlung in diesem Fall kann nur der Versuch ihrer Resozialisierung sein, ihnen mehr und neue Verknüpfungen mit ihrer Gesellschaft zu liefern.

Genau so etwas, die Resozialisierung von plötzlich ausgeschlossenen Bestandteilen des Körpers, hat man in jüngster Zeit mit Mäusen versucht, die unter *Myasthenia gravis* litten. Man hat ihnen B-Zellen und Antikörper injiziert, von denen man weiß, daß sie weitere Verbindungspunkte zwischen den betroffenen Molekülen (in diesem Fall den Muskelrezeptoren) und dem umgebenden Immunsystem schaffen. Neunzig Prozent der Tiere konnten geheilt werden. Das ist so ähnlich, wie wenn man der asozialen Gruppe neue Dialogmöglichkeiten anbietet, um sie damit in die Harmonie des

Gesamtkörpers wieder aufzunehmen. Dieser ganze Vorgang der Harmonisierung und Steuerung ist also fast ein kognitiver Vorgang, weil er Erfindungsgeist, Gedächtnis, Erkenntnis, Lernen und die Wahl der richtigen Handlung erfordert. Deshalb halte ich es für keine Übertreibung, hier von einem zweiten Gehirn zu sprechen.

DALAI LAMA: Wenn das Immunsystem seine eigenen Zell-Familien angreifen kann, ist es dann auch fähig, den Körper zu heilen?

FRANCISCO VARELA: Es ist undenkbar, das psychische Ich, also das Gehirn, zur Heilung einer Krankheit heranzuziehen, ohne daß dieses Ich mit einem anderen Ich spricht, das dann diese Mitteilungen in sinnvoller Weise aufnimmt und daraufhin den Körper entsprechend steuert. Die Rückbildung von Krebsmetastasen zum Beispiel ist eine außerordentlich komplexe Angelegenheit, die gerade im Immunsystem eine intelligente Auffassungsgabe verlangt. Das läuft immer ganz außerhalb unseres Bewußtseins ab, aber die Wirkungen können wir sehen, weil wir ja in unserem Körper leben. Das alles flößt mir Hochachtung ein, eine ungeheure Ehrfurcht vor dem Beziehungsreichtum, den wir in unserem Organismus haben und den wir so leicht für selbstverständlich halten.

Physiologische und mentale Trugbilder

DAN BROWN: Autoimmunkrankheiten, die Falschidentifizierung von körpereigenen Zellen, sind aus der Sicht des Körpers eine Art Selbsttäuschung. Aus der Sicht des Geistes gefragt: Warum gibt es Selbsttäuschung überhaupt?

DALAI LAMA: Der Buddhismus spricht zwar vom Gewahrsein des Körpers, ein Gewahrsein, das im Körper seinen Sitz hat. Aber Selbsttäuschung kann es nur als mentale, durch geistige Tätigkeit hervorgebrachte Erkenntnis geben. Sie kann demnach nicht in der Sinneswahrnehmung liegen, sondern nur im mentalen Gewahrsein. Selbsttäuschung kann deshalb nicht in der Sinneswahrnehmung vorkommen, weil diese Art der erkennenden Geistestätigkeit in der Wahrnehmung durch die Sinne nicht tätig ist.

DAN BROWN: Und warum gibt es Selbsttäuschung in der erkennenden Geistestätigkeit?

DALAI LAMA: Das ist, wie wenn man fragte: Warum gibt es Gewahrsein? Es ist einfach da.

SHARON SALZBERG: Ich frage mich, ob wir hier nicht eine Ähnlichkeit mit Autoimmunkrankheiten haben, bei denen der Körper seine eigenen Zellen, seinen eigenen Zusammenhalt nicht mehr erkennt und daraufhin seine Selbstzerstörung beginnt. Eine äußere Parallele dazu ist vielleicht auch, daß wir aus reiner Unwissenheit andere nicht als uns selbst zugehörig ansehen. Ohne ein Gefühl dafür, daß alles Leben ein Teil von uns selbst ist, wenn wir diesen Zusammenhalt nicht mehr sehen, beginnen wir, uns selbst zu zerstören.

FRANCISCO VARELA: Ein anregender Vergleich.

DAN GOLEMAN: Wir kommen also bei dem Gedanken an, daß wir aus dem Verhalten der Zellen eine Art Dharma lernen können – die biologische Grundlage für ein Ethik-System.

Das Gehirn und die Gefühle
(Cliff Saron und Richard J. Davidson)

Eine große Zahl von experimentellen Ergebnissen aus den letzten zehn Jahren gibt uns heute ein klareres Bild denn je von der Art und Weise, wie das Gehirn Gefühle steuert. Lange Zeit hatte man vermutet, daß die für Gefühle zuständigen Zentren sich tief innerhalb des Gehirns befinden, und zwar in einer Region, die an der Unterseite der Großhirnrinde ringförmig angelegt ist, im sogenannten limbischen System (von lateinisch *limbus*, der Saum). Neurologische Daten der neuesten Zeit zeigen jedoch, daß Gefühlsimpulse zwar vom limbischen System ausgehen, der Ausdruck unserer Gefühle aber von Gehirnregionen gesteuert wird, die in der Evolution des Menschen später entstanden sind und sich im Präfrontallappen der Großhirnrinde befinden, gleich hinter der Stirn. Wir wissen heute darüber hinaus, daß jede Seite der präfrontalen Großhirnrinde offenbar jeweils verschiedene Gruppen von Gefühlen organisiert; dabei ist die rechte Seite zuständig für unangenehme Gefühle, beispielsweise Angst oder Ekel, die uns zum Rückzug bewegen, die linke Seite für eher positive Gefühle wie Freude oder Glück. Diese aktuellen Forschungsergebnisse der Neurologie bieten den Bezugsrahmen für ein tieferes Verständnis der Dynamik unseres Gefühlslebens. Die genannten und andere ausgedehnte, miteinander vernetzte Schaltkreise steuern die Gefühle, die wir empfinden, und die Art und Weise, wie wir mit ihnen umgehen. Cliff Saron und Richard J. Davidson berichten im folgenden über Experimente von Richard J. Davidson, der das Laboratory for Affective Neuroscience an der University of Wisconsin leitet. Die Ergebnisse zeigen detailliert, wie das Gehirn bestimmte Aspekte unseres Gefühlslebens organisiert. Wir beginnen mit einer Überlegung zur Wortbedeutung von »Gefühl« und erläutern, wie verschiedene theoretische Modelle jeweils die Methode und Anlage der Verfahren beeinflussen, mit denen wir Gehirn und Gefühle untersuchen. Danach gibt es einen Überblick über eine Reihe zentraler Untersuchungsergebnisse aus Davidsons Institut, die neue Einsichten vermitteln in die Wirkungsweise des Gehirns: bei der Steuerung von Gefühlen wie zum Besispiel Freude oder Ekel oder – allgemeiner – bei der Steuerung von Annäherungs- oder Fluchtbewegungen. Diese beiden Tendenzen finden eine Parallele in zwei buddhistischen Begriffen, dem abhängigen Anhaften und der befreienden Abwendung, den beiden grundsätzlichen Polen des Gefühlslebens, die uns in der Wirklichkeit dieser Welt bestimmen.

CLIFF SARON UND RICHARD J. DAVIDSON: Was wir mit dem Wort Gefühl meinen, entzieht sich einer genauen Festlegung. In der Psychologie benützt man das Wort, um damit menschliche Reaktionen in vielen verschiedenen Bereichen zu beschreiben. Einer davon ist der kognitive Bereich, also diejenigen Urteile und Gedanken, die bei einem bestimmten Gefühlszustand auftreten. Wir können Gefühle aber auch in Begriffen des beobachtbaren Verhaltens beschreiben, etwa eine Geste der Freundlichkeit, der Verärgerung, den Ton einer Stimme. Auch Gesichtsausdrücke, die bestimmte gefühlsintensive Momente spontan begleiten, sind ausgesprochen hilfreich bei der Festlegung, welches Gefühl ein Mensch gerade empfindet, und geben uns damit eine weitere Möglichkeit, Gefühle zu definieren. In physiologischer Hinsicht können wir zwei Elemente einer Gefühlsreaktion kennzeichnen. Das ist erstens die körperliche Empfindung, die der Mensch selbst wahrnimmt, zum Beispiel unwillkürliche nervöse Bewegungen. Derartige Empfindungen hängen eng zusammen mit älteren Gehirnzentren, die das vegetative Nervensystem und den Hormonhaushalt steuern, mit relativ lange – das heißt einige Minuten bis Stunden – andauernden Nachwirkungen. Eine zweite physiologische Reaktion findet in der Großhirnrinde statt. Auf diesen Bereich der Gefühlsreaktionen hat sich unsere Arbeit im besonderen konzentriert.

Wir betrachten außerdem Annäherung und Flucht als zwei grundlegende Begriffe im Verhalten eines Organismus, die zudem verschiedene Gefühlszustände kennzeichnen. Freude oder Glück zum Beispiel bringen uns vermutlich eher in die Nähe eines Menschen, mit dem wir gern zusammen sind. Angst und Ekel sind typische Beispiele für ein Fluchtverhalten. Dieses Annäherungs- und Fluchtverhalten können wir heute mit einer Aktivität bestimmter Gehirnseiten in Zusammenhang bringen. In den letzten zehn Jahren haben wir in unserem Institut eine ganze Reihe von Ergebnissen erarbeitet, die vermuten lassen, daß die vorderen Teile der linken Gehirnseite stärker mit Annäherungsverhalten, die der rechten Seite stärker mit Fluchtverhalten verknüpft sind.

Man kann sich fragen, warum wir überhaupt Annäherung und Flucht mit den beiden Gehirnseiten in Verbindung bringen wollten. Ein solcher Zusammenhang liegt ja nicht auf der Hand. Es waren die Aussagen der Neurologie der letzten hundert Jahre, die zeigen, daß Beschädigungen der einen oder der anderen Gehirnseite jeweils verschiedene Folgen für das Gefühlsleben hervorrufen.

Um die Mitte des letzten Jahrhunderts stellte der Neurologe John Hughlings Jackson fest, daß Menschen, die unter Epilepsie leiden (die immer mit einer Überaktivität der rechten vorderen Gehirnteile einhergeht), jedesmal zu Beginn des Anfalls Furcht ausdrückten, also ein Fluchtgefühl. Patienten jedoch, bei denen die Schädigung eine zu geringe Aktivität der rechten Gehirnseite zur Folge hatte, erlebten manische oder unbegründet positive Gefühle. Diese Beobachtungen ließen die Theorie entstehen, daß die beiden Gehirnseiten unterschiedliche emotionale Charakterisierungen oder Spezialisierungen besitzen. Überaktivität der rechten Gehirnseite scheint Fluchtverhalten zu verstärken; bei einer Schwächung oder Schädigung dieser Gehirnseite verstärkt sich das Annäherungsverhalten, weil nun die linke Gehirnseite bei der Steuerung das Übergewicht hat, ohne den Ausgleich durch die rechte Seite.

Zwei andere, hiervon ganz verschiedene Betrachtungsweisen sind in der Psychologie lebhaft umstritten. Die eine besagt, daß es nur wenige elementare Gefühle gibt. Diese Primärgefühle sind Freude, Trauer, Ärger, Ekel, Überraschung und Angst. Vor etwas mehr als zwanzig Jahren hat Paul Ekman an der University of California in San Francisco die allgemeingültige, selbst in verschiedenen Kulturen gleiche Bedeutung von Gesichtsausdrücken dokumentiert. Seine Arbeiten waren durch Darwins Buch ›Die Gefühlsausdrücke bei Menschen und Tieren‹ angeregt worden. Ekman untersuchte die Gesichtsausdrücke von Europäern und die eines schriftlosen Stammes in Neu-Guinea, der praktisch nie in Kontakt mit einer westlichen Kultur gekommen war. Er forderte seine jeweiligen Versuchspersonen auf, abgebildete Gesichtsausdrücke als Gefühlsäußerung zu definieren und dann Gesichtsausdrücke zu zeigen für Gefühle, die sie selbst definiert hatten. Dabei fand er heraus, daß die Gesichtsausdrücke für bestimmte elementare Gefühle in beiden Kulturen ähnlich waren.

Dieser Auffassung von Primärgefühlen, dem sogenannten kategorialen Modell, steht das dimensionale Modell gegenüber. Dabei geht man davon aus, daß Gefühlszustände lediglich Positionen auf einer kontinuierlichen Skala darstellen, die etwa von Annäherung bis Flucht reichen kann oder von Lust bis Unlust. Heute trifft man in der wissenschaftlichen Psychologie auf beide Verfahren, und auch unsere Arbeiten stützen sich auf beide, da keines von ihnen für sich allein vollständige Erklärungen liefert.

Unsere Meßmethoden für Gefühle in einem bestimmten Experiment ziehen also in ihrer Anlage beide Modelle heran. Wenn wir eine Versuchsperson fragen, wie sehr sie sich wohl oder unwohl fühlt, benützen wir das dimensionale Modell. Wenn wir dagegen die für Freude oder Abscheu charakteristischen Gesichtsausdrücke untersuchen, wenden wir das kategoriale Modell an. Wir können nicht alle Aspekte unserer Definition von Gefühl gleichzeitig analysieren, wie wir ja auch nicht gleichzeitig alle Immunzellen im Körper aufspüren können.

In unseren Experimenten wird diese Vielschichtigkeit allerdings ein wenig vereinfacht. Wir verwenden drei Verfahren

zur Untersuchung der Beziehungen zwischen Gehirnaktivität und Gefühl.

Das erste, ziemlich anspruchslose Verfahren besteht darin,
daß wir eine Versuchsperson ins Labor bringen und bei ihr
dann, hoffen wir jedenfalls, bestimmte und definierte Gefühlsreaktionen auslösen, während wir die Gehirnaktivität
messen. Beim zweiten Verfahren werden die Gefühlsäußerungen sehr vieler Personen festgestellt, sodann diejenigen herausgesucht, die sich – etwa nach Temperament oder
Niedergeschlagenheit – stark unterscheiden, und bei diesen
untersuchen wir dann, ob sich entsprechende Unterschiede
auch in der Gehirnaktivität zeigen. Das dritte Verfahren geht
in umgekehrter Richtung vor: Wir nehmen Personen, die in
ihrer Gehirnaktivität starke Unterschiede aufweisen und untersuchen dann, ob sie sich auch in ihrem Gefühlsleben unterscheiden. Jede dieser drei Verfahrensweisen kommt in unseren Experimenten vor.

Wie man Gefühle im Labor registriert

Bei einem Experiment brachten wir die Versuchspersonen ins
Labor und zeigten ihnen Filme, die ein ganz bestimmtes
Gefühl hervorrufen sollten. Wir zeigten ihnen zum Beispiel
»glückliche« Filme, etwa einen jungen Hund, der mit einer
Blume spielt, oder einen Gorilla im Zoo, der gerade ein Bad
nimmt. Dann führten wir aber auch Filme vor, die negative
Gefühle wecken sollen, medizinische Unterrichtsfilme, zum
Beispiel eine Verbrennung dritten Grades oder die Amputa-
tion eines Beines. Wir benützten gerade diese Filme, weil die
von ihnen ausgelösten Gesichtsausdrücke bereits von Paul
Ekman untersucht worden waren, der bei diesem Projekt mit
uns zusammenarbeitete. Während die Versuchspersonen die
Filme sahen, wurden von ihren Gesichtsausdrücken Videoaufnahmen gemacht und gleichzeitig die Gehirnaktivität gemessen. Mit Hilfe eines Kodierungssystems, das einzelnen
Gesichtsausdrücken bestimmte Gefühle zuordnet, können

wir dann sagen, ob eine Person sich wohl fühlt oder angewidert ist. Diese Zuordnung beruht keineswegs auf unserer persönlichen Meinung, wie Freude oder Ekel auszusehen hätte, sondern auf den jahrelangen Forschungsarbeiten von Ekman, in denen die elementaren Ausdruckscharakteristika definiert wurden, die die Versuchspersonen als die beste Darstellung eines bestimmten Gefühls bezeichnen.

Wenn man das Gesicht als Anzeiger eines Gefühls nimmt, muß man allerdings mit drei Möglichkeiten rechnen. Man kann einen Ausdruck haben ohne ein Gefühl, ein Gefühl ohne einen Ausdruck oder auch einen unpräzisen Ausdruck. Es gibt zum Beispiel – je nach der sozialen Umgebung – verschiedene Formen eines Lächelns. Andererseits fällt es vielleicht einigen Menschen schwer, bestimmte Gefühlsäußerungen zu zeigen. Manche unterdrücken etwa den Ausdruck von Ärger, sogar wenn sie allein sind. Man braucht also eine ausreichende Urteilssicherheit, ob der dargebotene visuelle Reiz das Gefühl, das untersucht werden soll, auch wirklich hervorruft. Aus diesem Grund benützen wir die Filme als Auslöser eines Gefühls und die Videoaufnahmen der Gesichtsausdrücke zur genauen Erkennung.

Der nächste Bestandteil der Versuchsanordnung ist etwas komplizierter. Bei der Messung der Gehirnaktivität, das heißt zur Aufzeichnung eines Elektroenzephalogramms (EEG), benützen wir einen speziellen Elektrodenhelm, mit dem sehr geringe Ströme auf der Kopfhaut gemessen werden. Diese geben allerdings nur einen kleinen Teil der Gehirnaktivität wieder; es ist bei weitem nicht vergleichbar mit einem Stethoskop, mit dem man den Herzschlag abhört.

Das elektrische Signal entsteht aus der Aktivität von vielen Millionen Nervenzellen, und dieses »Rauschen« nützen wir aus. Wenn eine bestimmte Region der Großhirnrinde gerade nicht mit Informationsverarbeitung beschäftigt ist, produziert sie eine Schwingung von etwa zehn Hertz (zehn Schwingungen pro Sekunde). Diese Aktivität ändert sich jeden Augenblick, und die charakteristischen Schwingungen tauchen an immer wieder anderen Stellen auf der Hirnrinde auf, je nachdem, welche Art geistiger Tätigkeit die Versuchsperson gerade ausübt. Das Ganze ist eine sehr dynamische und instabile Angelegenheit.

Nun muß man auch noch unterscheiden zwischen der groben elektrischen Aktivität, die wir als Spannung in Volt messen, und ihrer Bedeutung hinsichtlich der Gehirnaktivität. Eine höhere Spannung bedeutet nicht automatisch eine gesteigerte Gehirntätigkeit; das läßt sich erst sagen, wenn man das gesamte Schwingungsmuster im Blick hat. Nur ein Beispiel: Man hat lange Zeit angenommen, daß das ins Auge eintretende Licht die lichtempfindlichen Pigmentzellen zu höherer Aktivität bringt. Als man schließlich ihre elektrische Aktivität wirklich messen konnte, stellte sich heraus, daß der Lichteinfall diese Zellen weniger aktiv werden läßt. In diesem Fall bedeutet also die niedrigere Spannung, die geringere elektrische Aktivität, daß es tatsächlich etwas zu sehen gibt. Die Sache bleibt also ziemlich verwickelt.

Immerhin zeigen die in Ruhe befindlichen Nervenzellen ein charakteristisches Schwingungsmuster. Wenn Nervenzellen Informationen erhalten und diese Informationen eilig von einer zur anderen weitergeben, hören die Schwingungen auf. Diese Schwingungen haben wir während der Gesichtsausdrücke für Freude und Ekel gemessen. Wir forderten die Versuchspersonen auch auf, nach dem Film den Grad ihres Gefühls anzugeben; so konnten wir die Ergebnisse vereinheitlichen, um vergleichbare Intensitäten von Freude und Ekel zu erreichen. Der deutlichste Unterschied zwischen den beiden Gesichtsausdrücken zeigte sich darin, daß die rechte vordere Gehirnregion am Ausdruck von Ekel stärker beteiligt war.

Jede Versuchsperson hatte diese stärkere Aktivität der rechten Gehirnhälfte beim Ausdruck von Ekel, auch wenn die Verstärkung vielleicht nur sehr gering war. Sie lag jedoch über der stärkeren Aktivität der linken Gehirnhälfte beim Ausdruck von Freude. Aber unsere Versuchspersonen unterschieden sich in hohem Maß auch in ihrer normalen Gehirnaktivität, wenn sie zum Beispiel einfach dasaßen und sich ausruhten. Das eine Extrem waren Menschen, deren linke Gehirnseite dauernd aktiver war als die rechte, auch während des Ekel-Ausdrucks. Das andere Extrem waren Menschen, bei denen die rechte Seite dauernd aktiver war als die linke, auch während des Freude-Ausdrucks. Wir hatten es also bei unseren Messungen mit sehr feinen Abweichungen zu tun und gleichzeitig mit einer weiten Skala individueller Besonderheiten.

Gefühle als angeborene Muster

Als nächstes wollten wir herausfinden, ob diese Aktivitätsunterschiede zwischen der rechten und der linken Gehirnhälfte von Geburt an vorhanden sind oder erst später erlernt werden. Zu diesem Zweck führten wir einen ähnlichen Versuch mit Neugeborenen durch, die ein bis drei Tage alt waren. Natürlich zeigten wir ihnen nicht die Erwachsenenfilme. Aber wir untersuchten ihre Gehirnaktivität bei verschiedenen Gesichtsausdrücken. Wir gaben den Babys das eine Mal ein wenig Zuckerwasser zu schmecken, das andere Mal etwas Zitronensaft. Wir können unmöglich wissen, wie sie sich dabei fühlten, aber wir interpretierten ihre Ausdrucksreaktion auf den süßen Geschmack als Interesse, während der saure Geschmack ihren Abscheu zu verursachen schien.

Mit dem bereits erwähnten Helm konnten wir die Aktivitäten der vorderen und hinteren Regionen des Gehirns messen. Die Ergebnisse waren denen der Erwachsenen im vorigen Versuch sehr ähnlich. Die rechte vordere Region war stärker am Ekel-Ausdruck beteiligt, und beim Ausdruck des Interesses ergab sich eine leichte Änderung in der linken hinteren Region. Die Ergebnisse zeigen also, daß diese Erscheinung zu unserer biologischen Ausstattung gehört und nicht durch Sozialkontakte erworben wird.

Im 19. Jahrhundert bereits untersuchte Duchenne de Boulogne, ein französischer Anatom, die Gesichtsmuskeln und beobachtete dabei, daß ein echter Ausdruck der Freude zwei Komponenten hat. Bei einem empfindungswahren Lächeln spannt sich der Augenringmuskel, wobei er kurzzeitig kleine Krähenfüße hervorruft. Der zweite am Lächeln beteiligte Muskel ist der Jochbeinmuskel (bei uns manchmal auch Grübchenmuskel genannt), der die Lippen zum Lächeln zur Seite zieht. Duchenne fand heraus, daß er mit Hilfe von elektrischem Strom diesen Muskel zur Anspannung bringen und damit ein unechtes Lächeln hervorrufen konnte.

In unserer eigenen Forschungsarbeit haben wir dieses Ergebnis – in Zusammenarbeit mit Nathan Fox, einem Entwicklungspsychologen – in einem weiteren Experiment benutzt, diesmal mit zehn Monate alten Babys. Die Kinder saßen jeweils auf einem Stuhl, und wir zeichneten sie auf Video auf, während die Mutter sich näherte und das Kind lächelte. Wenn sich jedoch ein Fremder näherte, so zeigten die Kinder öfter das unechte Lächeln ohne die Beteiligung des Muskels am Auge.

Bei unseren Versuchen mit Erwachsenen verglichen wir die Aktivitäten der vorderen und hinteren Gehirnregionen, und zwar auf beiden Seiten, beim echten und beim unechten Lächeln. Während des unechten Lächelns ergab sich eine verstärkte Beteiligung der rechten vorderen Regionen, und während des echten Lächelns eine verstärkte Beteiligung der linken Gehirnhälfte. Der Unterschied war im vorderen Teil des Gehirns erheblich größer als in der hinteren Region. Wie wir wissen, wurde bei den Babys das echte Lächeln durch die Annäherung der Mutter hervorgerufen, so daß sich die Begriffe von Annäherung und Flucht auch auf Gehirnzustände anwenden lassen. Im übrigen zeigten die Babys aber auch beim echten Lächeln eine eindrucksvolle Erhöhung der vorderen linksseitigen Gehirntätigkeit im Vergleich zu der vorher beim unechten Lächeln gemessenen Aktivität.

Die Neigung zur Depression

Bei unserem zweiten Verfahren zur Untersuchung von Gefühlen bildeten wir Gruppen von Versuchspersonen aufgrund ihres Gefühlslebens und beobachteten dann die Unterschiede der Gehirnaktivität. Bei dieser Versuchsanordnung betrachteten wir depressive Menschen, bei denen die linke Gehirnseite eine Schädigung erfahren hat und die dadurch für depressive Stimmungen besonders empfänglich sind. Eine verletzte linke Seite ist nämlich kein Gegengewicht mehr zur Aktivität der rechten Seite und führt mit höherer Wahrscheinlichkeit zu häufigeren negativen Gefühlszuständen.

Wir verglichen diese Personen mit einer nicht-depressiven Kontrollgruppe, indem wir bei beiden Gruppen die Stärke der Gehirnaktivität aufzeichneten, während sie drei Minuten einmal mit offenen Augen und einmal mit geschlossenen Augen ruhig dasaßen. Wir suchten nach Unterschieden und Ungleichmäßigkeiten zwischen der Aktivität der zwei Gehirnhälften.

Bei der Gruppe der Depressiven war die rechte Gehirnhälfte aktiver als die linke, bei der Vergleichsgruppe die linke aktiver als die rechte. Wir konnten also sagen, daß bei einer Gruppe von Menschen mit einer geringen Fähigkeit zu Annäherungsgefühlen wie Glück die Aktivität der linken vorderen Gehirnpartie – im Vergleich zur rechten – schwächer ausgeprägt war. Man kann es auch so ausdrücken: Die Tendenz zum Rückzug ist hier höher als die Tendenz zur Annäherung.

Solche Unterschiede der Gehirnaktivität gehen nicht immer nur auf die augenblickliche Gefühlslage eines Menschen zurück. In einem zweiten Experiment beobachteten wir Personen mit einer »depressiven Biographie«, die aber zum Zeitpunkt des Experiments nicht depressiv waren. Die Aktivitätsunterschiede in den vorderen Gehirnpartien waren hier ähnlich denen bei akut depressiven Personen. Solche Ergebnisse legen den Schluß nahe, daß die beobachtete Ungleichheit zwischen rechter und linker Gehirnhälfte nicht so sehr die Gefühlsreaktion selbst abbildet, sondern vielmehr die Disposition zu einer bestimmten Gefühlsreaktion.

Das gehemmte Temperament

Manche Kinder haben ein ungehemmtes Temperament und gehen lebhaft und aktiv auf ihre Umwelt zu; andere sind eher gehemmt und argwöhnisch, sie bleiben lieber in der Nähe ihrer Mutter und spielen nur selten mit anderen Kindern. In einem unserer Experimente wollten wir herausfinden, ob solche Temperamentsunterschiede sich auch als Unterschiede der Gehirnaktivität zeigen.

Wir beobachteten 369 Kinder im Alter von zweieinhalb Jahren. Wir brachten jedes dieser Kinder zu einer Spielstunde in einen Raum unseres Instituts, der voller Spielzeug war; mit dabei war auch die Mutter sowie ein zweites Kind, ebenfalls mit seiner Mutter. Wir dokumentierten die Zeit bis zu dem Augenblick, als sich das Kind von seiner Mutter löste und auf das Spielzeug zuging, auch wann es zum ersten Mal etwas sagte und wieviel es sagte. Wir stellten außerdem einen sprechenden Spielroboter im Raum auf und später noch einen fremden Menschen und notierten, ob die Kinder sich ihnen näherten oder sich vor ihnen zurückzogen.

Auf diese Weise bestimmten wir dreißig Kinder, die weniger als ein Prozent der Zeit an der Seite ihrer Mutter blieben, als die kontaktfreudigsten und am wenigsten gehemmten sowie am anderen Ende der Skala diejenigen, die mindestens achtzig Prozent der Zeit ihre Mutter nicht losließen, als eher argwöhnisch und ängstlich. Zudem wählten wir aus der Mitte zwischen diesen Extremen eine weitere Gruppe von dreißig Kindern aus. Nun wollten wir sehen, ob sich in den Gehirnaktivitäten dieser drei Gruppen Unterschiede zeigten, und brachten sie zur Aufzeichnung eines EEG erneut ins Institut, wobei sie so still wie möglich sitzen sollten. Um sie auch wirklich zum Stillsitzen zu bringen, sagten wir ihnen, sie seien jetzt Rennfahrer, und setzten sie in ein Spielauto mit der Elektrodenhaube als Schutzhelm.

Wir fanden bei den zwei Extremgruppen Unterschiede in der Aktivität des ruhenden Gehirns. Die ungehemmten, aus sich herausgehenden Kinder zeigten das Muster einer stärkeren Beteiligung der linken Gehirnhälfte. Die gehemmten, sich zurückziehenden Kinder zeigten die stärkere Aktivität in der rechten Gehirnhälfte. Die Ergebnisse der mittleren Gruppe lagen halbwegs zwischen diesen beiden Werten.

Der deutlichste Unterschied zwischen den beiden Extremgruppen ergab sich bei der Aktivitätsstärke der linken Gehirnhälfte, wohingegen die Aktivität der rechten Hälfte keine aussagefähigen Unterschiede aufwies. Die gehemmten Kinder zeigten in der linken vorderen Region eine schwächere Aktivität; wir können daraus vermutlich auf ein minder aktives Annäherungsverhalten schließen. Bei der ungehemmten Gruppe zeigte die genannte Region eine erheblich stärkere Aktivität. Offenbar besteht also zwischen der Gehirntätigkeit und dem Temperament eine enge Wechselbeziehung.

Temperament und Gehirn

In unserer dritten Versuchsreihe schließlich gruppierten wir Personen nach der Stärke ihrer Gehirnaktivität und untersuchten dann, ob sie auch entsprechende emotionale Unterschiede zeigten. Genauer gesagt: Wir wollten wissen, ob Menschen mit einer höheren Aktivität der linken vorderen Regionen im allgemeinen glücklicher sind, und umgekehrt, ob Menschen mit aktiveren rechten vorderen Regionen eher negative Gefühle empfinden. Wir testeten dazu etwa hundert Personen jeweils mehrere Minuten lang, und zwar in zwei verschiedenen Sitzungen, da die Stärke der Aktivität zu verschiedenen Zeitpunkten Schwankungen unterworfen ist.

Danach stellten wir zwei Gruppen aus den Personen zusammen, die in beiden Sitzungen die stärksten Aktivierungen der linken bzw. der rechten Seite gezeigt hatten. Nun baten wir sie, einen Fragebogen auszufüllen; er enthielt eine Beschreibung ihres Gefühlslebens sowohl in positiven Begriffen wie glücklich, stolz, selbstbewußt, kontaktfreudig, hilfsbereit, als auch in den jeweiligen negativen Entsprechungen.

Die Personen mit einer höheren Aktivität der linken Region gaben häufiger eine allgemein positive Gefühlseinstellung zum Leben an, ebenso in ihrer Reaktion auf Herausforderungen, wohingegen die Antworten der Personen mit einer höheren Aktivität der rechten Region eher von negativen Gefühlen geprägt waren. Es besteht offensichtlich ein charakteristischer Unterschied im Haushalt der Gefühle bei Menschen, die lediglich auf der Grundlage ihrer Gehirnaktivität eingestuft wurden. Wir wissen nicht, was hier Ursache und Wirkung ist. Aber wir können immerhin sagen, daß ein Mensch mit einer dauerhaft aktiven rechten Gehirnseite sich im Alltag im allgemeinen wahrscheinlich nicht so wohl fühlen wird wie ein Mensch mit einer aktiveren linken Gehirnseite.

Sollte sich dieses Ergebnis bestätigen, so ergeben sich möglicherweise gesundheitliche Konsequenzen durch dauerhaft negative Gefühle, die von einer ebenso dauerhaften Aktivität der rechten Gehirnhälfte begleitet sind. In diesem Zusammenhang interessierte uns, ob Menschen mit Unterschieden ihrer EEGs sich auch in ihrer Immunreaktion unterschieden. Wir analysierten also Blutproben von ihnen.

Die Fähigkeit der Abwehrzellen, körperfremde Zellen zu vernichten (fachlich: ihre Zytotoxizität) war bei der Gruppe mit der höheren linksseitigen Gehirnaktivität stärker ausgeprägt. Uns ist noch nicht bekannt, daß diese Gruppe etwa gesünder wäre, aber die Meßergebnisse legen diesen Schluß eigentlich nahe. Im Augenblick untersuchen wir, ob diese Menschen in ihrem bisherigen Leben eine bessere Gesundheit hatten oder nicht. Wir vermuten jedoch, daß derartige Unterschiede erst in späteren Lebensjahren auftreten werden.

Die Gefühlsreaktion – eine Schlußbemerkung

Es gibt deutliche Anzeichen dafür, daß noch andere Gehirnregionen bei der Steuerung der Gefühlsäußerungen eine bedeutsame Rolle spielen, die Mandelkernregion zum Beispiel.

Diese Regionen liegen nicht in der Großhirnrinde, sondern in tieferen Gehirnstrukturen. Einige der vielen Wege, auf denen hier Kommunikationen ausgetauscht werden, hat Joseph LeDoux entdeckt, Neurologe an der New York University. Er konnte zeigen, daß eine von den Sinnesorganen eintreffende Information sogar zwei verschiedene Wege gehen kann: der eine führt hinauf zur Großhirnrinde, der andere durch den Thalamus, den Sehhügel im Zwischenhirn, zu einer der beiden Mandelkernregionen. Die Verbindung zur Mandelkernregion ist außerordentlich schnell, sie geht sozusagen ohne Umsteigen, ist dafür aber sehr ungenau, da der Großteil der Information den anderen Weg hinauf zur Großhirnrinde geht, wo er in zahlreichen Schaltkreisen interpretiert wird. Gleichzeitig wird eine Reaktion vorbereitet.

Während die Großhirnrinde die Information auseinandernimmt und sich zurechtlegt, werden in der Mandelkernregion die Sinnesdaten daraufhin untersucht, ob sie eine emotionale Bedeutung haben und möglicherweise eine Gefühlsreaktion auslösen. Gefühle sind vielleicht auch deshalb nicht so leicht zu kontrollieren, da die Mandelkernregion bereits andere Gehirnregionen aktiviert, bevor unser denkendes Gehirn, die Großhirnrinde, in derselben Weise aktiv wird.

Die Mandelkernregion verfügt über verschiedene Verbindungen zu anderen Gehirnteilen, die etwa das vegetative Nervensystem steuern, wie auch zur Großhirnrinde, die für unsere bewußten Erlebnisse zuständig ist. Aus diesen Befunden entwickelte sich eine Theorie, derzufolge die Mandelkernregion so etwas wie einen zentralen Treffpunkt bildet und in unserem Gefühlsleben insgesamt die Hauptrolle spielt, indem sie den Körper schon zu einer starken Gefühlsreaktion, beispielsweise Angst, anregt, während der denkende Teil des Gehirns noch nicht einmal weiß, was eigentlich los ist.

Neurologen konnten eine anatomische Verbindung zwischen der Mandelkernregion und dem Vorderlappen der Großhirnrinde identifizieren. Aufgrund neuerer Experimente ist eine wichtige Aufgabe dieses Vorderlappens anscheinend die Steuerung oder auch das Abschalten der Mandelkern-region. Wenn wir uns, zum Beispiel, nachts vor etwas ängsti-gen, das sich draußen bewegt, das wir aber nicht genau erken-nen können. Sobald wir aber herausgefunden haben, daß es etwas Harmloses ist, wird die Angst, die eben noch in uns hochkam, gehemmt. Bei dieser Art der Gefühlssteuerung scheint der Vorderlappen der Großhirnrinde eine wesentliche Rolle zu spielen. Desweiteren sieht es so aus, als hätten Personen mit einer eher linksseitigen Gehirnaktivität an die-ser Stelle eine größere Fähigkeit, die Mandelkernregionen ab-zuschalten, so daß bei ihnen negative Gefühle nicht unnötig lange bestehen bleiben.

DALAI LAMA: Mit anderen Worten, es gibt eine vorbewußte Aktivierung des Gehirns, die Gefühle auslöst, und erst hin-terher weiß man, was da vor sich geht?

CLIFF SARON: Ja, das ist genau, was ich meine. Es gibt tatsächlich einige ganz neue Untersuchungsergebnisse, die zeigen, daß Menschen mit einer Schädigung der rechten Mandelkernregion unfähig sind, die nötigen negativen Ge-fühle zu empfinden. Die linke Mandelkernregion war in Ord-nung, und die Menschen hatten normale positive Gefühle.

DALAI LAMA: Eine gute Sache.

CLIFF SARON: Trotzdem meine ich nicht, wir sollten jetzt hingehen und jedem Menschen die rechte Seite der Mandel-kernregion herausnehmen.

DALAI LAMA: Sie sagen, daß bestimmte Gefühle, wie zum Beispiel Freude, für die körperliche Gesundheit gut sind, an-dere dagegen schlecht, wie etwa Ekel. Hängt das unmittelbar mit der Stärke der Aktivität in verschiedenen Teilen des Gehirns zusammen?

CLIFF SARON: Unterschiede der Gehirnaktivität können ge-wissen Unterschieden im Immunsystem zugeordnet werden.

Aber wir wissen nicht, ob dies schon die Gesundheit beeinflußt. Es ist wichtig, die beiden Dinge getrennt zu sehen.

DALAI LAMA: Trifft es zu, daß die Harmonie oder das Gleichgewicht des Körpers von wohltuenden Gefühlen wie Freude nicht gestört wird, daß jedoch im Fall ungesunder Gefühle wie Haß durch die gesteigerte Aktivität das Gleichgewicht gestört wird? Könnten wir also sagen, eine stärkere Aktivität bestimmter Gehirnregionen sei schädlich, weil sie das Gleichgewicht stört?

CLIFF SARON: Das ist nur zum Teil richtig. Wir dürfen nicht vergessen, daß ein Gleichgewicht tatsächlich eine sehr dynamische Sache ist. Wir finden hier keinen Zustand der Vollkommenheit. Man könnte jetzt eine spannende Diskussion über Vollkommenheit und Gleichgewicht führen, aber biologische Systeme sind sehr veränderlich und dynamisch. So mag zum Beispiel bei positiven Gefühlen eine ebenso starke Störung eintreten wie bei negativen; der Begriff »Störung« hat dabei eine unangemessen negative Bedeutung. Es ist jedoch richtig, daß die rechte Gehirnseite andere Strukturen beeinflußt, die bestimmte Hormone ausschütten, die ihrerseits mit dem häufigeren Funktionsversagen bestimmter Organe oder Körperteile zusammenhängen. Wenn die rechte Gehirnseite dauernd überaktiv ist, kann sich eine Beziehung ergeben zwischen dauernden negativen Gefühlszuständen und der vermehrten Ausschüttung schädlicher Stoffe im Körper.

Gefühl und Kultur

CLIFF SARON: Wir sprachen vorhin von überall vorkommenden Gefühlen, denen jeweils ein bestimmter, immer gleicher Gesichtsausdruck zugeordnet werden kann. Ich würde gern wissen: Gibt es auch in der buddhistischen Psychologie definierte Gefühlszustände (vielleicht verwenden Sie ja einen anderen Begriff dafür), die ihrer Zahl nach begrenzt sind aber in ihren Kombinationen trotzdem unsere emotionalen Erlebnisse ausreichend beschreiben?

DALAI LAMA: Sie fragen, ob es grundlegende Gefühlskategorien gibt. Wenn man an den Buddhismus einen ihm fremden Begriff und damit eine fremde Vorstellung heranträgt, fällt die Antwort recht schwer. Es gibt überhaupt kein Wort im Tibetischen, das in eine europäische Sprache als »Gefühl« übersetzt werden könnte. Wenn man jedoch von einer bestimmten Gruppe von Gefühlen spricht, etwa von »kleshas«, also seelischen Belastungen, dann gibt es in der Tat sechs Gefühlskategorien, aber selbst hier ist es riskant, dafür das Wort »Gefühl« zu benützen. Diese sechs wichtigen Kategorien sind Unwissenheit, Anhaften, Wut, Stolz, falsche Gedanken sowie Skepsis oder quälender Zweifel.

Die Bezeichnungen werden jedoch fragwürdig, sobald man Unwissenheit ein Gefühl nennt; und innerhalb des Begriffs Unwissenheit finden sich ja noch weitere Unterkategorien. Es gibt da eine Art der Unwissenheit, die einfach nur Dumpfheit oder Mangel an Klarheit ist, und dies ein Gefühl zu nennen, wäre sehr inhaltslos. Auf der anderen Seite gibt es aber auch dynamischere Formen der Unwissenheit, die zum Beispiel eine falsche Erfassung der Wirklichkeit nach sich ziehen. Vielleicht könnte man diese eher Gefühle nennen.

CLIFF SARON: Eure Heiligkeit, ich frage mich, ob es nicht doch eine Möglichkeit gibt, diejenige Form der Unwissenheit, die fälschlicherweise an die äußeren Erscheinungen anhaftet, auf einen Begriff von Gefühlen zu beziehen.

DALAI LAMA: Der Begriff »Gefühl« ist mittlerweile derart nebulös geworden, daß er kaum noch brauchbar erscheint. Wir haben festgestellt, daß auch der Buddhist Gefühle hat. Wenn man einmal negative Gefühle betrachtet, also etwa Anhaften, Feindseligkeit und ähnliches, dann findet man zweifellos eine Beziehung zwischen diesen Gefühlen und der Auffassung von Erscheinungen als Wirklichkeiten. Das heißt mit anderen

Worten, solche Gefühle wie Anhaften oder auch Haß entstehen aus dem Für-wirklich-Halten der Dinge in dieser Welt. Wenn man an einer Sache hängt, so entsteht dieses verlangende Anhaften, weil man diese Sache für wirklich hält. Ebenso, wenn man eine bestimmte Sache haßt, so entsteht dieser Haß aus der Meinung, diese Sache sei wirklich und in sich existent.

Ich gebe ein Beispiel. Stellen Sie sich vor, Sie empfinden eine schreckliche Wut auf einen Menschen namens John. Wenn Sie nun Ihre ganze Wut auf John konzentrieren, auf was sind Sie dann wütend? Ganz einfach auf John. Dieser als er selbst existierende John ist also der Gegenstand ihrer Wut. Wenn Ihnen nun einer entgegenhält: »Wo ist denn dieser John? Ist John sein Körper, oder ist John sein Geist?«, haben Sie dann nicht den Eindruck, daß Ihre Wut schon ein bißchen ihr Ziel verloren hat? Auf jeden Fall sind Sie erst einmal verblüfft.

LEE YEARLEY: Warum kann ich nicht einfach sagen, daß ich auf Johns Arroganz wütend bin oder seinen Egoismus? Das hat nichts mit seinem Körper oder etwa seiner Fähigkeit zum Mitgefühl zu tun. Ich kann einfach eine seiner Eigenschaften nicht ausstehen.

DALAI LAMA: Eine gute Sache, diese Haltung gegenüber Johns Fehlern, weil sie echt ist, solange Sie John gleichzeitig wünschen, er möge das rechte Wohlbefinden wiederfinden und frei werden vom Leiden.

SHARON SALZBERG: Ich habe noch eine andere Frage. Gehören alle Gefühle entweder zu einem Annäherungs- oder zu einem Fluchtverhalten?

CLIFF SARON: Nicht jedes Gefühl ist ein Beispiel für Annäherung oder Rückzug, aber in der Forschung hat sich diese grundsätzliche Unterscheidung bei der Untersuchung von Gefühlen als hilfreich erwiesen.

DALAI LAMA: Würden Sie damit sagen, daß einerseits das verlangende und fordernde Anhaften und andererseits Feindseligkeit und Vermeidung Primärgefühle sind? Und was ist dann mit so etwas wie Zweifel?

Oder Gelassenheit? Würden Sie sagen, daß Gelassenheit ein Zustand ohne Gefühle oder ein neutraler Gefühlszustand ist? Wie unterscheiden Sie zwischen Gefühlen und anderen Erkenntnistätigkeiten? Mit welchen Meßgrößen arbeitet man hier?

CLIFF SARON: Unser ansonsten ganz praktisches Alltagsvokabular ist bei einem Gespräch über Gefühle die Hauptschwierigkeit. Im Begriffsrahmen der westlichen Psychologie wird der Zweifel nicht als ein Primärgefühl betrachtet, anders als etwa Wut, Freude oder Trauer. Und doch stellt er einen gefühlsmäßigen Zustand dar, den wir genau identifizieren können. Wenn Sie »Zweifel« sagen, weiß ich genau, was Sie meinen.

DALAI LAMA: Nehmen Sie zum Beispiel einen Menschen, der sich in einer verzwickten Lage befindet, also im Zweifel. Er könnte auch, sagen wir, Wissenschaftler sein. Nun aber nimmt dieser Mensch seinen Verstand und experimentelle Beweise zu Hilfe, befreit sich aus dem Zweifel und kommt zu einer sehr klaren Überzeugung. Ist diese starke Empfindung der Sicherheit und der festen Überzeugung nun ein Gefühl oder nicht?

CLIFF SARON: Innere Sicherheit, Selbstvertrauen und Stolz würden wir als Gefühle bezeichnen.

DALAI LAMA: Ist diese Sicherheit schon an sich ein Gefühl oder entsteht ein Gefühl gleichzeitig mit dieser Sicherheit?

CLIFF SARON: Es ist beispielsweise denkbar, daß man auch dann gefühllos bleibt, wenn bei irgendeinem Experiment stichhaltige Ergebnisse herauskommen. Aber Wissenschaftler, als Menschen mit Hingabe an ihre Forschungsarbeit, haben tatsächlich ein gieriges Verlangen nach Antworten. Ich kann also durchaus eine Bindung, ein Anhaften an meine

Hypothese empfinden und dann ein plötzlich hochkommendes Gefühl, wenn sie sich beweisen läßt.

DALAI LAMA: Ich spreche nicht von irgendeinem Anhaften oder gierigen Verlangen nach etwas, sondern von der Einsicht in ein logisches Ergebnis, die plötzlich nach einer längeren Tätigkeit des Nachdenkens im Geist aufsteigt, manchmal sogar sehr nachdrücklich. Nehmen wir an, Ihre Hypothese stellt sich als falsch heraus. Das hat vermutlich so etwas wie Enttäuschung zur Folge, aber an den Ergebnissen des Experiments läßt sich nicht rütteln, sie sind eindeutig. Ist das auch ein Gefühlszustand?

CLIFF SARON: Die Enttäuschung ist der Gefühlszustand. Die Einsicht, daß ich mich getäuscht habe, ist kein Gefühlszustand.

DALAI LAMA: Sie würden also sagen, die Vergewisserung durch die Erkenntnis als solche ist kein Gefühl, aber ein Gefühl, sei es nun plötzliche Freude oder Niedergeschlagenheit, entsteht gleichzeitig damit?

CLIFF SARON: Ja. Das Gefühl ist die Empfindung, die als Reaktion auf irgendeinen Auslöser eintritt. In unserem Fall ist es die Erfahrung, die ein Wissenschaftler macht; es könnte ebenso ein Lotteriegewinn sein oder ein Verlust beim Roulette. Auch hier ist die Situation jeweils völlig eindeutig, auch hier kann man dieselbe Begeisterung oder Enttäuschung empfinden.

DALAI LAMA: Es sieht fast so aus, als seien Gefühle entweder auf Gefallen oder aber Mißfallen beschränkt. Ist das schon alles? Was ist überhaupt ein Gefühl?

DAN BROWN: Ein Gefühl hat mindestens drei Komponenten: einen im Körper empfundenen Vorgang, einen Gedanken- oder Erkenntnisinhalt und eine Ausdrucksreaktion. Liegt nur das körperliche Empfinden vor, ohne beispielsweise den

107

Gedanken, dann ist es kein Gefühl, weil der gedankliche Inhalt uns hilft, die Art des Gefühls zu bestimmen. Wenn man nur einen Gedanken hat ohne Körperempfindung, hat man auch kein Gefühl.

DALAI LAMA: Aber gibt es nicht manchmal auch Menschen, deren Körper jede Empfindungsfähigkeit verloren haben? Sind diese Menschen ihrer Gefühle beraubt? Könnte nicht jemand, der vollständig gelähmt ist und ohne Körperempfindung, immer noch Angst erleben?

FRANCISCO VARELA: Es ist bekannt, daß gelähmte Menschen Gefühle empfinden. Normalerweise bringen wir Gefühle immer in Zusammenhang mit Körperempfinden; aber in diesen Fällen könnte auch der Erkenntnisvorgang allein für das Gefühlserlebnis ausreichen, obwohl die Botenstoffe im Gehirn den Körpervorgang nicht mehr zur Wahrnehmung bringen. So daß wir also auch dann noch einigermaßen zutreffend von einem Gefühl sprechen könnten, wenn eine der normalerweise drei Komponenten geschwächt ist.

DAN BROWN: Ja, eine einzelne Komponente kann unter Umständen gewichtiger sein als andere.

CLIFF SARON: Paul Ekman untersucht gerade mehrere Patienten mit Bellscher Lähmung, das heißt mit einer Lähmung der Gesichtsmuskulatur. Andere wissen womöglich nicht, was diese Patienten im Kontakt mit ihnen empfinden, aber sie haben tatsächlich sehr intensive Gefühle. Es ließe sich ohne weiteres experimentell nachweisen, daß die gefühlsbegleitenden Gehirnstromänderungen bei einem gesunden Menschen vergleichbar sind denen eines Menschen, der sein Gefühl nicht durch das Gesicht ausdrücken kann. Und trotzdem: Der Begriff »Gefühl« ist eine sehr komplexe Angelegenheit, denn er umfaßt nicht nur die drei erwähnten Komponenten, sondern auch ihre Beziehungen untereinander sowie ihre zeitliche Reihenfolge. Habe ich ein Gefühl wie etwa Angst deshalb identifiziert, weil ich bestimmte Veränderungen in meinem Körper spüre? Es gibt eine andere Denkschule der Gefühlsforschung, eine ganze Theorie, die vorbewußte Reaktionen annimmt, die dann körperliche Reaktionen hervorrufen, woraufhin erst diese die bewußte Wahrnehmung informieren.

SHARON SALZBERG: Während ich Cliffs Darlegung zuhörte, kam mir der Gedanke, daß in der buddhistischen Lehre sowohl die Gefühle der Annäherungs- wie der Fluchtreaktion angenehm und nützlich oder aber schädlich sein können. Wir können ein schönes Annäherungsgefühl empfinden, etwa hin zu einem anziehenden Gesicht, andererseits können wir auch ein schädliches Annäherungsgefühl wie zum Beispiel Gier haben. Ähnlich gibt es eine schädliche Vermeidungshaltung wie etwa Faulheit und daneben ein nützliches Fluchtverhalten, wenn zum Beispiel das Gewissen uns von einer bestimmten Handlung abhält.

DALAI LAMA: So kann es auch einen heilsamen mentalen Zustand geben, der zusammen mit einem Gefühl der Gelassenheit eintritt. Wie paßt das in dieses System? [Pause] Warum antwortet nicht jemand aus der Neurologie?

DAN GOLEMAN: Also, man kann mit Gelassenheit einer Sache ausweichen oder sich ihr nähern. Ich glaube, daß unser System mit dem Begriff der Gelassenheit nicht klarkommt; er paßt nicht.

FRANCISCO VARELA: Ich möchte gern noch einmal sagen, daß Annäherung bzw. Vermeidung aus der Sicht des Neurologen nur eine einzige Dimension zur Analyse von Gefühlen ist. Sie ist zwar ziemlich leicht abzulesen, aber keineswegs vollständig. Es ist so ähnlich, als würde man Menschen nur danach einteilen, ob sie schlafen oder wach sind; die beiden Zustände bieten einen höchst auffälligen Unterschied, aber das heißt noch nicht, daß es nur diese beiden gibt. Es wird gar nicht der Versuch gemacht, alle Beobachtungen damit zu erfassen. Wir haben eine ganze Menge von Daten, die nicht da hineinpassen. Außerdem haben wir noch das Problem, daß wir keine allgemein anerkannte Einteilung der Gefühle haben und nicht einmal eine gültige Definition dessen, was ein Gefühl ist. Zum großen Teil ist im Westen zufällig das ein Gefühl, was wir messen können. Ein psychologisches Experiment wird Gefühle immer anders messen und klassifizieren als eine sprachwissenschaftliche Untersuchung. Wenn man also Gehirnaktivität mißt, so erkennt man Fluchtreaktionen, aber wenn man die Ausschüttung von Adrenalin mißt, findet man etwas ganz anderes.

DAN BROWN: Die Schwierigkeit ist eben, daß wir den subjektiven Gefühlszustand so schlecht messen können. Es ist nun mal leichter, den Gesichtsausdruck und seine Beziehung zur Gehirnaktivität zu messen, und da liegt wahrscheinlich der Grund, weshalb sich die Wissenschaft so sehr damit beschäftigt.

FRANCISCO VARELA: Eure Heiligkeit, könnte es nicht eine Erkenntnistätigkeit ohne ein Gefühl geben? Oder wenigstens ohne belastende Nebengedanken, ohne störendes Gefühl?

DALAI LAMA: Ein Erkenntnisakt ohne mentale Belastung ist sicher möglich. Gleichwohl wird jede Erkenntnis immer von irgendeinem Gefühl begleitet sein, sei es ein angenehmes oder unangenehmes oder ein Gefühl der Gleichgültigkeit.

FRANCISCO VARELA: Gibt es eine gefühlsartige Färbung, die etwas anderes wäre als ein Gefühl?

DALAI LAMA: Empfindung ist eine der fünf allgegenwärtigen Tätigkeiten des Geistes und gleichzeitig diejenige, die sich noch am ehesten mit »Gefühl« übersetzen läßt.

FRANCISCO VARELA: Ich stelle die Frage, weil im Westen eine gewisse Neigung zu der Annahme besteht, es gebe keine Erkenntnistätigkeit ohne irgendeine gefühlsmäßige Färbung. Das typische Beispiel in diesem Fall sind die Roboter aus den

Science-fiction-Filmen: Sie sind überragend intelligent und haben zahlreiche Erkenntnisfähigkeiten. Sie können logisch schlußfolgern, verallgemeinern und sich erinnern, und doch sind sie völlig ohne Empfindungen oder Gefühle. Ich denke, sie sind der bildhafte Ausdruck dieser Auffassung, daß Gefühle nicht notwendigerweise zur Erkenntnistätigkeit dazugehören, daß also diese beiden Dinge voneinander getrennt zu sehen sind.

DALAI LAMA: Ich würde eher vermuten, daß sie, sobald sie etwas erkennen, wahrscheinlich auch eine Empfindung dabei haben.

DAN BROWN: Eine Empfindung, kein Gefühl?

ALAN WALLACE: Das Tibetische hat kein Wort für »Gefühl«.

Die Bedeutung der Gelassenheit im tibetischen Buddhismus

DALAI LAMA: Gibt es eine Lehrmeinung, die Gelassenheit nicht als Gefühl definiert, Freude und Trauer aber schon?

CLIFF SARON: Gelassenheit ist kein Begriff, den der westliche Psychologe ausgiebig diskutiert.

DAN GOLEMAN: Oder erfährt.

ROBERT THURMAN: Würde denn Glücksbewußtsein als Gefühl angesehen werden?

DALAI LAMA: Das wäre ein Gefühl, und ein großes dazu!

FRANCISCO VARELA: Dürfte ich um eine Klärung bitten, Eure Heiligkeit? Könnte man innere Ruhe oder inneres Gleichgewicht als Maßstab betrachten? Gibt es so etwas wie den idealen inneren Zustand? Oder ist es nicht vielmehr so, daß der Geist viele verschiedene Zustände annehmen kann, die vielleicht nicht durch Ruhe, sondern durch Aktivität gekennzeichnet sind, aber doch ...

ALAN WALLACE: Das Gegenteil von friedlich ist nicht aktiv.

FRANCISCO VARELA: Das war es, was ich verstehen wollte. Nach der ersten Übersetzung des Begriffs klang es so, als ob es tatsächlich diesen Maßstab der inneren Heiterkeit, Beruhigung, eines Gleichgewichts gäbe, wobei jedoch nicht leicht zu erkennen ist, wie dabei noch ein aktives Leben stattfinden könnte.

DALAI LAMA: Ich glaube, daß der eigentliche Wesenszustand des Geistes die Gelassenheit ist. Das heißt, den natürlichen Zustand des Geistes begleitet eine gewisse Gelassenheit. Wenn wir normalerweise ruhen, so versuchen wir das ohne bewußte Gedanken zu tun, aber dabei versuchen wir nicht, jeden Gedanken zu verhindern. Was wir demnach versuchen, ist das Verharren in einem natürlichen inneren Zustand mit dem Gefühl der Gelassenheit.

FRANCISCO VARELA: Wenn man aber nicht in einer Meditationsübung sitzt, wenn man also Brot einkauft oder am Arbeitsplatz mit jemandem redet, kann man auch dann noch diese Gelassenheit aufrechterhalten? Es scheint, als gäbe es keine andere Möglichkeit der Gelassenheit außer im Sitzen.

ALAN WALLACE: Die ursprüngliche Bedeutung des Wortes, das hier als Gegenteil von Gelassenheit und als »mentale Bedrückung« übersetzt wird, lautet »etwas, das den inneren Geist bedrückt«. Man kann also sehr aktiv sein, ohne daß der Geist deswegen betrübt oder bedrückt ist. Er ist aktiv und hat dennoch Gelassenheit im Sinne einer Nicht-Bedrücktheit.

FRANCISCO VARELA: Sie ist demnach kein außerordentlicher Zustand, der eine Nicht-Aktivität verlangt. Genau diesem Gedanken wollte ich auf den Grund kommen, weil bei uns normalerweise heitere Gelassenheit mit Nicht-Aktivität zusammengebracht wird.

DALAI LAMA: Wer Mitleiden und Mitgefühl in sich pflegt und den Wunsch nach Befreiung, dessen Geist wird in der Tat von diesem Ziel erst einmal in Aufruhr gebracht. Aber man kommt um dieses Problem herum, wenn man die langfristigen Wirkungen betrachtet. Wir dürfen nicht vergessen, daß es in verschiedenen Lehrmeinungen sehr feine Definitionsunterschiede gibt hinsichtlich der störenden, beschwerenden inneren Zustände, und zwar abhängig von unterschiedlichen Theorien der Leere, die ja im buddhistischen Verständnis das Wesen der Wirklichkeit ist. Von der Prasangika aus gesehen ist ein bestimmter innerer Zustand möglicherweise eine Störung, während er gleichzeitig in einer anderen Lehrmeinung als ganz natürlich betrachtet wird. Wenn wir zum Beispiel eine Blume anschauen und ihre aus eigenem Recht bestehende Existenz wahrnehmen, würde uns die Prasangika-Lehre sagen, daß eine solche Art der Wahrnehmung eine Störung des Inneren ist. Aber für alle anderen buddhistischen Lehrmeinungen außer der Prasangika ist diese Wahrnehmung durchaus wahr und echt, weil sie sagen, die Blume hat eine aus sich selbst berechtigte Existenz. Aufgrund solcher Meinungsunterschiede hinsichtlich der Eigenart des Nicht-Wissens ergeben sich dann auch die Meinungsunterschiede über das Wesen etwa des Anhaftens oder des Ärgers.

Der Streß, das Trauma und der Körper
(Daniel Brown)

Das Wort »Streß« gehört am Ende des 20. Jahrhunderts so sehr zu unserem täglichen Wortschatz, daß seine Bedeutung manchmal ungenau wird. Rein medizinisch gesprochen ist eine Streßreaktion die geistige oder körperliche Antwort auf eine feindliche Situation, die die Verteidigungskräfte des Körpers aktiviert, den bekannten »Flucht-oder-Kampf«-Mechanismus; dadurch wird erhöhter Hormonausstoß angeregt, der den Körper zur Konfrontation mit der Herausforderung aufputscht. Unglücklicherweise löst unser modernes Alltagsleben diese Reaktion auch dann aus, wenn wir weder fliehen noch kämpfen können; dies hat dann eine chronische Erhöhung des Blutdrucks und der Muskelspannung zur Folge, außerdem erhöhte Reizbarkeit, Angst und Depression – und eine verringerte Wirksamkeit des Immunsystems. Daniel Brown untersucht die Frage, wie Streß zu bestimmten Krankheiten führt. Sein Untersuchungsansatz ist die Verhaltensmedizin, ein vergleichsweise neuer Zweig der Medizin. Dabei werden sowohl zur Behandlung chronischer Krankheiten wie auch zur Krankheitsverhütung verhaltenspsychologische Methoden angewandt, so auch Biofeedback, Meditation und Hypnose. In seinem Referat stellt Brown interne und externe Krankheitsauslöser vor; er erläutert, wie Streß die Tätigkeit des Nervensystems beeinflußt, und beschreibt die sich steigernden körperlichen Auswirkungen von chronischem Streß. Es gibt ganz verschiedene Möglichkeiten, wie wir einer Gefahrensituation begegnen. Manche der gängigen Methoden, mit Streß umzugehen – zum Beispiel durch Mißbrauch von Medikamenten und Drogen –, verschärfen nur das Problem; andere wie Biofeedback und Meditation jedoch erhöhen die Spannkraft und fördern die Gesundheit. Wie

Körper und Geist reagieren, ist durch die belastenden, störenden Ereignisse unseres Alltags keineswegs zwangsläufig festgelegt. Die vielleicht schädlichste Wirkung von intensivem Streß ist die sogenannte posttraumatische Störung. Diese psychische Störung tritt typischerweise bei Menschen auf, die eine extreme Form von (meist körperlicher) Schädigung erfahren haben, zum Beispiel Folter, sexuellen Mißbrauch oder Kampfeinsätze, aber auch lebensgefährliche Ereignisse wie einen Autounfall oder einen Wirbelsturm. Zu den Symptomen gehören zwanghaft wiederkehrende Rückerinnerungen an das traumatische Ereignis, Alpträume, Eßstörungen, Angst, Müdigkeit und Rückzug aus dem Sozialleben. Menschen mit posttraumatischen Störungen zeigen eine überaktive Streßreaktion, die auch in harmlosen Alltagssituationen eine sehr hohe Erregung des vegetativen Nervensystems auslöst. In der Diskussion weist der Dalai Lama darauf hin, daß tibetische Flüchtlinge und buddhistische Mönche selbst mit härtesten Mißhandlungen erstaunlich gut zurechtkamen, die sie während ihrer Gefangenschaft bei den Chinesen erfahren hatten – ein Resultat ihrer Meditationsübungen.

DAN BROWN: Die Verhaltensmedizin faßt die Wissensbestände der Psychologie und der Medizin zusammen; ihr Ziel ist ein genaueres Verständnis der Methoden, wie wir Krankheiten erkennen, bewerten, behandeln und insbesondere verhüten, daneben auch die geglückte Rehabilitation. Sie wurde bereits mehr oder weniger erfolgreich in verschiedenen Bereichen angewandt, speziell bei der Behandlung psychophysiologischer Störungen wie etwa Kopfweh und Schmerzen allgemein, bei Bluthochdruck und Asthma. Ein zweites Anwendungsgebiet dieser Verfahren ist die Behandlung gesundheitsgefährdender Verhaltensweisen wie zum Beispiel Rauchen, ungesunde Schlaf- oder Eßgewohnheiten, also ein Verhalten, bei dem durch ganz normale Eigenarten eines Menschen seine Gesundheit in negativer Weise beeinflußt wird. Ein drittes Anwendungsgebiet der Verhaltensmedizin ist ein Verständnis der Art und Weise, wie Menschen mit ei-

ner chronischen Krankheit – wie Diabetes oder einer Nierenerkrankung – zu leben lernen. Viele Diabetiker zum Beispiel
halten sich nicht an die verschriebenen Behandlungsmaßnahmen. Sie essen das Falsche, beobachten ihren Blutzuckerspiegel nicht oder vernachlässigen den Zeitplan für die Insulineinnahme, obwohl sie wissen, daß diese Maßnahmen ihnen
helfen. Aus diesem Grund untersuchen nun Wissenschaftler
das Phänomen der »compliance« (der Befolgung ärztlicher
Vorschriften) als Bestandteil der Anpassung des Patienten an
seine chronische Krankheit.

Der vierte Bereich ist eher umstritten: Es ist die
Anwendung dieser Verfahren bei der Verhütung und Behandlung von Krankheiten, die mit dem Immunsystem zusammenhängen, also Krebs, Aids und Autoimmunreaktionen. Dieser Bereich ist bis jetzt noch kaum entwickelt. Das
fünfte Anwendungsgebiet, gewöhnlich unter dem Namen
»psychosomatische Medizin« bekannt, befaßt sich mit der
Verbindung zwischen Körper und Geist sowie mit verhaltensmedizinischen Verfahren bei der Behandlung von angstbedingten Symptomen wie zum Beispiel bei Asthmaanfällen.

Schließlich wurden verhaltensmedizinische Methoden auch
für etwas angewandt, was wir heute Steigerung des Wohlgefühls nennen. Dabei wird eine Krankheit nicht eigentlich
behandelt, sondern in erster Linie verhütet, indem man sich
geeignete Verfahren aneignet, die einen bestmöglichen
Gesundheitszustand herbeiführen.

Wie Krankheiten entstehen und
aufrechterhalten werden

In der Verhaltensmedizin kommt es entscheidend darauf an,
wie man eine Krankheit und ihre weitere Entwicklung betrachtet. In unserer Klinik beurteilen wir eine Krankheit aus
zwei verschiedenen Blickwinkeln, und zwar suchen wir erstens die Ursachen der Krankheit und zweitens die verschiedenen Faktoren, die sie aufrechterhalten. Die Ursachen einer

Krankheit können biologisch oder streßbedingt oder beides sein. Zu den biologischen Ursachen gehört auch eine genetische Veranlagung, wie etwa bei Autoimmunkrankheiten oder bei bestimmten Krebsformen. Andere Ursachen sind Umstände, die sich in den ersten Lebensjahren eines Menschen ergeben haben. Die Art und Weise der frühen Ernährung zum Beispiel kann das Körpergewicht des Erwachsenen beeinflussen. Manchmal treten durch frühe Infektionen Gewebeschädigungen ein; wer in seinem ersten Lebensjahr eine Lungenentzündung hatte, behält davon möglicherweise ein Lungengewebe, das anfälliger ist für die Entstehung von Asthma. Manche Menschen erwerben eine Empfindlichkeit gegenüber gewissen Medikamenten. Gelegentlich stellen wir bei Asthmatikern fest, daß das Asthma durch eine erworbene Aspirin-Empfindlichkeit ausgelöst wurde. Manchmal weisen Menschen eine Verletzung auf, die anhaltende Folgen nach sich zieht. All dies sind Beispiele für biologische Ursachen, die zu einer bestimmten Veranlagung führen können, durch die dann eine Krankheit entsteht.

Als zweites betrachten wir die Umstände, die eine Krankheit aufrechterhalten, und zwar deshalb, weil wir anhand neuerer Forschungsergebnisse immer klarer sehen, daß die eine Krankheit längere Zeit aufrechterhaltenden Faktoren nicht die gleichen sind wie diejenigen, die die Krankheit ausgelöst haben. Es ist durchaus möglich, eine Reaktion des Immunsystems zu trainieren oder als bedingten Reflex zu lernen; genau das gleiche geschieht auch bei Asthma: Man kann Asthma-Anfälle als erlernten Reflex haben. Ein weiterer Faktor zur Aufrechterhaltung einer Krankheit ist die »vorwegnehmende Angst«. Manche Asthmatiker zum Beispiel machen sich lebhafte Sorgen über das Ausbrechen eines kommenden Anfalls. Diese Sorge verursacht Veränderungen im vegetativen Nervensystem, die dann ihrerseits Veränderungen im Lungengewebe auslösen und so den Asthma-Anfall tatsächlich herbeiführen. Übertriebene Anwendung mancher Behandlungsformen ist ein anderer Faktor dieser Art, insbesondere Sprays, die bei einem Asthma-Anfall zwar kurzfristig Erleichterung verschaffen, die jedoch das Lungengewebe erst recht empfänglich machen für diejenigen Entzündungsstoffe, die den Anfall auslösen. Hier ist es also die Behandlung selbst, die die Krankheit verlängert, statt sie zum Verschwinden zu bringen. Solche die Krankheit aufrechterhaltenden Faktoren müssen getrennt von den Krankheitsursachen gesehen werden. Die Krankheit gewinnt dabei so etwas wie ein Eigenleben, sie wird vielschichtiger und schwieriger durchschaubar.

Es kommt also sehr darauf an, sowohl die Ursachen zu behandeln als auch die Bedingungen, die die Krankheit aufrechterhalten. Aus diesem Grund ist für uns die Entwicklung einer Krankheit ein sehr komplexer Vorgang.

Der Streß und das vegetative Nervensystem

Verhaltensmediziner haben sich bis jetzt vor allem mit dem Verhältnis von Streß und Krankheitsentwicklung beschäfigt, ebenso intensiv aber auch mit dem vegetativen Nervensystem. Das vegetative Nervensystem steuert bekanntlich solche Körperfunktionen wie Muskelspannung und Herzrhythmus. Es steuert auch die Gefäßmotorik, indem es die Spannung der Muskeln um die Blutgefäße herum beeinflußt, so daß diese sich entweder erweitern oder verengen, um das Blut im Körper zu einem bestimmten Zeitpunkt an einen anderen Ort umzuleiten. Wenn wir zum Beispiel nach dem Frühstück zu verdauen beginnen, so erweitern sich die Blutgefäße in der Magengegend, und folglich fließt mehr Blut zu dieser Körperpartie. Wenn wir mit einer anstrengenden Gedankenarbeit befaßt sind, etwa beim Lesen, erweitern sich die Blutgefäße im Kopf. Und wenn wir entspannt sind, dann erweitern sich die Gefäße in der Haut und verteilen das Blut gleichmäßig über die gesamte Hautoberfläche.

Das vegetative Nervensystem ist ein Verteidigungssystem für den Notfall. Ein Aspekt dieser Verteidigungsreaktion ist die bereits erwähnte Flucht-oder-Kampf-Reaktion. Wenn der Organismus bedroht wird, breitet sich allgemein eine gewisse

Erregung aus, verbunden mit einer höheren Muskelspannung, die ihn darauf vorbereitet, entweder wegzurennen oder sich auf seine Verteidigung einzustellen. In diesem Fall wird das Blut zu den Muskeln und zum Gehirn umgeleitet, was den Organismus sowohl besonders wachsam als auch handlungsbereit werden läßt. Die klassische Flucht-oder-Kampf-Reaktion auf eine Bedrohung stellen wir bei Mensch und Tier fest, aber beim Menschen ist die Erregung des vegetativen Nervensystems feiner ausgearbeitet.

Auch weniger intensive Erscheinungsformen dieser Reaktion lassen sich beobachten, etwa bei ganz gewöhnlichen Alltagshandlungen. Wenn wir uns zum Beispiel auf eine bestimmte Tätigkeit geistig vorbereiten, tritt das gleiche Muster auf: der Herzschlag beschleunigt sich, die Blutgefäße der Haut werden enger, die Muskelspannung nimmt zu. Jede Art der Vorbereitung oder der Bereitschaft zu einer Handlung ist von dieser selbständigen, unwillkürlichen Aktivierung begleitet, also von Veränderungen der Muskelspannung und der Blutzirkulation. Sowohl die Flucht-oder-Kampf-Reaktion als auch ihre schwächere Variante, die Aktivierung für höhere Wachsamkeit und Handlungsbereitschaft, die wir bei der denkenden und tätigen Auseinandersetzung mit der Welt einsetzen, sind Aktivitäten des vegetativen Nervensystems. Beide Reaktionen verlaufen automatisch und unwillkürlich. Heute wissen wir aber, daß Menschen bis zu einem gewissen Grad lernen können, diese Reaktionen mit Hilfe einer verhaltensmedizinischen Therapie bewußt zu steuern.

Eine weitere Verteidigungsmaßnahme des vegetativen Nervensystems ist die Stillhalte-Reaktion. Wir können sie auch bei Tieren beobachten, die sich bei einer Bedrohung durch ein Raubtier völlig unbeweglich stellen, um auf diese Weise genauer zu hören und zu sehen, was um sie herum vorgeht. Bei diesem Verhalten stellen wir eine Verlangsamung des Herzrhythmus fest, also das Gegenteil einer Kampf-oder-Flucht-Reaktion, desgleichen ein Nachlassen der Muskelspannung und eine allgemeine Verengung der Blutgefäße in der Haut und in den Muskeln. Eine schwächere Variante davon erleben wir selbst jedesmal dann, wenn wir mit hoher

Konzentration damit beschäftigt sind, aus der Welt um uns herum informative Signale aufzunehmen. Das vegetative Nervensystem ist also das physiologische Steuerzentrum sowohl für die Vorbereitung des Handelns in der Welt als auch für die aufnehmende Auseinandersetzung mit dieser Welt.

Jede Streßsituation verursacht in unserem vegetativen Nervensystem eine bestimmte Reaktion. Sobald wir einem Streßereignis gegenüberstehen, wird dieses Nervensystem aktiv und verändert die Normalwerte der Körperfunktionen Herzrhythmus, Blutzirkulation und Muskelspannung. Wenn das Gefahrensignal wieder verschwunden ist, schaltet das vegetative Nervensystem den Erregungszustand ab. Nach einer Zeit der Ruhe kehrt es dann wieder zu den Normalwerten zurück. Jedesmal, wenn wir einer Streßsituation begegnen, finden wir diesen typischen Ablauf von Aktivierung, Deaktivierung oder Ruhe und Rückkehr zu den Normalwerten.

Der Streß und seine Folgen

Wenn wir eine Serie aufeinanderfolgender Streßsituationen erleben, so halten wir dauernd einen hohen Erregungszustand ohne Ruhephasen aufrecht. Das kann sich über längere Zeit erstrecken bis zur völligen Erschöpfung, wodurch dann die Ruhepause erzwungen wird. Ein derart chronischer Streß verursacht ein Ungleichgewicht und eine Fehlfunktion des vegetativen Nervensystems, so daß auch bei sehr schwachen Außenreizen ein hoher Aktivierungszustand eintritt. Die Zellen des vegetativen Nervensystems werden hyperaktiv und reagieren bereits auf geringste Herausforderungen. Wir sind heute soweit, daß wir typische Fehlfunktionen bei der Muskelspannung und Ungleichgewichte bei der Blutverteilung im Körper erkennen können. Und dies trägt möglicherweise bei zur Entwicklung von Krankheiten wie Asthma, einigen Arten von Kopfweh und Reizungen des Darmtrakts, wo selbst ohne Infektion Schmerzen und Durchfall ausgelöst werden.

Derartige Anomalitäten können durch unterschiedliche Arten von Streß verursacht sein. Zur Zeit gibt es intensive Forschungsarbeiten über ein Phänomen, das wir lebensverändernden Streß nennen. Manche Menschen müssen in sehr kurzer Zeit mehrere einschneidende Veränderungen in ihrem Leben hinnehmen, etwa den plötzlichen Tod eines Angehörigen, Abbruch oder Beginn einer engen Beziehung, Verlust oder Gewinn einer größeren Menge Geld, Anklage oder Gerichtsprozeß oder auch nur der Kauf eines Hauses. Diese Menschen leben mit einem erhöhten Risiko, im Jahr nach der Streßperiode oder später krank zu werden.

Menschen lieben ihre Gewohnheiten, und Routine an sich ist bis zu einem gewissen Grad auch gesundheitsfördernd, zu starke und zu schnelle Veränderungen erhöhen dagegen das Krankheitsrisiko. Die Arbeiten über lebensverändernden Streß waren zwar die frühesten Streß-Forschungsprojekte im Westen, aber die wenigsten Menschen erfahren in ihrem Leben solch extreme Veränderungen. Wir alle aber erleben täglich andere Arten Streß, schikanöse Lästigkeiten: Wir haben etwas verloren und müssen es nun suchen, wir haben zu viel zu tun, viel zu viel zu erledigen den Tag über, wir kriegen zu viele Telefonanrufe, stecken im Verkehrsstau – was sich eben so ansammelt im normalen Alltag. Ein Dichter sagte einmal, es seien gar nicht die großen Veränderungen, wie ein plötzlicher Tod, die uns zum Wahnsinn treiben, es sei der gerissene Schnürsenkel, wenn wir gerade in größter Eile sind. Alles, was uns aufregt, verursacht eine Aktivierung des vegetativen Nervensystems. Wenn wir keinen Weg finden, uns davon zu lösen, zu unseren Ruhe- und Normalwerten zurückzukehren, dann häuft sich der Streß und hält den menschlichen Organismus andauernd in einem hohen Erregungszustand. Und das führt über kurz oder lang zu Gesundheitsproblemen.

Eine andere Gruppe von Stressoren (streßauslösenden Faktoren) gehört zu den Umweltbedingungen: Kälte, Umweltverschmutzung aller Art, Lärm oder auch Elektrosmog. Gewisse Fortbewegungsarten wie das Fliegen können ebenfalls Streß bedeuten. Sozialer Streß kann vom Leben in einer

Großstadt verursacht sein, von großen Menschenmengen, aber auch von sozialer Isolation und natürlich durch einen Streit mit den Nachbarn. Eine ganze Reihe von Streßfaktoren hängt mit unserem modernen Lebensstil zusammen: eine nährstoffarme Diät, schlechtes Essen oder auch der Konsum von Alkohol, Kaffee, Tabak und Drogen. Der Zeitdruck durch zu viele Termine kann Streß verursachen, ebenso zu viel Fitneßtraining – oder zu wenig davon. Menschen mit regelmäßigen Gewohnheiten leiden normalerweise nicht so sehr unter Streß wie andere mit einem wechselnden oder unvorhersehbaren Zeit- und Terminplan, zum Beispiel Krankenschwestern im Schichtbetrieb oder Feuerwehrleute, die nie wissen können, wo der nächste Brand ausbricht.

Aber den Menschen kommt allmählich die Einsicht, daß das Problem nicht der Streß ist. Streß ist ganz einfach etwas, was da draußen liegt. Es gibt Menschen, die sich in einer objektiv stressigen Situation befinden und doch kaum eine biologische Reaktion zeigen. Auf der anderen Seite gibt es Menschen, die eine Streßreaktion auch in Situationen aktivieren, die für viele andere überhaupt nicht biologisch stressig ist. Wie läßt sich so etwas erklären? Offenbar liegt der Unterschied nicht im Ereignis selbst, sondern es kommt darauf an, wie der menschliche Geist das Ereignis auffaßt, interpretiert und wertet.

Es gibt zwei Arten des Umgangs mit Streß-Ereignissen: gesunde und weniger gesunde. Beispiele für die gesunde Art sind: aktiv auf eine Lösung des Problems zugehen oder es aus einem anderen Blickwinkel betrachten, wo es dann gar nicht mehr wie ein Problem aussieht. Gesund ist es auch, wenn man die Gefühle, die in einer Streßsituation entstehen, bearbeitet, indem man mit anderen darüber spricht.

Ungesunde Verhaltensweisen sind hier die Unterdrückung oder das Verleugnen des Problems – auch schon der schlichte Wunsch, das Problem möge sich von selbst erledigen – oder das Herbeiphantasieren eines anderen, angenehmeren Zustands. Statt sich um das Problem zu kümmern, ist man ständig damit beschäftigt, ihm auszuweichen. Das Problem verschwindet aber nicht einfach so. Auch wenn der menschliche

Geist sich davon entfernt, zeigt der menschliche Körper immer noch eine Reaktion.

Andere Beispiele für einen ungesunden Umgang mit Gefühlen sind Schuldzuschreibung und Empfindungslosigkeit. Die Schuldverteilung ist eine für die Menschen des Westens typische Form von Selbsthaß. Empfindungslosigkeit tritt ein, wenn Menschen als Ergebnis einer extremen psychologischen Verletzung ihre Wahrnehmungsfähigkeit für Gefühle überhaupt verlieren.

Das Trauma und seine Folgen

Wir haben Menschen untersucht, die verschiedenartige psychische Traumata überlebten. Es waren Menschen, die als Kinder sexuell mißbraucht wurden, die Opfer von Gewaltverbrechen und Überlebende von Kampfeinsätzen waren, darunter auch Verwundete und Menschen mit Nahtod-Erfahrungen, Flüchtlinge sowie Menschen, die aus politischen Gründen inhaftiert und systematisch gefoltert wurden. Der Großteil meiner Arbeit mit Flüchtlingen betrifft Menschen aus Mittelamerika, aber wir haben auch mit Flüchtlingen aus Südostasien gearbeitet, hauptsächlich aus Kambodscha und Vietnam. Ich kann mir denken, Eure Heiligkeit, daß auch Sie mit ähnlichen Problemen zu tun hatten, mit ihren Landsleuten, die ihre Heimat verlassen mußten oder Gefangenschaft und Folter ertragen mußten.

Bei unserer Arbeit mit diesen Menschen ist es sehr schwer, einfach mit irgendeiner psychologischen Behandlung zu beginnen. Wir setzen statt dessen mit einer Umgebungsintervention ein; im Fall von Flüchtlingen ist nämlich sehr oft die ihnen vertraute Kultur nur noch in Bruchstücken vorhanden. Der erste Schritt der Intervention hat also das Ziel, ihnen bei einer Wiederherstellung ihrer sozialen Gemeinschaft und der Befriedigung von Grundbedürfnissen wie Wohnen und Essen zu helfen. Wenn sie in ein ihnen fremdes Land kommen, wissen sie zuerst überhaupt nicht, wie sie sich darin zurechtfinden oder auch nur Hilfe dabei erlangen können; also leisten wir ihnen Hilfestellung bei der Aufgabe, wieder eine soziale Gemeinschaft aufzubauen. Die Arbeit wird erschwert durch die Einwanderungspolitik der USA, die darauf abzielt, Menschen aus einem anderen Land in weit auseinanderliegenden Städten unterzubringen. Dieses Verfahren hat große Nachteile, denn was diese Menschen wirklich brauchen, ist die Wiederherstellung ihres Gemeinschaftsgefühls. Wenn solche Überlebenden aber über das ganze Land verstreut leben, fühlen sie sich ziemlich isoliert. Sie sprechen nicht unsere Sprache und haben nicht einmal Kontakte zu den Menschen ihrer eigenen Kultur. Deshalb ermuntern wir diese Menschen, im Rahmen des Möglichen zusammen in einer Gemeinde zu wohnen. Wir bringen ihnen dabei auch ein paar Grundfertigkeiten bei, indem wir sie zur Bewältigung ihres Alltags in Englisch unterrichten; aber unsere Priorität liegt immer auf der Wiederherstellung eines Zugehörigkeitsgefühls innerhalb einer Gemeinschaft.

Zu einer solchen Gemeinschaft gehört nicht bloß eine Gruppe von Personen, sondern auch die Alltagspraxis ihrer Kultur. Aus diesem Grund ermutigen wir sie, ihre Handwerkskünste auszuüben und an ihren religiösen Feierlichkeiten teilzunehmen. Den Kambodschanern zum Beispiel, die in der Gegend von Boston leben, würden wir raten, den buddhistischen Tempel zu besuchen. Speziell für Kambodschaner ist die Umstellung besonders schwer, da nur die armen Bauern den Holocaust der Roten Khmer überlebt haben; die meisten Menschen mit einer Ausbildung wurden getötet und sämtliche kulturellen Einrichtungen einschließlich der Schulen und der religiösen Treffpunkte zerstört.

Ich war tief beeindruckt, als ich in unser tibetisches Kinderdorf kam. Die Menschen dort versuchten wirklich, genau das zu tun, was die westlichen Wissenschaftler für den ersten Schritt bei Folter- und Holocaust-Opfern empfohlen haben, nämlich die Überlebenden dahin zu bringen, daß sie mit ihren eigenen Landsleuten in einer Gemeinschaft leben, und ihnen für ihre Grundbedürfnisse erst einmal Essen und Unterkunft zu liefern.

Der zweite Schritt besteht darin, sie zu einer aktiven Teilnahme an ihren kulturellen Traditionen zu bewegen. Es genügt nicht, daß die tibetischen Flüchtlinge in einer Gemeinschaft zusammenleben; sie sollten auch die buddhistische Lehre praktizieren, aktiv ihre Künste und ihre handwerklichen Traditionen pflegen.

Wenn man aber bereits in dieser Phase den Menschen eine psychologische Behandlung gibt, dann funktioniert das in der Regel nicht. Auch wenn sie jede Nacht mit Alpträumen aufwachen und immer noch aufgeregt und ängstlich sind, kann man nur wenig für sie tun, bevor sie in ihrer Gemeinschaft integriert sind. Diese Phase kann manchmal mehrere Jahre dauern. Es ist traurig aber wahr, daß die Menschen während dieser Zeit noch mit ihren größten Schmerzen und ihrer Verzweiflung leben müssen, bis sie ihren Platz in der Gemeinschaft gefunden haben. Manchmal kann man ihnen ein wenig mit Medikamenten helfen, aber das geht nicht ohne Komplikationen, weil sie die Dosierung nicht richtig verstehen oder das Medikament gar nicht nehmen wollen. Zwar versuchen wir, ihnen die gleichen Medikamente zu geben, die sie auch in ihrem Heimatland nehmen würden, aber in der Regel behandeln wir die Nachwirkungen bei Folteropfern anfangs nicht auf direktem Weg.

Erst nachdem sie sich in ihre Gemeinschaft eingelebt haben und genügend Englisch sprechen, um wenigstens bei der Arbeit ohne Dolmetscher auszukommen, machen wir den nächsten Schritt und beginnen mit der psychologischen Arbeit. Das geschieht sowohl individuell als auch in Gruppen. Manche Menschen, bedingt durch ihren kulturellen Hintergrund, lehnen die Gruppenarbeit ab. Unter den mittelamerikanischen Flüchtlingen sind nicht nur extreme Linke, sondern auch Mitglieder der Todesschwadronen, die vor dem Druck der Menschenrechtsgruppen geflohen sind. Beide leben oft in der gleichen Gemeinde, so daß der Krieg dort weitergeht. Sie lehnen es ab, in einer Gruppe zusammenzukommen, weil sie befürchten, ihr Nebenmann könnte ihr Feind sein. Mit anderen Gruppen ist die Arbeit leichter, etwa mit Kambodschanern, die sich gern in der Gruppe treffen, weil diese Bindung ihnen wohltut. Ähnliches wird man vielleicht auch für Tibeter sagen können. Wir lassen sie aber in der Gruppe nicht über ihre Foltererfahrungen sprechen, da ein solches Gespräch sie in Erregung versetzt und körperliche und seelische Krankheitssymptome sich damit erheblich verschärfen.

Im nächsten Stadium arbeiten wir individuell mit ihnen, in einer Art psychotherapeutischem Prozeß. Viele Flüchtlinge verstehen dieses Vorgehen zuerst nicht, aber wir können sie in den Begriffen ihrer eigenen Kultur einführen und es ihnen erklären. Man muß sich dabei immer eins vor Augen halten: Menschen, die das Extrem der Gewalttätigkeit, die systematische Folterung, erlitten haben, kennen kaum noch ein Gefühl der Sicherheit, wenn sie mit einer anderen Person in einem Raum sind. Selbst wenn sie allein sind, befürchten sie immer, es könnte jemand hereinkommen und sie quälen. In ihren Träumen erleben sie immer wieder diese traumatischen Szenen, und auch im Wachzustand treten plötzliche, verstörende Rückerinnerungen daran auf, die sie nur mühsam bearbeiten können. Wir veranlassen sie nun, sich zum Thema Sicherheit bildliche Vorstellungen zu machen. Wir fragen sie zum Beispiel, ob sie in ihrem Leben schon einmal die Erfahrung hoher Sicherheit gemacht haben, und bitten sie dann, sich in jene Situation hineinzudenken. Auf diese Weise lernen sie, das Sicherheitsgefühl willentlich hervorzurufen. Wenn sie uns sagen, sie hätten sich noch niemals sicher gefühlt, dann bitten wir sie, sich auszudenken, wie andere Menschen sicher und ungefährdet leben könnten, und dann sich selbst in dieser Situation bildlich vorzustellen.

Solche Visualisierungen von Sicherheit können zehn Minuten oder auch eine Stunde dauern. Wenn die Menschen mit dieser Visualisierung beschäftigt sind, verschieben sich oft die Vorstellungsinhalte, und die Erinnerung an die erlittene Folter drängt sich in den Vordergrund. Wenn das geschieht, sagen wir den Menschen, sie sollen zu einem anderen vorgestellten Ort der Sicherheit gewissermaßen umschalten. Sollte dann die störende Rückerinnerung abermals auftauchen, so wiederholen wir diese Aufforderung. Auf diesem

Weg erwerben sie allmählich die Fähigkeit, das Hervorkommen von Erinnerungen selbst unter Kontrolle zu halten. Menschen, die lange und systematisch gefoltert wurden, müssen manchmal bis zu drei Jahren mit diesen inneren Sicherheitsbildern zubringen, aber schließlich erlangen sie dann doch ein Gefühl von Sicherheit und Vertrauen. Da dieser Begriff der Sicherheit eine so große Bedeutung hat, bildet er auch die Grundlage der therapeutischen Beziehung.

Sobald die Menschen genug Selbstvertrauen haben, ihre Erinnerungszustände zu steuern, führen wir andere Visualisierungen ein. Am Ende dieser Arbeitsphase beginnen sie, sich an ihre Foltererfahrungen in kleineren Bruchstücken zu erinnern und auch darüber zu sprechen. Wir versuchen, sie dahin zu bringen, jedesmal nur sehr wenig darüber zu sprechen. Nach einiger Zeit schaffen sie es dann, ohne größere Schwierigkeiten von der Folter zu erzählen und sie in ihre Biographie einzuordnen. Das Ganze setzt sich gewissermaßen, und die Menschen fangen wieder an, ein normales Leben zu führen.

Der Ablauf ist also kurz zusammengefaßt so: Zuerst die Umgebungsintervention, Wiederherstellung der sozialen Gemeinschaft und der Verbundenheit mit der vertrauten Kultur; dann die Gruppenarbeit und die Visualisierung von Sicherheit; und zuletzt die eigentliche integrative Erinnerungsarbeit.

DALAI LAMA: Unter den tibetischen Flüchtlingen, die lange Jahre im Konzentrationslager waren, gab es einige, die berichteten, die Zeit im Lager sei ihnen sehr wertvoll gewesen; sie hätten dabei herausgefunden, daß ihre geistigen Übungen in der Gefangenschaft besonders gut vonstatten gingen. Man kann sogar allgemein sagen, daß bei Tibetern solche traumatischen Erfahrungen ziemlich selten tiefe Narben hinterlassen haben. Ich denke, wenn Ihre Experten diese Flüchtlinge aus Tibet interviewen könnten, würden sie wahrscheinlich ganz andere als ihre bisherigen Erkenntnisse finden.

DAN GOLEMAN: Heißt das, Eure Heiligkeit, daß sie nicht unter den Alpträumen leiden, die doch typisch für Folteropfer aus anderen Ländern sind?

DALAI LAMA: Manche haben vielleicht Alpträume. Als ich Lhasa besuchte, lauter Kommunisten um mich herum, da hatte ich selbst Alpträume. Sogar heute, dreißig Jahre später, habe ich sie immer noch. Aber es ist keine Angst dabei. Wir haben eine große Zahl neuer Flüchtlinge aus Tibet, Jugendliche ebenso wie Erwachsene von etwa dreißig Jahren, und viele von ihnen haben ihr ganzes Leben bisher in Konzentrationslagern verbracht. Nehmen wir zum Beispiel die Mönche, die heute in den Ordensuniversitäten in Südindien studieren. Man findet unter ihnen sehr selten einen, der die für posttraumatische Störungen typischen Symptome aufweist. Diese Menschen erreichen sogar bessere Leistungen als die in Indien aufgewachsenen Studenten.

DAN GOLEMAN: Liegt der Grund dafür in dem, was Sie uns über eine bestimmte Übungspraxis sagten, nämlich das eigene Leiden als spirituelle Chance zu sehen, eine Gelegenheit zur Vergeistigung? Ist es das, was sie während der Folter tun?

DALAI LAMA: Ja.

DAN BROWN: Es gibt Untersuchungen über Menschen, die die Konzentrationslager der Nationalsozialisten überlebt haben, und Kriegsgefangene in den sogenannten »Tigerkäfigen« in Südostasien. Diejenigen, die am besten mit ihren Erfahrungen zu leben lernten, hatten einen starken religiösen Glauben oder doch ein philosophisches Weltbild, das sie vor den erwartbaren Nachwirkungen der Folter beschützte.

JON KABAT-ZINN: Ich fände es sehr aufschlußreich, die Tibeter, die während ihrer Gefangenschaft gefoltert wurden, im Hinblick auf die Wirkungen ihrer Religion zu befragen.

DALAI LAMA: Ich glaube aber, auch die meisten kambodschanischen und vietnamesischen Flüchtlinge sind Buddhisten.

DAN BROWN: Es gibt drei Formen der Reaktion auf Folter oder insgesamt auf traumatische Erfahrungen. Erstens das störende Wiederauftauchen des Erlebten in schmerzenden Erinnerungen und Alpträumen. Die zweite ist das Phänomen, das wir Empfindungslosigkeit nennen, wenn also die Menschen aufhören, überhaupt noch etwas zu fühlen. Die dritte Form ist eine Art physiologischer Reaktionsweise, ähnlich dem, was wir nach dem vorigen Referat diskutiert haben. Das vegetative Nervensystem ist aus dem Gleichgewicht und führt einen Dauererregungszustand herbei.

Diese physiologische Reaktion kann auch bei Menschen mit einem starken Glauben eintreten. Wenn ich mich auf die im Westen vorliegenden Forschungsergebnisse stütze, so würde ich annehmen, daß wir auch bei einer physiologischen Untersuchung dieser Mönche entsprechende Anzeichen finden werden, selbst wenn sie nicht unter Alpträumen leiden.

DALAI LAMA: Dem sollte man nachgehen. Eine solche Untersuchung ist leicht durchzuführen. Im Kloster in Sera haben wir etwa tausend dieser jungen Leute, in Drepung Loseling zwischen 500 und 600 und in Ganden etwa halb so viele. Aus meiner Erfahrung mit diesen Studenten muß ich allerdings sagen, daß ich nie irgendwelche Auffälligkeiten angetroffen habe. Sie verhalten sich genau so wie andere junge Mönche.

DAN BROWN: Was Sie hier beschreiben, ist außerordentlich ungewöhnlich.

FRANCISCO VARELA: Ich kenne persönlich einige meiner Landsleute aus Chile, die nach dem Militärputsch und dem Sturz der demokratischen Allende-Regierung von Pinochets Geheimpolizei gefoltert wurden. Es gibt unter ihnen keinen einzigen, der nicht das eine oder andere posttraumatische Symptom hätte, etwa wiederkehrende Alpträume oder auch physiologische Störungen. Aber diese Menschen sind natürlich keine Buddhisten.

DALAI LAMA: Sehen Sie bei ihnen Unterschiede zwischen Menschen mit einem starken Glauben und anderen?

FRANCISCO VARELA: Die Verfolgten und Gefolterten kamen alle von der politischen Linken; wenn sie also ein starkes Weltbild hatten, dann war es eher eine politische Überzeugung. Spirituelle Erfahrungen hatte praktisch keiner von ihnen. Möglicherweise hatten sie auch einige christliche Wertideale, da sie ja in dieser Kultur aufgewachsen waren, allerdings waren sie keine praktizierenden Christen. Hier haben wir also den Fall eines starken Wertesystems, aber es hat den Betreffenden anscheinend nicht geholfen.

DAN BROWN: Und man muß hinzufügen, daß sie von Menschen gefoltert wurden, die denselben religiösen Hintergrund hatten wie sie.

FRANCISCO VARELA: Sie wurden in einem Bürgerkrieg gefoltert, von ihren eigenen Landsleuten.

DAN BROWN: Im Gegensatz dazu waren die Chinesen keine Buddhisten. Es ist etwas ganz anderes, wenn man von einem Feind gefoltert wird, der nicht zum gleichen Volk gehört.

FRANCISCO VARELA: Vielleicht.

DALAI LAMA: Wenn Tibeter ihre Gefängniserfahrungen schildern, dann weisen sie darauf hin, daß der Grund ihrer Gefangenschaft nicht etwas Falsches oder Gesetzwidriges war, etwa ein Mord oder ein Diebstahl, sondern der Grund lag darin, daß sie Freiheitskämpfer waren, die nach ihrer inneren Überzeugung handelten.

FRANCISCO VARELA: Ja, aber die Chilenen denken in diesem Punkt ganz genauso.

DALAI LAMA: Dann ist das wohl der gleiche Fall. Die Frage ist also: Ist eine solche Überzeugungshaltung hilfreich?

FRANCISCO VARELA: In gewisser Hinsicht schon. Unter meinen Bekannten sind aber nur wenige, die sich aufgrund dieser starken Überzeugungen ein neues Leben einrichten konnten. Die meisten von ihnen, vielleicht zwei Drittel, waren auf die eine oder andere Weise gebrochene Existenzen: Ihre Familie lief auseinander, sie konnten nicht mehr weiterarbeiten wie bisher, sie litten unter Schlaflosigkeit, sie bekamen Krebs. Trotz ihrer Überzeugung, auf dem richtigen Weg zu sein, beschlich sie immer etwas Zweideutiges, nämlich der Zweifel, ob das, was sie für richtig gehalten hatten, nicht vielleicht falsch war. Vielleicht sind die Überzeugungen der Tibeter viel tiefer und stärker.

JON KABAT-ZINN: Eure Heiligkeit, Sie sagten gestern, in der buddhistischen Sicht der Dinge sei das Böse ein Nicht-Wissen, und ein wahrer Buddhist könne auch Mitgefühl für Unwissenheit empfinden, sogar dann, wenn sie ihm große Schmerzen zufüge. Ich habe die sehr bewegende Erzählung Ihres tibetischen Arztes gelesen, der jahrelang in einem chinesischen Gefängnis gefoltert wurde. Er schreibt, daß er niemals wütend war auf diese Menschen, nicht einmal während sie ihn quälten; er behielt vielmehr ein Gefühl wie Mitleid für ihre tiefe Unwissenheit, mit der sie einem anderen Menschen so etwas antun konnten. Der amerikanische Psychiater, der ihn interviewte, sagte, er sei erstaunt gewesen, daß jemand eine derartige Erfahrung durchleide und hinterher keinerlei posttraumatische Störungen im westlich-medizinischen Sinne zeige. Der Interviewte war überhaupt nicht verbittert, er hegte keinen Groll, er hatte keine damit zusammenhängenden physischen oder psychischen Probleme. Glauben Sie, daß so etwas auch auf die große Mehrheit der buddhistischen Mönche zutrifft, die nach ihrer Gefangenschaft aus Tibet herauskamen?

DALAI LAMA: Die Antwort fällt mir nicht leicht, denn einige dieser Mönche drückten eine sehr starke Verbitterung gegen die Chinesen aus.

131

DAN GOLEMAN: Sie hatten also kein Mitgefühl mit dem Folterer.

DALAI LAMA: Anscheinend nicht.

DAN GOLEMAN: Wie – abgesehen von der praktischen Einübung in Mitleiden – stellten es die Tibeter also an, daß sie keine posttraumatischen Probleme hatten?

DALAI LAMA: Ein wichtiger Faktor ist ihr Glaube an das Karma. Er erlaubt ihnen, das gegenwärtige Leiden ihren in früheren Leben begangenen Fehlern zuzuschreiben. Diese Überzeugung ist unter Tibetern sehr weit verbreitet.

DAN GOLEMAN: Nur das? Nicht noch etwas anderes?

DALAI LAMA: Wichtig ist auch die geistige Übung des »Zuflucht-Suchens«, des Anheimstellens, eine in allen Religionen vorkommende Haltung. Dann kommt wohl auch noch hinzu, daß man intensiv über die Nachteile des »Samsara«, der Kette der Wiedergeburten, nachdenkt oder auch über die Nichtbeständigkeit der Welt. Und schließlich die starke Überzeugung, daß die Wahrheit am Ende siegen wird.

DAN BROWN: Eure Heiligkeit, das Handbuch der statistischen Diagnostik ist im Westen unser Grundgesetz für die Diagnose psychiatrischer Störungen. Darin wird folgendes festgelegt: Ein Trauma ist ein Ereignis, das so unüblich und außergewöhnlich ist, daß es bei jedem Menschen ganz bestimmte Symptome hervorruft. Es wird deshalb so definiert, weil man im Westen so gut wie nie einen Menschen trifft, der nach einer Foltererfahrung diese Symptome nicht hat. Wenn das, was Sie sagen, wahr ist, dann haben wir eine Menge von Ihren Leuten zu lernen, wie sie sich vor den Symptomen posttraumatischer Störungen schützen, die jeder andere in einer vergleichbaren Situation an sich erfährt. Was sie sagen, ist außerordentlich für uns.

Dritter Teil:

Neue Wege der Medizin

Achtsamkeit als Medikament
(Sharon Salzberg und Jon Kabat-Zinn)

Sharon Salzberg gibt zunächst einen Überblick über die Meditationspraxis im Theravada-Buddhismus. Vor diesem Hintergrund werden die Achtsamkeitsübungen geschildert, die Jon Kabat-Zinn an der Stress Reduction Clinic der University of Massachusetts (im Medical Center in Worcester) unterrichtet. Eine derart eindeutige medizinische Anwendung der Achtsamkeitsmeditation findet auch in einer westlichen Umgebung zunehmende Anerkennung. Herausgelöst aus ihrem religiösen Zusammenhang bedeutet Achtsamkeit etwas sehr Einfaches, nämlich das Erlernen einer offenen, annehmenden Grundhaltung gegenüber allem, was einem in den Sinn kommt, während man gleichzeitig die Bewegung der Gedanken beobachtet. Dadurch sind die Übungen besonders zur Verminderung von Streßreaktionen geeignet. Jon Kabat-Zinn erläutert anschließend, auf welche Weise Achtsamkeitsmeditationen in seiner Klinik eingebunden wurden in eine Behandlung, die Entspannung und den Abbau von Streß zum Ziel hat. Meditationstechniken sind in vielen spirituellen Kulturen bereits eine jahrhundertealte Tradition; im Westen jedoch werden diese Praktiken erst seit kurzem als Bestandteil einer medizinischen und psychologischen Heilmethode untersucht und systematisch angewandt. Jon Kabat-Zinn faßt in seiner Darstellung vieles zu einer Synthese zusammen, was anhand der bisherigen Referate diskutiert wurde. Er versucht, buddhistische Meditationstechniken mit der im Westen herrschenden Lehrmeinung zu verbinden. Da hierbei die Achtsamkeitsmeditation außerhalb ihres religiösen Zusammenhangs vorgestellt wird, kann sie – nach Kabat-Zinns Überzeugung – überall auf der Welt leidende Menschen ansprechen, unabhängig von deren religiöser Grundhaltung.

SHARON SALZBERG: In unserem Unterricht zur Achtsamkeitsmeditation lassen wir die Teilnehmer gewöhnlich damit beginnen, daß sie einfach nur ruhig dasitzen und ihren Atem fühlen, und zwar an einer Körperstelle, wo er deutlich spürbar ist, zum Beispiel am Unterleib, der sich hebt und senkt. Wir fordern sie anfangs nur dazu auf, ihren Atem zu spüren, und danach erst, zu beobachten, was als Wichtigstes in ihrer Wahrnehmung auftritt. Auf diese Weise nehmen sie allmählich zu verschiedenen Zeitpunkten ganz Verschiedenes wahr: Töne, Bilder oder auch Körpergefühle. Nun bitten wir sie, diese Erfahrungen sehr genau, klar und direkt zu beobachten, ganz unkompliziert und ohne sich dabei in Wertungen und Interpretationen des Geschehens zu verlieren. Wenn jemand zum Beispiel körperliche Schmerzen hat und sie gerade spürt, sollte er jetzt nicht denken »Das ist schlecht« oder »Ich bin ein böser Mensch, weil ich diese Schmerzen habe«; statt dessen raten wir ihm, einfach die Empfindung einer Hitze oder eines Drucks oder einer Spannung zu bemerken. So sollen die Teilnehmer erkennen lernen, wie die Schmerzempfindung sich immer wieder wandelt, daß also an »dem Schmerz« nichts Dauerndes und Unabänderliches ist. Dabei erkennen sie gleichzeitig, daß es nicht in ihrem Belieben steht, welche Gefühle in ihrem Körper auftauchen. Dieser Schmerz kam ja nicht zustande, weil sie es wollten; sie brauchen ihn also nicht als ihr Eigentum anzusehen. Er gehört ihnen gar nicht. Er ist nichts anderes als das Zusammenspiel einiger Bedingungen, die miteinander diese Empfindung hervorrufen. Wir fordern sie sodann auf, ganz genau, sozusagen in die Tiefe zu schauen, so daß sie sehen, wie das auftauchende Phänomen sogar während der Beobachtung in seine Bestandteile zerfällt. Auf diese Weise können sie nun auch sehen, wie ihre Wahrnehmung funktioniert. Wenn sie das einmal geschafft haben, wird ihr Inneres sehr still und ruhig. Sie rennen nicht mehr im Geist hin und her, in die Vergangenheit und in die Zukunft, sondern ihr Inneres erlangt einen Zustand stabiler

Ruhe, es verharrt tatsächlich in der Erfahrung des Augenblicks.

Wir betonen außerdem die Unverfälschtheit der Beobachtung. Ob das Wahrgenommene nun der Atem ist oder ein Schmerz oder was sonst in der Wahrnehmung auftauchen mag, die Teilnehmer beobachten es, ohne sich seiner zu bemächtigen oder sich davon abzuwenden. Die Empfindung kann angenehm, schmerzhaft oder neutral sein, aber nie darf der Gegenstand der Meditation zur Entstehung eines Gefühls des Haben- oder Loswerden-Wollens führen, auch nicht zu einer indifferenten Haltung des Nicht-Wissens. So versuchen wir, einen Unterschied zu markieren zwischen einer Achtsamkeit, die lediglich bloße Aufmerksamkeit darstellt, und einer anderen Art der Achtsamkeit, die durch diese Qualität der Unverfälschtheit gekennzeichnet ist. Wir unterweisen die Teilnehmer darin, diese Übung immer wieder durchzuführen, im Sitzen, beim Gehen, wenn sie eine Tasse Kaffee trinken oder auch an ihrem Arbeitsplatz draußen in der Welt. Wir beginnen zwar mit nur einer Atem-Übung, aber schließlich wird die darauffolgende Praxis sehr umfassend. Jede einzelne unserer Tätigkeiten wird eine meditative Tätigkeit.

DALAI LAMA: Bei Ihnen folgt also auf die Übung der Achtsamkeit keine besondere Untersuchung, keine Analyse des Wahrgenommenen?

SHARON SALZBERG: Nein, denn wir haben bemerkt, daß schon die reine Achtsamkeit allein den Menschen Einsicht und ein tieferes Verständnis gibt, auch ohne Analyse. Das ist besonders dann so, wenn die Menschen Achtsamkeit kontinuierlich, am besten täglich praktizieren. Sie erkennen dann beispielsweise einen Gedanken als einen bloßen Gedanken. Sie fühlen sich nicht gedrängt oder gar beherrscht von irgendeinem Gedanken, der in ihrem Innern plötzlich hochkommt, sondern können ihn – unabhängig von seinem In-halt – auch einfach wieder loslassen.

DALAI LAMA: Wenn Sie etwas als »einen bloßen Gedanken« bezeichnen, was schwebt Ihnen dabei vor? Woran erkennen Sie das? Was ist »ein bloßer Gedanke«?

SHARON SALZBERG: Achtsamkeit, wie wir sie verstehen, ist eine Art veränderte Wahrnehmung, bei der der Inhalt, der Gegenstand des Gedankens, nicht mehr so wichtig ist. Was wir beobachten, ist der Denkvorgang. Wenn wir erkennen, daß ein Gedanke keine unverrückbare Substanz ist und daß die Bedeutung des Gedankens nicht notwendigerweise eine weitere Gedankenassoziation oder gar eine Reaktion nach sich ziehen muß, dann ist es, als könnten wir die Veränderung der Wahrnehmung als solche beobachten. Wenn dann jemand den Gedanken hat »Ich bin ein kranker Mensch«, so ist die Tatsache des Gedankeninhalts offenbar weniger gewichtig. Unser Inneres erkennt intuitiv das Wesen des Gedankens und gewissermaßen sein Verhalten, wie er einfach kommt und wieder geht. Bei unserem Ansatz versuchen wir also nicht, einen schlechten Gedanken in einen guten Gedanken zu verwandeln, sondern wir versuchen, das Wesen des Gedankens selbst zu durchschauen.

DALAI LAMA: Auch das führt zu der Frage, was Sie als das Wesen des Denkens bezeichnen.

SHARON SALZBERG: Der Denkinhalt ist in diesem Augenblick wirklich der Wandel, die Veränderung. Durch diese gedankliche Erfahrung öffnet sich das Innere für die Tatsache, daß alle erlebten Phänomene flüchtig und vorübergehend sind.

DALAI LAMA: Selbstverständlich ist diese Flüchtigkeit eine Qualität, die allen bedingten Erscheinungen zukommt. Was ist jedoch der einzigartige Charakter des Gedankens, der ihn von anderen, ebenso flüchtigen Erscheinungen unterscheidet? Ich frage deshalb so beharrlich, weil sich viele Formen der Meditation gerade mit dem Wesen des Geistes selbst beschäftigen. Wenn wir also auf diese Weise meditieren, dann sprechen wir von einer unmittelbaren Einsicht in viele Dinge, auch von einer Einsicht in das Denken selbst. Man erkennt dann, daß der Gedanke bloßes Denken ist. Was mich nun interessiert, sind die neuen Einsichten, die Sie als Ergebnis Ihrer Übungen erzielen, eine vielleicht noch nicht dagewesene Einsicht in das Wesen des bloßen Denkens. Auf welche Weise begreifen Sie das Denken im Unterschied zur gewöhnlichen Wahrnehmung des Denkens?

SHARON SALZBERG: Die Einsicht ist das Verstehen der Leere. Ebenso ein Verständnis der gegenseitigen Abhängigkeit aller Dinge. Wir sehen, daß Körper und Geist miteinander in dauernder Wechselbeziehung stehen – in einer endlosen Kette aus Ursachen und Wirkungen, die in Wirklichkeit nur zusammen die Person ausmachen. Der Grund, warum ich diesen Prozeß des Denkens so betone, ist die Tatsache, daß wir uns oft allein mit unserem Körper identifizieren und ihm Aufmerksamkeit zuwenden, obwohl doch unser Geist erheblich stärker identitätsbildend ist und deshalb mehr Aufmerksamkeit verdient. Wenn ich einmal einen bildlichen Vergleich aus der tibetischen Tradition nehmen darf: Der einsichtige Geist besitzt die Gedanken nicht, er steuert sie nicht, er sieht sie vielmehr wie Wolken durch den Himmel ziehen. Menschen wie unsere Patienten gewinnen auch nur durch ein wenig Einsicht in die nicht-konkrete Leere des Denkens ein großes Gefühl der Befreiung.

DALAI LAMA: Könnten Sie erläutern, was Sie in diesem Zusammenhang unter »Leere« verstehen?

SHARON SALZBERG: Etwas Nicht-Substantielles, etwas ohne festen Kern.

DALAI LAMA: Anatman.*

---

* Anatman ist wörtlich »Nicht-Selbst«, Ichlosigkeit. Im Buddhismus ist die Verwirklichung der Ichlosigkeit die Voraussetzung für die schließliche Erleuchtung.

SHARON SALZBERG: Ja.

DALAI LAMA: So wäre denn die Leere oder auch das Fehlen der Identität, auf die Sie sich beziehen, neben der Nichtbefriedigung und der Unbeständigkeit eines der drei Anzeichen von Existenz überhaupt?*

SHARON SALZBERG: Ja.

DALAI LAMA: Sehr gut.

SHARON SALZBERG: Diese Form der Übung ist deshalb so wirkungsvoll, weil die Menschen sie auch ohne Glauben oder religiöse Überzeugungen durchführen können. Trotzdem versuchen wir immer, die Übung mit einem sehr starken moralischen Unterton einzuführen. Auf dieser Grundlage erfahren die Menschen dann die Wahrnehmung von Ruhe, Klarheit, Empfänglichkeit und ein besseres Verstehen ihrer selbst und ihres Lebens.

DALAI LAMA: Wieviel Zeit verbringt ein Teilnehmer durchschnittlich mit diesen Meditationsübungen? Und wie lange braucht er, bis er darin einen wirklichen Nutzen findet? Konkret gefragt: Wie viele Sitzungen hält er pro Tag, und wie lange dauert eine Sitzung? Und wie lange dauert es dann, bis sich ein sichtbarer Gewinn einstellt? Eine Woche, einen Monat, vielleicht ein Jahr?

SHARON SALZBERG: Üblicherweise sitzen die Meditierenden jeden Tag ungefähr eine Stunde, wenn sie es schaffen. Ein gewisser Nutzen stellt sich unmittelbar ein, sonst würden sie wohl gar nicht weitermachen. Die Menschen kommen ja nicht mit dem Glauben an eine Wirkung zu uns, sie brauchen

---

* Die drei Anzeichen der Existenz sind grundlegende Aussagen des Buddhismus: Vergänglichkeit »anitya«, Leiden »duhkha« und Ichlosigkeit oder Nicht-Selbst »anatman«.

also eine erste angenehme Erfahrung, um überhaupt eine Art Vertrauen in die Übungstechnik zu gewinnen. Ich glaube, es dauert gewöhnlich mehrere Monate, bis sie dieses Vertrauen haben und mit den Übungen problemlos zurechtkommen.

DALAI LAMA: Was ist bei Ihnen der Unterschied zwischen den »Samatha«- und den »Vipassana«-Übungen?

SHARON SALZBERG: In den »Samatha«-Übungen nehmen wir als Gegenstand der Aufmerksamkeit eine einzelne Sache wie den Atem oder auch ein Mantra; in den »Vipassana«-Übungen dagegen erweitern wir unsere Wahrnehmung, um alle ankommenden Erfahrungen zu beobachten, ohne uns auf ein bestimmtes Objekt zu konzentrieren. Beim Vipassana betonen wir also nicht die Einheit oder das Einssein mit einem konkreten Gegenstand, sondern das veränderliche Wesen der Dinge, um in jeder Erfahrung die genannten drei Charakteristika der existierenden Welt zu erkennen.

DALAI LAMA: Das ist sehr gut. Was mich nun noch interessieren würde: Stammen die von Ihnen angewandten Meditationsübungen aus der buddhistischen Tradition Sri Lankas oder Birmas oder gehören sie keiner besonderen buddhistischen Richtung an?

SHARON SALZBERG: Sie kommen aus einer bestimmten Richtung des birmanischen Buddhismus.

DALAI LAMA: Gibt es auch in den Sutras eine Grundlage dafür?

SHARON SALZBERG: Ja, in der Satipatthana-Sutra. Eure Heiligkeit, Lee Yearley hat bereits den Philosophen William Jones zitiert, der sagt, eine Religion müsse wachsen, wie eine Pflanze wächst, oder sie müsse sterben, sie müsse aber auch das Wesentliche ihrer Tradition bewahren und schützen. Das scheint mir das Problem zu sein: gleichzeitig zu wachsen und das Wesentliche zu erhalten. Könnten Sie uns etwas darüber sagen, was in der buddhistischen Lehre der unverzichtbare Wesenskern ist und in welcher Weise sie trotzdem wachsen und sich verändern kann?

DALAI LAMA: Ich glaube, das Wesentliche ist das Mitleiden und die Weisheit, die die Leere erkannt hat. Beide gehören grundlegend zu der Wirklichkeit, der sie gegenüberstehen; sie gehören auch, als Erkenntnis und Methode, zum Pfad der Vollendung und gleichzeitig zu den Früchten des Pfades. Dies alles hat immer die zwei Aspekte des Mitleidens und der Weisheit. Wie die buddhistische Lehre wachsen soll? Da bin ich mir nicht sicher. Ich glaube, daß bei allen großen Weltreligionen der innere Kern an Überzeugungen vom allgemeinen Denken berührt wird, das sich unter dem Einfluß kultureller und sozialer Wandlungen notwendigerweise verändert. So sehen wir zum Beispiel eine Hinwendung des tibetischen Buddhismus zum westlichen, auch zum amerikanischen Buddhismus. Ich vermute, daß ebenso, wie der tibetische Buddhismus sich natürlich entwickelt hat, sich ganz natürlich auch ein westlicher und ein amerikanischer Buddhismus herausbilden werden. Aber das wird nur allmählich geschehen können.

Die klinischen Anwendungen der Achtsamkeit

JON KABAT-ZINN: Erlauben Sie mir, daß ich einen Aspekt der buddhistischen Meditationslehre, den der Buddhismus dem Westen bieten kann, in einen größeren Zusammenhang stelle. Möglicherweise spricht er sehr tiefe und ernste Bedürfnisse von Menschen an, die überall auf der Welt leiden, aus irgendwelchen Gründen jedoch weder am Buddhismus noch an einer anderen Religion interessiert sind. Sie suchen keine Erleuchtung, sondern sehr nachdrücklich eine Minderung des Leidens, ganz besonders ihrer eigenen Leiden. Das stellt uns die Frage: Gibt es eine nur dem Buddhismus eigene Erkenntnis, die wir diesen leidenden Menschen zugänglich machen können, ohne daß wir diese Erkenntnis dabei entstellen oder zerstören? Könnte sie dem Leidenden helfen, ein ganzheitlicher Mensch zu werden, der dann auch sein eigenes Leiden besser beherrscht?

Meine – in jeder Hinsicht unzureichenden – Meditationskenntnisse verdanke ich der Theravada-Tradition und dem Zen-Buddhismus. Das Trainingsprogramm, das ich Ihnen im folgenden vorstellen möchte, enthält eine ganze Reihe von Meditationspraktiken, die ich seit einiger Zeit in die herrschende Lehrmeinung der westlichen Medizin einzubringen versuche. Wenn ich dort allerdings mit einem glattrasierten Kopf erscheinen würde, in wallender Robe und Perlenketten und mit einem entrückten Singsang auf tibetisch oder in Sanskrit, dann käme das bei den meisten nicht gut an, ganz egal, wie bedeutsam die Mitteilung wäre. Das wäre also zweifellos kein sehr wirksamer oder geschickter Versuch, eine weise Erkenntnis oder das Wesen einer Praxis zu vermitteln oder sie anderen zugänglich zu machen. Heutzutage wissen viele Menschen über Meditation einigermaßen Bescheid, aber ihr Wissen ist nur bruchstückhaft. Wir wollen den Menschen beibringen, daß Meditation nicht dazu dient, ihren Kopf zu entleeren, sondern beim Erlernen der Fähigkeit hilft, die Dinge zu sehen, wie sie sind, und mit ihnen zu leben, so wie sie sind.

Ein bedeutender Wert der buddhistischen Meditation – und einer, dem das allgemeine Denken des Westens sehr fremd gegenübersteht – liegt in der Eigenschaft der Stille. Sie haben sicher bemerkt, daß wir im Westen dauernd wie wild herumlaufen. Besonders die Amerikaner haben diese Dauerbewegung zu einer hohen Kunst entwickelt. Wir sind immer mit irgend etwas beschäftigt, abends fallen wir dann völlig erschöpft ins Bett, stehen anderntags auf und rennen schon wieder los. Auch ohne tiefschürfende Selbsterkenntnis stellen wir sehr oft fest, daß wir gar nicht mehr wissen, wer da fortwährend so aktiv ist. Nicht selten fühlen wir uns völlig abgeschnitten von unseren eigenen Erlebnissen und Empfindungen. Wir werden angetrieben von unserem Innern, durch unsere Gedanken, Erwartungen, Ängste oder auch von dem

Wunsch, nicht da zu sein, wo wir sind. Wenn wir immerzu irgendwo anders sein wollen, dann sind wir eigentlich nie da, wo wir gerade sind, wir leben genaugenommen nur halb. Durch diese derart unzureichende Aufmerksamkeit sind wir auch unfähig, mit immer wieder auftauchenden Belastungen und Schwierigkeiten fertig zu werden. In einer bedrohlichen oder streßigen Situation werden unsere Reaktionen zu automatischen Reflexen. Die tieferen Schichten unseres Bewußtseins und unserer Erkenntnis, die einen vollen und klaren Blick verlangen, sind uns hinter dieser Nebelwolke in unserem Innern gar nicht mehr verfügbar.

Das gleiche trifft aber auch auf den Körper zu. Wir haben hier schon darüber gesprochen: Viele Menschen haben kein tieferes Verständnis für ihren Körper mehr oder zumindest erst dann, wenn mit ihm etwas nicht stimmt. Dann regen sie sich auf und rennen zu einem Experten, der alles wieder gutmachen soll; aber genau das kann er oft nicht. Die westliche Medizin hat in den letzten zwanzig Jahren bemerkenswerte technische Fortschritte gemacht, aber sehr viel davon spielt nur in der Diagnostik eine Rolle. Man kann uns sagen, wo das Problem liegt, aber damit ist es noch nicht gelöst. Die Therapie hinkt der Diagnose hinterher.

Wir dachten uns nun, es wäre doch eine gute Idee, eine Spezialklinik aufzubauen auf der Grundlage eines Achtsamkeitstrainings, gerade im Kontext eines westlichen Großklinikums. Ein Krankenhaus zieht ja das Leiden an wie ein Magnet. Daher erschien es uns nicht ungeschickt, hier ganz andere Begriffe einzuführen, nämlich Stille, klares Sehen, Achtsamkeit und den Übergang vom andauernden Herumrennen zu einem mehr nach innen gerichteten Leben. Wir sagten uns: Wenn wir den Patienten zu ihrer medizinischen Behandlung etwas anderes als Zugabe bieten, dann heilen ihre Leiden vielleicht auf eine Weise, die eine medizinische Behandlung gar nicht leisten kann. Ein solches Programm könnte den Patienten auch dazu verhelfen, die Behandlungsvorschriften genauer zu erfüllen, was gar nicht so leichtfällt, wenn das Innere in erregter Aufruhr ist und die Welt anders haben möchte, als sie ist.

Ich stelle Ihnen zuerst kurz die Grundlagen und die Struktur unserer Klinik vor, die den langen Namen trägt: Stress Reduction and Relaxation Program am University of Massachusetts Medical Center in Worcester. Dabei will ich erläutern, auf welche Weise wir dort Meditationspraktiken einsetzen. Danach möchte ich Ihnen gern einige Therapie-Ergebnisse bei sehr ernsten Erkrankungen schildern sowie die sich daraus ergebenden Folgerungen – nicht nur für die Symptome von Krankheiten, sondern auch für das innere Wachstum, die Entwicklung eines Menschen. Zum Schluß werde ich zeigen, wie wir versuchen, diese Grundgedanken der Achtsamkeit, des klaren Sehens und der Nicht-Aktivität in die umfassende Arbeit des Klinikums zu integrieren, und zwar nicht nur hinsichtlich der Patienten, sondern auch in der Fortbildung der Ärzte und im medizinischen Studiengang. Wir lehren sie, empfänglicher und aufmerksamer zu sein, und beeinflussen damit ihre Beziehung zum Patienten.

Ein berühmter Arzt sagte einmal, das Wichtigste in der Patientenversorgung sei die Sorge um den Patienten. Aber der Patient geht in einem großen Krankenhaus oft verloren, er fällt gewissermaßen durch die Lücken des Systems, speziell der chronisch Kranke. Unsere Klinik bietet diesen Menschen ein Sicherheitsnetz, das sie auffängt und ihnen noch einmal eine Chance bietet, bevor sie aus der Behandlung gänzlich herausfallen. Die Chance liegt im Angebot, in einer tieferen Bewußtseinsschicht herauszufinden, wie sie sich selbst helfen können. Bis dahin haben sie von allen möglichen anderen Leuten Hilfe erbeten; wir fragen jedoch: »Haben Sie schon an Ihre inneren Kräfte gedacht, vielleicht sogar an eine weise Erkenntnis, die schon in Ihrem Körper und in Ihrem Geist bereitliegt? Wenn Sie diese Energie entdecken und entwickeln können, dann könnten Sie vielleicht – mit der Hilfe Ihrer Ärzte – auf ein höheres Niveau von Gesundheit und Heilung gelangen.« Damit meinen wir nicht einfach ein Kurieren, sondern ein Heilen. Das Kurieren macht irgendwie mit einem Zauberstab alles besser, aber das Heilen verändert Körper und Geist in ihrer Tiefenschicht. Die Wahrnehmung der Krankheit ändert sich, und man kommt anders damit klar. Sogar wenn man einen Arm oder ein Bein verloren hat, kann man immer noch – in einem tieferen Verständnis – ein vollständiger Mensch bleiben. Das zu erreichen ist nicht leicht, aber möglich. Ein menschliches Wesen kann einsehen, daß Ganzheit, Vollständigkeit und Gesundheit nicht zwangsläufig damit verbunden sind, daß es zwei Beine und zwei Arme hat oder sogar daß es frei von Krebs und Aids ist. Wir sind der festen Überzeugung, daß ein Mensch, der atmet und lebt, viel mehr Richtiges als Falsches an sich hat. Wir fordern unsere Patienten dazu heraus, sich auf das zu konzentrieren, was bei ihnen in Ordnung ist, wobei sich die Ärzte um das kümmern sollen, was nicht stimmt.

In der Satipatthana-Sutra hören wir die schlichte aber tiefe Botschaft Buddhas, daß der Pfad der Wahrheit keine hochkomplizierte Sache ist, daß die Kraft in der Einfachheit liegt und alle Meditation wesentlich Achtsamkeit bedeutet. Davon gehen wir in unserer Klinik aus: Achtsamkeit ist für uns ein sehr starkes Mittel der Heilung für Leiden aller Art. Wir nehmen an, daß Achtsamkeit sowohl innerhalb wie außerhalb einer buddhistischen Kultur heilen kann. Die Frage ist nun: Können wir das auch beweisen in einer nichtbuddhistischen Umgebung, die von der im Westen geltenden Lehrmeinung beherrscht ist?

Unsere Klinik ist ein Teil des Medical Center der University of Massachusetts (UMMC), einer großen medizinischen Universitätsklinik. Das Medical Center hat 400 Betten für stationäre Kranke und versorgt täglich mehrere tausend ambulante Patienten. Es ist eine recht junge Fakultät, die erst 1970 gegründet wurde; das erklärt vielleicht, warum unsere Arbeit dort überhaupt möglich war: Wenn Institutionen wachsen, entwickeln sie sozusagen ihre eigene »Sklerose«, Versteifungen und Haltungsschäden, und sind damit nicht mehr offen für neue Ideen. Das Medical Center ist übrigens auch eine Klinik für posttraumatische Störungen; von weither werden solche Patienten mit dem Hubschrauber eingeflogen. Man könnte fast sagen, das Leiden ist hier nicht nur auf die Patienten beschränkt, auch das Personal steht unter hohem Streß.

Streß gehört heute für die meisten Amerikaner zum Leben. Das ist für sich genommen noch nicht schlecht. Nicht so sehr der Streß ist unser Problem, sondern wie wir damit umgehen. Das hängt natürlich davon ab, als was wir ihn ansehen, und dies wiederum davon, daß wir ihn überhaupt sehen. Viele Menschen bemerken ihren Streß gar nicht, sie fühlen ihn ebensowenig wie der Fisch das Wasser sieht, in dem er schwimmt. Wir machen uns nicht klar, wieviel Streß in unserem Leben ist, wir leben mechanisch vor uns hin, mit einer Art automatischer Steuerung. Unser Inneres ist in ständiger Erregung, es lebt mit Erinnerungen in der Vergangenheit oder mit Plänen in der Zukunft, aber selten in der reinen Gegenwart.

Obwohl wir hier den Begriff »Streß« recht häufig benützen, hat ihn noch niemand ordentlich definiert. Und doch mag ich ihn, weil er so vieles umfaßt, also auch alle möglichen Arten des Leidens. Eigentlich weiß keiner genau, was eine Stress Reduction Clinic ist, aber jeder sucht sie gern auf. Wissenschaftlich gesprochen ist »Streß« ein unhandliches Wort, weil es zweierlei bedeutet, und zwar erstens den Reiz, der das Problem schafft, und zweitens die Reaktion, also das eigentliche Problem. Eine gängige Definition lautet: Streß ist die Reaktion des Organismus auf alle Belastungen und Anforderungen, an die er sich anpassen muß. So kann demnach alles zu Streß führen, es muß aber nicht. Es kommt darauf an, ob die Belastung eine Veränderung erzwingt oder nicht. Natürlich ist jede Veränderung mit Streß verbunden, da sie eine Anpassung erfordert. Wenn ein Tier in seinem Lebensraum plötzlich keine Nahrung mehr findet, wird es entweder sterben oder anderswo auf Nahrungssuche gehen. Die Ortsveränderung ist die Anpassung, die das Tier zum Weiterleben befähigt. Die meisten unserer Streßfaktoren sind mentaler Art, aber auch sie verlangen von uns, daß wir uns ändern oder anpassen. Ein Todesfall in der Familie ist ein gewaltiger Verlust, also ein sehr großer Streß, und auf irgendeine Weise müssen wir uns der neuen Situation anpassen, indem wir den Verlust bearbeiten und damit zurechtkommen. Ohne diese Anpassung geht dem Organismus seine Harmonie verloren. Nach dem Tod eines Angehörigen können sogar das Nerven- und das Immunsystem der übrigen Familienmitglieder durcheinandergeraten. Nach einer gewissen Weile jedoch erholen sie sich, die Zeit heilt alle Wunden, und sie finden ihr inneres Gleichgewicht wieder. Wenn jemand allerdings sehr viele Streßsituationen erlebt, kommt er bald an den Punkt, wo ihn die Angst nicht mehr verläßt und die Gesundheit zusammenbricht.

Das Streß-Abbau- und Entspannungsprogramm

Unser Programm hat die Form eines Unterrichts. Wenn einer ein neues Leben beginnen möchte, können wir ihm nicht sagen: »Sie haben zu viel gearbeitet, Sie müssen Ihr Leben ändern, entspannen Sie sich einfach!« Wenn die Menschen wüßten, wie sie sich entspannen sollen, dann wären sie wohl gar nicht erst zum Arzt gegangen. Man muß es ihnen also beibringen. Man muß die Tiefenschicht eines Menschen ansprechen und ihm dann Zeit lassen, innerlich zu wachsen, auch herumzuprobieren, so daß er dann wiederkommt und weiterführende Fragen stellt. Wir dachten uns, eine Art Unterricht sei der beste Weg dahin. Am Anfang könnte ein Achtsamkeitstraining stehen, auch als roter Faden durch die nachfolgenden Übungen. Sharon erwähnte es bereits: Auch wenn jemand noch so begabt für Achtsamkeit ist, wie geschickt er sein mag, Ruhe und Stille und Entspannung herzustellen – solange das alles nicht übergreift in den Alltag, ergibt sich keine Erkenntnis, keine Weisheit. Es ist ziemlich unsinnig, daß jemand eine Stunde lang wie Buddha dasitzt, wenn er sein ganzes übriges Leben lang unbeherrscht wie ein rasender Stier ist. Man macht sich sehr leicht vor, ein Meditationskünstler zu sein, und hat doch keinerlei Wahrnehmung für Schwierigkeiten in der Arbeit oder in der eigenen Familie. Wir sind überzeugt, daß Achtsamkeit im Alltag für das Meditationstraining von höchster Bedeutung ist.

Das Lernziel des Kurses ist die Fähigkeit, besser auf sich

selbst achtzugeben und, soweit als möglich, zu einer umfassenderen Gesundheit und einem höheren Wohlgefühl zu gelangen. Das ist kein Ersatz für eine medizinische Behandlung, sondern eine Ergänzung dazu. In diesem Zusammenhang spielt es eine wichtige Rolle, daß unsere Klinik in der allgemeinmedizinischen Abteilung und nicht in der Psychiatrie untergebracht ist. Denn sehr oft, wenn ein praktischer Arzt einen streßgeplagten Menschen behandelt und nichts Bestimmtes bei ihm findet, überweist er ihn zum Psychiater. Das kann nur bedeuten, daß der Patient geistig nicht in Ordnung ist. Und das kommt natürlich daher, daß im Westen der Geist als vom Körper getrennt angesehen und deshalb auch woanders behandelt wird, in unserem Krankenhaus auf der achten Etage. Aber viele Menschen reagieren unwillig auf ein derartiges Verfahren. Sie empfinden ihre Schmerzen nicht im Geist, sondern im Körper und wollen deshalb nicht gleich für verrückt erklärt werden. Da wir unsere Klinik innerhalb der Allgemeinmedizin aufgebaut haben, kann der Patient erkennen, daß eine ganzheitliche Sicht von Körper und Geist ein wesentlicher Bestandteil seiner Therapie ist – Grundlage einer künftigen, sich im Westen erst entwickelnden Medizin. Selbstverständlich sprechen auch wir aus rein praktischen Gründen getrennt über Körper und Geist, und tatsächlich gibt es zwischen ihnen wesentliche Unterschiede. Wenn wir jedoch nicht einsehen, daß die beiden in ihrer Tiefenschicht identisch sind, dann schaffen wir uns neue Probleme. Auf der einen Waagschale liegt die außerordentlich starke und überaus glänzende Apparatemedizin mit Röntgenschirmen, Computertomographie, chirurgischen Eingriffen und allen möglichen Medikamenten. Auf der anderen Seite haben wir eine Verhaltens- oder Körper-Geist-Medizin, die die Kraft des Inneren und all das weckt, was ein Mensch für sich selbst tun kann. Je mehr Geld in die Apparatemedizin fließt, um so mehr Energie müssen wir auch auf die andere Seite verwenden, damit die Medizin ihr Gleichgewicht behält.

In unserer Klinik gehen wir auf eine Weise vor, die sich deutlich vom allgemeinmedizinischen und psychiatrischen Ansatz unterscheidet, aber auch von der buddhistischen Lehre. In der Medizin, wie auch in der Psychiatrie, ist der erste Schritt immer die Diagnose und dann die Bestimmung der richtigen Behandlung. Ähnlich ist es auch beim Meditationstraining: Jemand bittet seinen Meister um einen Rat, und die Antwort betrifft das, was diesem Schüler fehlt, und kann deshalb nicht für jeden gültig sein. Dagegen haben wir beim Meditationsunterricht in der Streß-Reduzierung ein anderes System eingerichtet, eine ganz andere Gewichtung von allgemeinen gegenüber spezifischen Interventionen. Wir bieten den Patienten ein allgemeines Training in großen Gruppen und konzentrieren uns dabei nicht auf ihre persönlichen Einzelprobleme, sondern darauf, was an Gutem und Richtigem ihnen allen gemeinsam ist. Sie haben viele verschiedene Krankheiten, ihre eigenen Familienprobleme, ihre genetischen Veranlagungen, individuellen Schwierigkeiten am Arbeitsplatz und natürlich ihren eigenen behandelnden Arzt, der sich um die Einzelheiten der medizinischen Behandlung kümmert. Wir dagegen bringen ihnen allen das gleiche bei, nämlich Aufmerksamkeit – mit anderen Worten: achtsam zu sein, sich einzustimmen.

Natürlich schenken wir unseren Patienten auch individuelle Beachtung und modifizieren die Kursanweisungen je nach speziellen Bedürfnissen und persönlichen Umständen. Wir haben da nicht einfach eine seelenlose Fabrik, in der wir jedes private Problem übersehen; aber uns kommt es auf etwas anderes an, nämlich das anzusprechen, was alle gemeinsam haben. Wir führen zu Beginn mit jedem Patienten, der zu uns kommt, ein Einzelgespräch als Aufnahme-Interview, um spätere Lernfortschritte bewerten zu können, ebenso zur Dokumentation einer langfristigen Nachbetreuung. Bei diesem Einzelgespräch interessiert uns die Lebensgeschichte der Patienten, aber auch, welche Einstellung sie zu ihrem Körper und zu ihrer Krankheit haben. Wir versuchen, jedem Menschen aufmerksam zuzuhören und seine persönliche Lage mit dem nötigen Mitgefühl nachzuempfinden. Dann sagen wir ihm, was er bei uns erwarten kann. Die meisten verstehen uns erst einmal nicht, wenn wir ihnen sagen, wir unterrichten Meditation oder Achtsamkeit, aber sie haben die Wahl, mitzumachen oder nicht. Neunzig Prozent der Interviewten entscheiden sich für die Teilnahme am Unterricht.

Der Kurs dauert acht Wochen. Die Patienten kommen einmal pro Woche zu uns, jedesmal zweieinhalb Stunden lang. Dreißig Personen, die im Kreis sitzen, bilden eine Klasse. Sie haben auch Hausaufgaben, und zwar täglich 45 Minuten Meditationsübungen, an sechs Tagen pro Woche. Bei besonders guten Leistungen bekommen sie einen Tag schulfrei. Wir sagen ihnen jedoch nicht bloß, sie sollten heimgehen und das üben, was sie im Unterricht gelernt hätten, sondern wir geben ihnen zur Anleitung Audiokassetten nach Hause mit. Die Hausaufgabe besteht darin, die eine Seite der Kassette viele Male zu wiederholen. Wir verlangen nicht, daß ihnen das unbedingt gefällt, sie sollen es einfach tun. Daneben gibt es auch einige Achtsamkeitsübungen in Form einer schriftlichen Notierung von Gedanken und Gefühlen.

Täglich eine Dreiviertelstunde einfach nichts zu tun, ist für viele eine gewaltige Umstellung. In der buddhistischen Lehre ist die meditative Ruhe ein hoher Wert, da der Mensch sie erkennbar braucht, um seine bruchstückhafte Existenz zu überwinden und Ganzheit zu erreichen. In meinem Land dagegen ist es geradezu unamerikanisch, von jemandem zu verlangen, er solle 45 Minuten lang einfach nur dasein.

Unsere Patienten kommen zu uns, weil ihr Arzt ihnen gesagt hat, daß sie lernen müßten, mit Streß besser umzugehen. Sie kommen nicht zum Zweck der Erleuchtung oder weil sie Meditation oder Yoga üben wollen. Sie sind jedoch dazu bereit, weil wir es ihnen als ein Abenteuer erklären, als Chance, etwas ganz Neues zu erfahren, eine frische Quelle der Vitalität.

In der sechsten Kurswoche stehen dann acht Stunden meditative Schweige-Exerzitien auf dem Programm. Wir veranstalten das mit einer Gruppe von 150 Personen, und alle nehmen gleichzeitig daran teil. Vier Kursleiter bereiten die Teilnehmer auf die Exerzitien vor und stellen ihnen auch Hilfen zur Verfügung, wenn die Gruppe einen ganzen Tag lang schweigende Achtsamkeit übt, nicht nur im Sitzen, sondern auch im Herumgehen und beim Essen, und zwar ohne jeden

Blickkontakt. Für die Menschen des Westens ist so etwas ausgesprochen ungewöhnlich, insbesondere wenn sie vorher noch nie meditiert haben. Für viele ist es das erste Mal im Leben, daß sie acht Stunden lang wach sind und in dieser Zeit nicht sprechen.

Die Achtsamkeit und der »geistige Anfänger«

Gewisse Charakteristika der Achtsamkeit sind uns besonders wichtig: Urteilslosigkeit, Geduld, Hinnahme und Vertrauen. Großen Wert legen wir auch auf Wunschlosigkeit und Loslassen sowie auf eine innere Haltung, die wir den »geistigen Anfänger« nennen.

Die Grundlagen von Urteilslosigkeit, Geduld, Hinnahme und Vertrauen unterrichten wir allerdings nicht in der gleichen Weise, wie dies in den Sutras geschieht. Statt dessen führen wir sie gewissermaßen zwanglos und beiläufig ein, wenn wir jede Woche die Hausaufgaben und die Meditationsübungen besprechen. Diese Besprechungen sind jedoch sehr ausführlich. Wir reden dabei eingehend über urteilsfreie Selbstbeobachtung. Schon in der Besprechung nach der ersten Woche zeigt sich, daß einige Teilnehmer in den Meditationsübungen eine tiefe Entspannung erfahren haben und darüber freudig erregt sind, wohingegen andere nichts als Anspannung und Schmerzen empfinden oder schon beim ersten Meditationsversuch einschlafen. Wenn diese nun sich selbst bewerten und sich für nicht gut genug halten, dann erinnern wir sie daran, daß ihre Arbeit nur darin besteht, zu beobachten, deutlich zu sehen, nicht aber zu beurteilen. Ebenso ermahnen wir sie zur Geduld, indem wir ihnen sagen: »Daß jemand schon in der ersten Woche eine tiefe Erfahrung hatte, heißt überhaupt nicht, daß das im gleichen Tempo weitergehen muß. Machen Sie einfach einen Schritt nach dem anderen!«

Ähnlich bringen wir ihnen dann auch Hinnahme und Vertrauen nahe – Vertrauen nicht zu ihrem Lehrer oder dem

Dalai Lama oder einer anderen Autorität, sondern Vertrauen zu ihrem eigenen inneren Wesen. Dies scheint uns deshalb wichtig, weil Menschen im religiösen Denken sehr oft jemand anderen zum Helden erhöhen und sich selbst vor ihm klein machen. Es ist uns wichtig, daß die Menschen für ihr Leben Verantwortung übernehmen, statt sich einer fremden Autorität zu unterwerfen und ihre eigenen kreativen Kräfte lahmzulegen.

Das Nichtverlangen nimmt ebenfalls einen großen Teil der Achtsamkeitsübungen ein. Auch diese innere Haltung, einmal nicht zu drängeln, um etwas zu erreichen, ist ausgesprochen unamerikanisch. Wir haben dreißig Menschen vor uns, alle zusammen in einem Raum, und jeder hat sein spezielles Problem. Der eine möchte seinen Blutdruck senken, die andere ihr Kopfweh loswerden, der dritte hat Aids, bedrückt vom Gedanken an den nahenden Tod oder auch an seine Familie, die ihn enterbt hat. Jeder hat irgendwelche Schmerzen, in der Seele ebenso wie im Körper. Wir sagen den Patienten gleich zu Beginn ausdrücklich: »Nachdem Sie jetzt zu uns gekommen sind mit ihren Beschwerden, möchten wir gern, daß Sie vorerst nichts beurteilen. Versuchen Sie in den nächsten acht Wochen auch nicht, ihr Problem verschwinden zu lassen. Unternehmen sie dazu am besten überhaupt nichts. Machen Sie einfach Ihre Hausaufgaben und sehen zu, was dabei geschieht. Am Ende des Kurses können sie uns dann sagen, ob er Ihnen geholfen hat oder nicht. Aber wir werden nicht versuchen, Ihren Blutdruck zu senken oder Ihnen den Schmerz aus dem Körper herauszunehmen. Also: Keine falschen Erwartungen, kein Verlangen.« Wir sagen das auch manchmal knapper so: »Wir bringen Ihnen bei, wie Sie so entspannt sein können, daß Ihre Anspannung ganz in Ordnung ist.«

Schließlich bemühen wir uns, den Menschen ein Gefühl dafür zu geben, was wir unter einem »geistigen Anfänger« verstehen, nämlich die innere Haltung, daß jeder Augenblick ein ganz neuer Augenblick ist. Wir halten es für keine gute Idee, daß jemand meint: »Ich bin bereits dort angekommen!«, nur weil er einige Zeit meditiert hat. Sowohl das »Ich«

wie das »dort« schaffen dabei nur abermals Schwierigkeiten. Es ist für den Patienten wichtig, sich hierbei ein Gefühl von Neuheit und Frische zu erhalten und gerade nicht zu denken: »Das kenne ich doch alles schon!« oder auch: »Jetzt habe ich drei Wochen mitgemacht, jetzt weiß ich, was Meditation ist.« Die gemachten Erfahrungen mögen gut, schlecht oder irgend etwas dazwischen sein, auf keinen Fall sollen sie in die Zukunft übertragen werden. Der Teilnehmer soll also nicht denken: »Weil ich heute gut meditiert habe, werde ich auch morgen gut meditieren.« Für die meisten Menschen im Westen ist diese Haltung eines Daseins im rein gegenwärtigen Augenblick sehr neu und fremdartig. Ich darf hinzufügen, daß sie besonders schwer zu erreichen ist für Intellektuelle und Wissenschaftler, also Menschen, die ihren Lebensunterhalt mit Denken verdienen.

Mit Loslassen meinen wir die Fähigkeit, etwas klar zu erkennen, ihm aber nicht nahekommen zu wollen. Wir unterscheiden zwischen Loslassen und Wegschieben, wobei Loslassen bedeutet, die Dinge für sich sein zu lassen, also eigentlich Nicht-Anhaften.

Ich glaube, diese Eigenschaften, das Loslassen, der »geistige Anfänger«, das Nichtverlangen und die Urteilslosigkeit, führen bei einiger Übung zu einer bestimmten Art Erkenntnis. Man kann zum Beispiel unwissentlich an etwas haften; aber die Achtsamkeit ermöglicht es, dieses Anhaften zu erkennen. Selbst wenn man dann noch kein Loslassen praktiziert, so ist die auf das Anhaften gerichtete Achtsamkeit schon eine tiefere Erkenntnis.

Andere Fähigkeiten unterrichten wir nicht ausdrücklich, sie sind aber eingebettet in unsere eigene Lebensart, in unsere Verhaltensweisen. Dazu gehören insbesondere Großzügigkeit, Mitgefühl und teilnehmende Mitfreude. Wir sprechen eher ungern von Mitleiden, was ohnehin im Westen recht gestelzt klingt; wir versuchen statt dessen, diese Eigenschaft durch unser Verhalten den Patienten gegenüber zu verdeutlichen. Wenn ein Teilnehmer im Unterricht gerade eine Krise durchmacht oder ins Weinen kommt, dann gibt es verschiedene Möglichkeiten einer mitfühlenden Reaktion. Ein Lehrer, der in einem solchen Augenblick mehr aus seinem Herzen handelt als mit dem Kopf, ist mit Sicherheit ein guter Lehrer. Die genannten Fähigkeiten werden also am besten dadurch gelehrt, daß man sie selbst verkörpert. Im medizinischen Versorgungssystem des Westens trifft dieser Gedanke auf wenig Verständnis. Hier werden vielmehr therapeutische Techniken gesucht, gefunden und dann im Bedarfsfall auf einen Menschen angewandt, zum Beispiel eine Tablette oder eine Injektion verabreicht. Es ist beileibe kein allgemein akzeptierter Grundsatz, daß ein Psychotherapeut, der Entspannung oder Meditation lehrt, auch selbst diese Übungen machen muß. Dem Arzt oder dem Therapeuten, denkt man, fehlt ja nichts. Es ist der Patient, der ein Problem hat, der sein Medikament einnehmen muß. Von dieser Denkweise sind wir in unserer Klinik weit entfernt. Es würde uns nicht einfallen, jemanden als Lehrkraft anzustellen, der nicht selbst seit Jahren – auf welche Weise auch immer – meditiert hat und intensive, praktische Erfahrungen etwa mit Exerzitien hat. Auf der anderen Seite finden wir oft Menschen, die zwar schon jahrelang Meditation praktizieren, aber aus verschiedenen Gründen fü eine Lehrtätigkeit ungeeignet sind. Es gibt nur selten Menschen, die wirklich fähig sind, die genannten Eigenschaften zu unterrichten.

Ich sagte schon, daß ein großer Teil unseres Unterrichts darin besteht, die Teilnehmer vom Tun zum Nicht-Tun, zu einem gewissen Maß an geistiger Ruhe und Stabilität zu bewegen. Wir gebrauchen dabei oft das folgende Sinnbild: Der Geist des Menschen ist wie die Oberfläche des Wassers; wenn ein starker Wind weht, wird sie aufgewühlt. Die meisten Menschen denken nun fälschlich, sie sollten die aufgewühlte Wasseroberfläche zum Verschwinden zwingen, so als ob sie ruhiger würde, wenn sie eine große Glasplatte auf die Wellen legten. Wir zeigen ihnen in diesem Bild einen anderen Weg: Sie sollten einfach ein paar Meter unter die Wasseroberfläche tauchen und die unruhigen Wellen da lassen, wo sie sind. In der Beobachtung der Wellen aus der Ferne lernen sie die Berührung mit einem Gefühl der Ruhe, die immer schon in ihnen ist. Sie müssen sie nicht erst herbeiführen, sie ist schon da. Sie brauchen nur ein wenig Geschick, um mit ihr in Berührung zu kommen. Der Sinn unserer Übungen liegt also darin, diese Ruhe gerade nicht zu einem Lernziel zu machen.

Das bisher Gesagte ist nur eine etwas umständliche Feststellung der Tatsache, daß Meditation im Westen irrtümlicherweise als eine bestimmte Technik oder ein Bündel verschiedener Techniken angesehen wird. Mein Verständnis ist ein anderes: Meditation im weiteren Sinn ist eine bestimmte Lebensweise, die Fähigkeit, Achtsamkeit als Eigenschaft des eigenen Lebens zu verallgemeinern. Es kommt nicht darauf an, zu bestimmten Zeiten die persönliche Aufmerksamkeit irgendwie zu manipulieren. Vielmehr entwickelt man eine fortgesetzte Achtsamkeit, die das gesamte Leben zum Ausdruck einer Meditationspraxis macht. Ganz gleich, ob etwas Erwartetes oder etwas Unerwartetes geschieht, Gutes oder Schlechtes, man kann ihm immer mit der gleichen Achtsamkeit begegnen, mit klarem Blick und leidenschaftslosem Nicht-Anhaften. Dabei tut man eigentlich nicht etwas, es ist eher ein Nicht-Tun.

Meditationstechniken

Nachdem ich nun erklärt habe, daß Meditation kein technisches Verfahren ist, möchte ich gern die drei wichtigsten Unterrichtsverfahren in unserer Klinik erläutern. In allen dreien wird die Atmung als zentraler körperlicher Wahrnehmungsgegenstand herangezogen, als Grundlage und Ausgangspunkt für die Bewußtmachung des eigenen Körpers.

Das erste der drei Verfahren ist die sogenannte »Körper-Abtastung«. Zu uns kommen viele Menschen mit Rückenschmerzen und viele ältere Menschen auf Krücken oder im Rollstuhl; sie alle müssen deshalb nicht in der vollendeten Lotus-Position sitzen. Wenn wir das von ihnen verlangten, kämen sie nicht mehr zum Unterricht. Es würde auch den falschen Eindruck erwecken, daß der Lotus-Sitz der einzige Weg zu einer richtigen Meditation ist. So lassen wir die Teilnehmer sich hinlegen, möglichst auf dem Rücken. Wir bitten sie, ihren Atem zu spüren und dabei ihre Wahrnehmung darauf gerichtet zu halten. Diese Übung beginnt mit dem Bauch. Nach einiger Zeit verschieben sie dann ihre Wahrnehmung in die linken Zehen. Sie versuchen ganz einfach, ihre Aufmerksamkeit auf diesen oder jenen Körperteil zu richten und ihn dann mit ihrer Atmung zu verbinden. Während sie einatmen, verfolgen sie – so gut sie können – im Geist den Weg des Atems, von der Nase angefangen bis in die Zehen. Dann folgen sie ihm auf dem Weg zurück. Auf diesem Rückweg nach außen stellt sich das Gefühl ein, als wäre der Körper nicht mehr da, als würde er viel durchsichtiger. Bei jedem Ausatmen lassen sie die Anspannung im jeweiligen Körperteil los. Wenn die Anspannung auf diese Weise mit herausfließt – gut; wenn sie nicht herausfließt – auch gut. Die Menschen fühlen verschiedene Körperempfindungen, richten ihre Aufmerksamkeit auf sie und atmen im Gleichklang mit ihnen. Wenn die Empfindung stark ist, so stellen sie die Stärke fest; wenn sie schwach ist, stellen sie ihre Schwäche fest. Ist sie irgend etwas dazwischen oder können sie sie nicht finden, so stellen sie fest, daß sie sie nicht finden können. Mit anderen Worten, wenn keine Empfindung da ist, dann stimmen sie sich auf ein Nicht-Empfinden ein. Sie können sich also gar nicht verlaufen.

Als nächstes bewegen sie ihre Wahrnehmung das linke Bein herauf und jetzt allmählich durch den ganzen Körper, sowohl in seiner Tiefe, als auch auf seiner Oberfläche. Das ist eine ziemlich lange Reise. Sie dauert etwa 45 Minuten, und jeden Augenblick bemerken sie etwas und lassen es los, Sehen und Loslassen, Sehen und Loslassen, immer wieder. Das Ganze machen sie sechs Tage pro Woche und jeden Tag eine Dreiviertelstunde lang.

Diese Patienten haben alle irgendwelche ernsten körperlichen Beschwerden, und sie machen sich starke Sorgen um den kranken Körperteil. Während der beschriebenen Körper-Abtastung lernen sie, jeden Körperteil, und zwar einschließlich des kranken, als reinen Wahrnehmungsgegenstand zu erfahren. Sie lernen, die Erfahrung in diesem Augenblick anzunehmen, und lassen sie im nächsten Augenblick schon wieder los, während sie sich im Geist zu einem anderen Körperteil begeben.

Viele Menschen haben seit ihrer Kindheit nie mehr das tiefe Gefühl gehabt, sich in ihrem Körper wohlzufühlen. Deshalb passiert es uns in diesem Anfangsstadium immer wieder, daß die Teilnehmer sich so entspannen, daß sie einschlafen. Viele kommen aber auch nicht weiter als bis zur linken großen Zehe oder bis zum Knie. Wenn sie einmal gelernt haben, nicht einzuschlafen, sondern ihre volle körperliche Wahrnehmungsfähigkeit aufrechtzuerhalten, dann berichten sie uns oft von sehr tiefreichenden Entspannungserfahrungen, die sie vorher noch nie hatten. Das ist der eigentliche Grund für unsere Anwendung der »Körper-Abtastung«. Im übrigen ist das eine sehr aktive Angelegenheit, bei der man immer etwas tun muß und der Geist dauernd beschäftigt ist.

DALAI LAMA: Wir kennen eine gut vergleichbare Übung im Guhyasamaja-Tantra, die Vajra-Rezitation. Der Unterschied liegt darin, daß dort die bildliche Vorstellung der Energiekanäle eine Rolle spielt, während in der von Ihnen beschriebenen Übung keine solche Visualisierung vorkommt. Man sagt sogar, daß erfahrene Meditationspraktiker mit der Vajra-Rezitation manche Krankheiten heilen können, zum Beispiel Augenkrankheiten.

JON KABAT-ZINN: Ich bin sicher, wir würden alle gern mehr über diese Praxis erfahren.

DALAI LAMA [lachend]: Um sie aber zu praktizieren, muß man die Erleuchtung empfangen haben.

JON KABAT-ZINN: Wenn das so ist, dann fahre ich erst einmal mit unserer nächsten Übung fort, der Sitz-Meditation.

Unsere Teilnehmer stellen bei den Wahrnehmungsübungen mit der Atmung gleich zu Anfang fest, daß es gar nicht so leicht ist, die Aufmerksamkeit auf den Atem gerichtet zu halten. Daß der menschliche Geist ein Eigenleben führt, ist ein ziemlicher Schock für einen ganz normalen Menschen, aber auch eine wichtige und weiterführende Entdeckung. Die geistige Aufmerksamkeit bleibt nicht schon deshalb auf den Atem konzentriert, weil der Mensch es so beschlossen hat. Wenn sich die Teilnehmer dann aber mühelos mit dem Auf und Ab ihrer Atmung zu bewegen gelernt haben, ohne Bewertung und Urteil, Augenblick nach Augenblick, dann erweitern wir das Wahrnehmungsfeld, so daß es den ganzen Körper einschließt. Das ist dann kein bloßes »Abtasten« mehr, sondern ein Gewahrwerden des Körpers als Einheit. Falls ein Teilnehmer in einer Körperpartie starke Schmerzen oder auch ein nichtbearbeitetes emotionales Problem empfindet, so steht es ihm frei, seine gesammelte Aufmerksamkeit darauf zu richten. Wenn es dagegen nichts gibt, was sich auf solche Weise vordrängt und Beachtung verlangt, dann konzentriert er sich auf die Erfahrung seines Körpers als Einheit und, soweit wie möglich, einer vollständigen Einheit, der in diesem Augenblick nichts fehlt. Das heißt auch, daß er seinem Körper nichts hinzufügen oder ihn reparieren muß. So wie er ist, ist er in Ordnung.

Ich denke, ich muß an dieser Stelle kurz auf die hier zugrundeliegenden Begriffe von Krankheit und Gesundheit eingehen. Bei uns ist es mit diesen zwei Begriffen fast so wie mit Geist und Körper. Eigentlich wissen wir nicht genau, was wir mit Krankheit meinen, obwohl sich die medizinische Forschung im Westen überwiegend mit Krankheit beschäftigt; die Erforschung der Gesundheit wird bei uns nicht finanziert. Vielleicht nehmen wir einfach an, Gesundheit sei das Fehlen einer Krankheit, aber so eindeutig ist das auch nicht, da es offensichtlich verschiedene Abstufungen oder Dimensionen der Gesundheit gibt. Die Gesundheit eines Zwanzigjährigen ist anders als die Gesundheit eines Siebzigjährigen. Ja, Gesundheit kann sogar Krankheit einschließen. Eine Mutter könnte sich zum Beispiel wünschen, daß ihr Kind die Masern bekommt, damit es die eigenen Abwehrkräfte gegen diese Krankheit entwickelt. So kann eine Krankheit zu höherer Gesundheit führen – ein dynamisches Gleichgewicht.

Eine solche Betrachtungsweise ist für den Westen neu und ungewohnt. Die bisherige Ansicht lautete: Die Krankheit ist schlecht; wenn wir sie also vernichten, dann haben wir Gesundheit. In Wirklichkeit ist die Sache aber erheblich komplizierter, und zwar gerade deshalb, weil viele Krankheiten, unter denen wir im Westen leiden, chronische, durch unseren Lebensstil bedingte Krankheiten sind. Um diese zu heilen, genügt es nicht, wie ein Klempner einfach ein geplatztes Rohr durch ein neues zu ersetzen. Nicht wenige Leute hätten das zwar gern, weil sie mit derartigen Operationen eine Menge Geld verdienen. Ein Bypass zum Beispiel erfordert eine sehr kostspielige Operation, aber er umgeht nicht nur das Herz, er geht auch am Problem vorbei. Die Arterien waren vielleicht aus rein biologischen Gründen blockiert, aber wenn man den Verschluß entfernt und sie durch ein sauberes Rohr ersetzt, ohne die wahren Ursachen der Erkrankung zu behandeln, dann kann man überhaupt nicht von einer Heilung sprechen. Auf der anderen Seite haben wir in der Verhaltensmedizin neuerdings deutliche Beweise dafür, daß eine kombinierte Behandlung aus Meditation, Yoga, Gymnastik und vegetarischer Diät sogar sehr schwere Herzkrankheiten heilen kann. Die verstopften Herzkranzgefäße öffnen sich wieder, ganz ohne Medikamente oder chirurgische Eingriffe, und das Blut fließt wieder ungehemmt zum Herzen. Der menschliche Geist besitzt eine außerordentlich große Fähigkeit, seinen Lebensstil gründlich zu ändern.

Zurück zu unserer Meditation: Nach dem Unterricht in »Körper-Abtastung« und im meditativen Sitzen wird sie erweitert und vertieft, indem sich der Teilnehmer jetzt auf einen anderen Gegenstand als seinen Körper konzentriert. Die geeigneten neuen Meditationsgegenstände sind Töne und Geräusche, ein Gefühlszustand oder die Bewegung der Gedanken. Wenn man einen Gedanken beobachtet, stellt man fest, daß er wirklich ein Eigenleben hat. Wenn er sich auflöst, so setzt der Teilnehmer die Beobachtung fort, ohne die Kette der Gedanken inhaltlich weiterzuverfolgen. Wir bitten die Teilnehmer, diese meditative Beobachtung eines Gedankens jeweils nur während sehr kurzer Zeit durchzuführen. Für einen Anfänger ist es sehr mühsam, die eigenen Gedanken lediglich als Ereignisse in einem Wahrnehmungsfeld wahrzunehmen, wenn sie in immer neuen Wellen ankommen. Das meditative Sitzen findet seinen Abschluß in etwas, das wir »wahlfreie Wahrnehmung« genannt haben. Wahlfreie Wahrnehmung ist ihrem Wesen nach eine formlose Meditation ohne Gegenstand, die reine Wahrnehmung als solche.

Das ist außerordentlich schwierig zu erreichen. Wir verlangen von den Patienten nicht, daß sie sie über lange Zeiträume hinweg aufrechterhalten, aber sie ist trotzdem kurzzeitig Teil des Unterrichts, damit die Teilnehmer einmal die Möglichkeit spüren, von einem spezifischen Meditationsgegenstand hinweg in ein viel größeres Wahrnehmungsfeld hineinzugehen. Auf diese Weise können sie eine innere Beweglichkeit entwickeln, mit der sie vom klaren und leidenschaftslosen Erkennen eines Gedankens fortschreiten zur Wahrnehmung von Empfindungen und damit zu der Einsicht, daß das zwei verschiedene Dinge sind.

Wir veranstalten auch Hatha-Yoga, eine großartige Übung nicht nur für die Kräftigung des ganzen Körpers, sondern auch zur Förderung der körperlichen Flexibilität und Harmonie. Wir wissen alle, daß »Yoga« für jeden Menschen etwas anderes bedeutet. Sehr oft wird Yoga nicht mit dem Ziel der Einsicht oder Weisheit getrieben, sondern aus Habsucht oder Selbstverliebtheit. Wir jedoch versuchen, Hatha-Yoga zusammen mit Achtsamkeit zu lehren, also eine Art buddhistischer Meditation ohne Buddhismus. Viele unserer Kursteilnehmer haben noch nie im Leben ihren Körper richtig bewegt. Entweder sitzen sie im Auto oder verbringen die Zeit sonst im Sitzen ohne viel körperliche Betätigung. Physiotherapeuten kritisieren diese bewegungsarme Lebensweise mit dem Spruch: »Wer nicht trainiert, verliert.« Das betrifft die Muskeln, aber auch die Blutgefäße, die Gelenke und vieles andere. Wir bringen den Menschen also bei, nicht nur in der Ruhe achtsamer auf ihren Körper zu sein, sondern auch in der Bewegung. Dafür braucht man Meditationsformen, die körperliche Betätigung mit Wahrnehmung verbinden. Und Hatha-Yoga ist dabei genau das Richtige.

Die Angst – kognitiv und somatisch

Vor kurzem führte ich eine Untersuchung durch, und zwar in Zusammenarbeit mit Dan Goleman und mit Hilfe des von ihm entwickelten »Cognitive-Somatic-Anxiety«-Fragebogens. Damit können Angstzustände gemessen werden; es wird festgehalten, ob Menschen Angst mehr körperlich (somatisch) oder gedanklich (kognitiv) empfinden. Manche zum Beispiel spüren ihre Angst als flaues Gefühl im Magen oder auch als ein Zittern der Hände, während andere eher mit angsterfüllten Gedanken reagieren.

Wir hatten festgestellt, daß die Übung der »Körper-Abtastung« einigen unserer Teilnehmer recht gut gefiel, das meditative Sitzen jedoch überhaupt nicht. Andere machten gern beim Hatha-Yoga mit, kamen aber mit »Körper-Abtastung« nicht zurecht. Wenn unsere Teilnehmer nämlich diese drei Übungen hinter sich haben, fragen wir sie nach ihrer Beurteilung der Kursteile auf einer Skala von 1 bis 100. Das meditative Sitzen ist von allen dreien am deutlichsten erkenntnisorientiert, da man hierbei nur das Innere beobachtet, ohne den Körper zu betätigen. Die »Körper-Abtastung« ist eher eine körperliche Angelegenheit, da man hier im Geist durch den ganzen Körper wandert. Das Hatha-Yoga ist ausgesprochen körperorientiert, weil dabei der Körper tatsächlich in Bewegung gebracht wird. Die Bewertungsergebnisse entsprechen diesen Unterschieden. Teilnehmer mit hoher kognitiver und geringer somatischer Angst mögen die Yoga-Übung am liebsten. Ihnen gefällt die Konzentration auf den Körper, sie empfinden sie als hilfreich, da sie ansonsten zumeist aus dem Kopf leben. Im allgemeinen gefällt ihnen die »Körper-Abtastung« nicht so sehr und das meditative Sitzen noch weniger, obwohl sie auch dabei gern mitmachten. Die Teilnehmer hingegen, die ihre Angst eher im Körper als im Kopf spüren, haben das meditative Sitzen am liebsten und das Hatha-Yoga am wenigsten gern.

Mit diesen Bewertungen bekommen wir ein besseres Verständnis dafür, warum manche Teilnehmer die eine Übung der anderen vorziehen. Damit erklärt sich auch einer der Gründe für unser Angebot mehrerer Meditationstechniken: Wir möchten gern, daß jeder Teilnehmer möglichst eine davon gern annimmt. Im Idealfall möchte man natürlich genau diejenige Methode unterrichten, die dem Teilnehmer zusagt, weil er sie ja im andern Fall nicht im nötigen Umfang selbst anwendet. In unserem Kurs spielen persönliche Neigungen jedoch kaum eine Rolle; wir lassen alle Teilnehmer die verschiedenen Methoden praktizieren, weil sie bei jeder einzelnen etwas lernen können, das eine andere nicht bieten kann. Manchmal muß man Dinge tun, die man nicht mag und die einem trotzdem guttun.

Daneben unterrichten wir die Patienten auch in weniger formalen Achtsamkeitsübungen. Dabei handelt es sich nicht so sehr um eine Technik als eher um eine Lebensweise. Unser Ziel dabei ist die Entwicklung einer Augenblicks-Wahrnehmung, die alle Momente des Lebens durchdringt. Ein Weg dahin ist die ganztägige Konzentration auf die Atmung. In ähnlicher Weise führen wir auch die Meditation in der ersten Stunde nicht mit der »Körper-Abtastung« oder der Atem-Wahrnehmung ein, sondern – einer Theravada-Tradition folgend, die ich bei unseren Vipassana-Lehrern kennenlernte[*] – mit einer Meditation des Essens. Wir nehmen dabei drei Rosinen und essen jede einzelne fünf Minuten lang, unter vollständiger Wahrnehmung aller Vorgänge: das Anschauen, das Aufheben, das Auf-die-Zunge-Legen, die Einführung in den Mund, das erste Schmecken, das Aufbeißen, das Aufplatzen des vollen Geschmacks. Wenn ich das so erzähle, können Sie die Rosine vermutlich selbst schmecken, in Ihrer Phantasie. Normalerweise ist das Essen für einen Menschen

---

[*] Der Theravada-Buddhismus ist eine Lehre, die besonders die Vier Edlen Wahrheiten betont. Zur Meditation gehört hier auch die Übung des Samatha zur Steigerung der Konzentrationsfähigkeit und das Vipassana, das die Achtsamkeit und die Einsicht in das Wesen des Geistes erhöht. Durch sie erlangt man auch den Einblick in die Ichlosigkeit. Diese Lehrtradition ist heute vor allem in Südostasien verbreitet, so in Thailand, Burma und Sri Lanka.

des Westens die geistloseste aller Beschäftigungen. Und viele unserer Patienten haben Gewichtsprobleme. Sie essen eigentlich nur, weil sie irgendeine Angst oder Depression spüren, also aus emotionalen Gründen – nicht, weil ihr Körper, sondern weil ihr Geist hungert. Diese gierige Art des Essens kann niemals befriedigen, sie entwickelt keine Weisheit um sich herum. Indem wir dem Essen Achtsamkeit hinzufügen, versuchen wir, eine völlig neue Art der Wahrnehmung zu schaffen.

Desgleichen unterrichten wir auch eine Meditation des Stehens. Wer zum Beispiel auf einen Bus wartet, könnte das doch ebensogut mit Achtsamkeit tun. Er könnte fühlen, wie seine Füße auf dem Boden stehen, er könnte bewußt seinen Atem und seinen ganzen Körper spüren. Wenn Sie das nächste Mal in einer Schlange stehen, dann brauchen Sie nicht gleich ungeduldig zu werden, sondern Sie treten einfach in Ihre Meditation des Stehens ein. Das gleiche kann man mit dem Gehen oder anderen Alltagsroutinen machen. Wir regen zum Beispiel so etwas wie eine Geschirrspül-Meditation an, eine Müll-Raustragen-Meditation, eine Hausputz-Meditation oder eine Duschen-Meditation. Die meditative Übung der rechten Rede schließt ja auch die Achtsamkeit auf den Sprachakt ein, also auf den Ton der Stimme, den Abstand zum Partner, das Zuhören und vieles andere.

In der dritten Kurswoche lassen wir die Teilnehmer sich einstimmen auf angenehme Ereignisse. Es ist immer das gleiche: Wir sind wahre Meister der Gedankenlosigkeit und merken oft gar nicht, daß wir ein schönes Gefühl in uns haben; die unangenehmen Gefühle merken wir uns um so besser. Deshalb geben wir als Hausaufgabe, eine Woche lang jeden Tag ein positives Ereignis aufzuschreiben und es im Augenblick des Ereignisses auch so zu empfinden. Sollten die Teilnehmer es vergessen, so können sie sich immerhin später daran erinnern; aber idealerweise sollten sie das Ereignis während seines Geschehens wahrnehmen, ebenso ihre Körperreaktionen dabei, ihre Gedanken und Gefühle sowie mögliche Folgehandlungen.

In der Woche darauf befassen wir uns dann mit Streßsituationen. Wir konzentrieren uns auf die Wahrnehmung von Streßfaktoren mit besonderer Achtsamkeit nur auf Gedanken und Gefühle, aber auch auf unseren Körper und unsere Handlungen. Es kommt hierbei nur darauf an, all dies einfach wahrzunehmen, und nicht, irgend etwas daran zu ändern. Nehmen wir als Beispiel einen aggressiven oder wütenden Menschen, der eine scharfe Reaktion auslöst. Der Kursteilnehmer soll nun versuchen, nicht sofort zu reagieren, sondern die bereits geübte Augenblicks-Wahrnehmung auf diese Begegnung anzuwenden. Natürlich ist eine unwillkürliche Reaktion am Anfang nicht einfach zu unterdrücken. Nachdem die Teilnehmer jedoch in den Meditationsübungen größere innere Festigkeit und Gefaßtheit entwickelt haben, berichten sie uns allmählich, daß sie sich auch in Situationen, die ihnen vorher lästig und unangenehm waren, jetzt spontan viel ruhiger verhalten können. Statt einfach zu kontern, entwickeln sie jetzt Reaktionen, die durch höhere Aufmerksamkeit gekennzeichnet sind. Die von der Auseinandersetzung nicht unterbrochene Wahrnehmung bewahrt sie vor der reinen Streß-Reaktion. Für Patienten mit Herz- und Kreislaufproblemen ist das vermutlich eine besonders hilfreiche Fähigkeit. Wir haben viele in unserer Klinik, denen man gesagt hat: »Sie müssen lernen, mit Streß umzugehen, sonst ist Ihr nächster Herzanfall der sichere Tod.« Gerade für sie ist es lebenswichtig, eine ausweglose Kampf-oder-Flucht-Situation zu vermeiden, die ihnen den Blutdruck in gefährliche Höhen treiben würde.

Zu diesem Unterricht gehört es auch, daß wir den Teilnehmern helfen, viele Dinge des Lebens aus einem anderen Blickwinkel zu betrachten. Wenn sie dauernd nur in hektischer Bewegung sind, geht ihnen die Wahrnehmung für viele Dinge verloren, die für sie wichtig sind. Mancher Fünfzig- oder Sechzigjährige zum Beispiel ist betrübt darüber, daß er seinen Kindern, als diese noch klein waren, nicht genug herzliche Aufmerksamkeit schenkte. Viel zu sehr war er mit seiner täglichen Arbeit befaßt oder behandelte seine Kinder wie eine Nebensächlichkeit, ohne daran zu denken, wie schmerzhaft das für sie sein mußte. Ich will das zwar nicht über Gebühr verallgemeinern, aber ich glaube, unsere Praxis der Kindererziehung ist ein Grund für unser geringes Selbstwertgefühl.

Um unseren Patienten zu zeigen, daß wir ihre Sicht der Dinge verändern oder erweitern wollen, geben wir ihnen schon in der ersten Woche ein Zeichenrätsel. Es besteht aus drei parallelen Reihen mit je drei Punkten, und die Aufgabe dabei ist, alle Punkte mit vier geraden Linien zu verbinden, ohne den Strich abzusetzen oder eine Linie zurückzufahren. Nicht selten geraten die Teilnehmer bei dieser Aufgabe in Aufregung und Streß. Wenn sie die Lösung nicht finden, sind sie schnell mit einem Urteil bei der Hand. Sie schieben die Schuld daran auf die Zeichnung oder auch auf sich selbst und werden dabei richtig wütend. Aber das ist natürlich nicht unser Lernziel bei dieser Aufgabe.

Der menschliche Geist definiert ein Problem immer auf eine bestimmte Weise, aber sehr oft erkennt er nicht das ganze Problem. Er sieht die neun Punkte als Quadrat, übersieht aber die weitere Umgebung der Fragestellung. Unser Nervensystem, unser ganzer Sehapparat und unsere Denkgewohnheiten legen uns sehr schnell auf eine bestimmte Sicht fest, und wir halten keinen Augenblick inne, um uns zu fragen, ob wir auch den Kontext des Problems bedacht haben. Sobald man jedoch das Aufmerksamkeits- oder Wahrnehmungsfeld öffnet und erweitert, werden ganz neue Möglichkeiten und Lösungen sichtbar. Auch wenn man es dann nicht sofort schafft, gibt es kaum noch einen Grund, sich etwas vorzuwerfen.

Eine solche Einstellung ist wichtig für jedes Problemlösungsverhalten. Wer dabei gewöhnlich mit großer Energie vorgeht und bei einem Lösungsversuch ins Stocken kommt, bleibt gern am Problem hängen. Aber nicht selten ist es doch so, daß sich die Lösung aus einer umfassenderen Wahrnehmung und einem unverstellten Blick ergibt. Etwas Ähnliches liegt ja auch jeder wissenschaftlichen Kreativität zugrunde. Nachdem man das Problem eine Zeitlang angeschaut hat, legt man es zunächst einfach beiseite, und manchmal erscheint plötzlich im erweiterten Wahrnehmungsfeld ein ganz neues Bild.

Eine Fallgeschichte

Ich möchte Ihnen jetzt gern den Fall einer Patientin schildern, die im Alter von fünfzig Jahren zu uns kam. Sie ist vor einigen Jahren an *Lupus* gestorben. *Lupus* ist eine durch Autoimmunreaktion verursachte Hauttuberkulose, trotzdem wurde die Patientin von ihrem Arzt an unser allgemeines Krankenhaus überwiesen, da sie gleichzeitig unter Herz- und Kreislaufproblemen litt. Sie hatte sich schon einen Bypass legen lassen, aber zwei andere betroffene Arterien konnten nicht mehr operiert werden. Dazu hatte sie einen sehr hohen Blutdruck, Arthritis in einigen Gelenken und war gegen viele Medikamente allergisch.

Da *Lupus* nur sehr schwer zu behandeln ist, mußte sie das Krankenhaus ziemlich häufig aufsuchen. Manchmal schwollen ihr Gesicht und Körper bis zur Unkenntlichkeit an, und zwar aufgrund der starken Steroide und anderer Medikamente, die sie einnehmen mußte. Sehr oft konnten ihr die Ärzte nicht einmal sagen, wann sie das Krankenhaus wieder verlassen würde, und das führte bei ihr teils zu verständlicher Aufgeregtheit, teils zu tiefer Niedergeschlagenheit. Einmal kam sie im Herbst zu uns und war an Weihnachten immer noch da.

Schließlich gelang es ihr jedoch, durch Meditation einen Zustand hoher Gelassenheit zu erreichen und mit ihrer Krankheit sozusagen Frieden zu schließen. Ihr Blutdruck, der zur Zeit der Bypass-Operation noch sehr hoch war, ging während des Kurses zurück und blieb dann auch auf niedrigerem Stand. Wir haben die Kranke noch einige Jahre nachbetreut und stellten fest, daß der Blutdruck dauerhaft gesenkt blieb, so daß die Patientin die Medikamente absetzen und ihren Blutdruck allein mit Hilfe meditativer Techniken steuern konnte. Zu Beginn des Kurses hatte sie überdies schwere Schlafstörungen, aber später, nach acht oder neun Wochen, schlief sie allmählich besser.

Diese Patientin hatte während einer Hausaufgabe, einer »Körper-Abtastung«, ein entscheidendes Erlebnis. Nach einer Teilnahme von zwei Wochen berichtete sie mir, sie habe keinerlei Schwierigkeiten damit, durch ihren ganzen Körper zu wandern, aber nur bis zum Hals. Ab da konnte sie nicht bis zum Kopf weitergehen. Ich sagte ihr, sie solle sich deshalb keine Sorgen machen, sondern einfach zu den Schultern weitergehen oder auch außerhalb des Körpers um den Hals herum. Das versuchte sie dann auch, und bald war sie fähig, um die blockierte Stelle herum bis in den Kopf hinaufzuwandern.

Während der darauffolgenden »Körper-Abtastung« hörte sie im Begleittext auf dem Tonband das Wort »Genitalien«. Sie hatte das Band bereits zwei Wochen lang benützt, aber das Wort noch nie bewußt gehört. Es war da, auf dem Band, das sie immer wieder abgespielt hatte, aber sie hatte dieses eine Wort ausgeblendet. Kognitionspsychologen erklären das so, daß wir uns eine eigene Wirklichkeit schaffen, indem wir nur bestimmte Informationen, die von außen oder von innen zu uns gelangen, selektiv herausfiltern. Ähnlich war es auch bei unserer Patientin: Sie hatte das Wort bis dahin einfach nicht gehört.

Nachdem sie es nun aber gehört hatte, löste es die plötzliche Rückerinnerung an ein Erlebnis aus, das sie vollkommen verdrängt hatte. Sie erinnerte sich, daß sie im Alter von vier bis neun Jahren regelmäßig von ihrem Vater sexuell mißbraucht worden war. Mittlerweile war sie eine Frau mit fünf Kindern und einer zehn Jahre dauernden Therapie, aber dieser unterdrückten Erinnerung hatte sie sich seitdem nicht genähert. Aus irgendwelchen Gründen holte die »Körper-Abtastung« das Erlebnis wieder ins Gedächtnis zurück. Gleich darauf erinnerte sie sich noch an ein anderes Ereignis. Ihr Vater starb, als sie neun Jahre alt war, und sie war bei seinem Tod die ganze Zeit mit ihm im Zimmer. Er erlitt einen

Herzanfall und stürzte zu Boden. Sie war so erschrocken, daß sie sich nur ängstlich in eine Ecke kauerte. Man kann sich die Verwirrung ihrer Gefühle leicht vorstellen, denn sie liebte ihren Vater, der sie doch unablässig mißhandelte. Als dann ihre Mutter ins Zimmer kam, gab sie ihr die Schuld am Tod des Vaters, weil sie sie nicht gerufen hatte. Sie nahm einen Besen und schlug auf ihre Tochter ein, besonders brutal auf Hals und Nacken.

Das ist, glaube ich, eine Art Leiden, die viele Menschen mit sich herumtragen. Viele unserer Patienten hatten als Kinder Erlebnisse, die so verletzend waren, daß den Betroffenen nur eine Art der Verarbeitung blieb: sie auszublenden. Heute, einige Jahrzehnte später, sind wir als Ärzte erheblich besser ausgerüstet, solche Erfahrungen und ihre Folgeprobleme zu erkennen, und können daher schon den Kindern beibringen, wie man in einer derartigen Situation Hilfe erlangt; aber damals wurde über diese Dinge einfach nicht geredet.

Als die Patientin mit dieser plötzlichen Erinnerung konfrontiert war, rief sie mich an, schrieb mir einen Brief und kam in die Klinik, alles am gleichen Tag. Offensichtlich war es eine lebensverändernde Erfahrung für sie. Das Ergebnis war, daß sie die Zahl ihrer Psychotherapiestunden erhöhte und dann auch in einer Gruppe von Inzest-Opfern mitmachte. Währenddessen setzte sie ihre Meditationsübungen fort, und erreichte schließlich einen inneren Zustand, in dem sie das kindliche Erlebnis als nützlich für ihre Entwicklung ansah. In ihren Augen war das eine unglaubliche Entdeckung und zuletzt eine Befreiung. Als ich sie zum ersten Mal traf, war die Krankenakte ungefähr einen Meter hoch. Sie hatte Herzbeschwerden, Bluthochdruck, Arthritis, *Lupus* und alle möglichen Allergien. Ich bin überzeugt (und starke Beweise sprechen dafür), daß die Unterdrückung solcher als Kind erlittenen Verletzungen das innere Gleichgewicht und die körperliche Harmonie völlig durcheinanderbringt. Sie ist eine tiefliegende Störung der körperlichen Selbststeuerung und tritt schließlich als Krankheit an die Oberfläche.

Das ist die Geschichte nur eines Menschen unter den vielen Hundert unserer Patienten. Nicht jeder von ihnen erlebt eine so dramatische Rückerinnerung, aber nach den acht Kurswochen spüren die meisten von ihnen, daß sie mit etwas, das ohne ihr Wissen tief in ihnen versteckt lag, in Berührung gekommen sind. Und sie fühlen sich danach erheblich wohler. Sie bestätigen uns, daß sie durch den Kurs mit Gefühlen in Kontakt gekommen sind, die sie seit ihrer Kindheit nicht mehr empfunden haben, mit einem Gefühl der Zugehörigkeit oder dem verstärkten Gefühl, ihr Leben gehöre wirklich ihnen. Vor dem Beginn des allerersten Kurses fragten wir uns, ob der Durchschnittsamerikaner überhaupt dazu bereit wäre, in irgendeiner Form Meditation zu üben. Wir waren uns nicht sicher, ob der zusätzliche Kursteil Yoga sie nicht vielleicht noch überspannter machen würde. Nach mehr als 15 Jahren lautet unsere Antwort: Der ganz normale Amerikaner ist acht Wochen lang in disziplinierter Weise zur Meditation bereit, ja er liebt sie sogar.

Die medizinischen Wirkungen der Achtsamkeits-Meditation

An dieser Stelle möchte ich kurz auf einige allgemeine Ergebnisse unseres Kursprogramms zu sprechen kommen. Wir haben zwei Jahre lang die Fälle von fast 1200 Patienten untersucht, die von ihren Ärzten an unsere Klinik überwiesen wurden. Wir wollten vor allem wissen, wie viele Patienten das Programm beenden und wie viele vorher ausscheiden; das ist ein Maß für die Qualität einer Klinik. Mit 75 Prozent der 1155 während zwei Jahren an uns überwiesenen Patienten haben wir ein erstes Interview durchgeführt. Die übrigen wollten aus irgendeinem Grund nicht oder wir konnten sie nicht mehr ausfindig machen. Von den Interviewten hatten sich neunzig Prozent für den Kurs eingeschrieben; 92 Prozent davon begannen den Kurs auch wirklich, und 86 Prozent davon haben ihn tatsächlich beendet. Das sind sehr, sehr gute Werte, insbesondere wenn man bedenkt, daß wir den Teilnehmern eine wirklich schwere Arbeit zumuten. Wir sagen ihnen offen, daß das Streß-Abbau-Programm selbst Streß ist, weil es eine einschneidende Veränderung der Lebensweise bedeutet, 45 Minuten pro Tag nichts zu tun. Offenbar tun wir damit etwas, was ihnen gefällt, denn sonst würden sie nicht bleiben.

Man muß dazu eine Vergleichszahl wissen: Der Anteil der Patienten, die einen Termin bei ihrem Arzt auch einhalten, beträgt normalerweise nur 25 Prozent. Es ist leider gang und gäbe, daß Patienten zu ihrem Arzttermin einfach nicht erscheinen. Was wir von unseren Patienten also verlangen, ist eine ganze Menge. Sie sollen ein Kursprogramm bis zum Ende mitmachen, bei dem sie täglich, sechs Tage pro Woche, eine Dreiviertelstunde lang üben müssen, und außerdem müssen sie den Rest des Tages mit einem weniger formalen Achtsamkeits-Training verbringen. Wir fordern das nicht nur von ihnen, sondern sie leisten auch eine ganze Menge, und ich glaube, es ist die Herausforderung, die ihnen gefällt.

Wenn wir die Gesamtzahl der Patienten, die im genannten Zeitraum zu uns kamen, und ihre klinischen Krankheitssymptome betrachten, so stellen wir bei diesen während des achtwöchigen Kurses einen Rückgang von 25 Prozent fest. Bei psychischen Symptomen wie Ärger, Angst, Depression und psychosomatischen Symptomen beobachten wir nach dieser Zeit sogar einen Rückgang von 32 Prozent. Diese Patienten hatten vor dem Kurs durchschnittlich acht Jahre lang ihr Schmerzproblem und hatten bis dahin erfolglos versucht, es unter Kontrolle zu bringen.

Außerdem interessierte uns, ob die Patienten auch in ihrer Tiefenschicht einen Wandel erfahren hatten. Ein äußerliches Symptom kann man ja mit fast jedem Mittel kurzzeitig aus der Welt schaffen. Ich könnte zum Beispiel sogar aufstehen und ihnen etwas vortanzen, und ihre Symptome würden eine Weile verschwinden; oder sie fühlen sich schon besser, nachdem sie lediglich zusammensitzen und miteinander reden. Wir wollten jedoch wissen, ob etwas Grundlegenderes in ihnen geschehen war. Zu diesem Zweck untersuchten wir die Meßergebnisse von Persönlichkeitsfaktoren, die unserer Vermutung nach erhöhten Widerstand gegen Streß bieten. Dies sind beispielsweise innere Überzeugungen, die jemanden zu einem erfolgreichen Umgang mit Streß befähigen, etwa wie bei den bereits erwähnten Mönchen, denen ihr religiöses Weltbild geholfen hat, die Gefangenschaft und schwerste Haftbedingungen mit nur wenigen psychischen Narben zu überleben. Ein anderer, der ohne diese starken psychischen Hilfen die gleiche Erfahrung erleidet, wird vielleicht gar nicht überleben, oder der zugefügte Schaden macht ihn unfähig zu einem normalen Leben. Einige dieser Meßverfahren wurden entwickelt bei Untersuchungen mit Überlebenden deutscher Konzentrationslager. Mitgefühl ist dabei einer der Meßwerte. Ein zweiter ist das Gefühl für Kohärenz; damit ist ein gewisser Grad von Verständnis gemeint, ein Gefühl des größeren Zusammenhangs dessen, was mit einem geschieht, so schrecklich es auch sein mag. Kohärenz hängt eng mit einem anderen Faktor zusammen, und zwar mit Selbstbehauptung: Man glaubt, daß man das Kommende irgendwie ertragen und in dieser Erfahrung sogar noch einen Sinn entdecken kann. Alle drei sind persönliche Tiefenstrukturen, die sich wahrscheinlich nicht leicht verändern, zumindest nicht in einem Acht-Wochen-Kurs. Zu unserer Überraschung fanden wir jedoch heraus, daß der Kohärenz-Wert unserer Patienten im Durchschnitt während des Kurses um sieben Prozent gestiegen war. Das mag gering erscheinen, aber Experten der Persönlichkeitspsychologie bestätigten uns, daß ein durchschnittlicher Anstieg von sieben Prozent ganz und gar ungewöhnlich sei. Wir können also sagen, daß nicht nur die Symptome zurückgehen, sondern auch psychische Faktoren verändert werden.

Eine vergleichbare Steigerung beobachten wir beim Maß der sogenannten Streß-Resistenz. Dazu rechnen wir dreierlei: das Gefühl, die Dinge zu beherrschen, die innere Verbundenheit mit den Wechselfällen der Alltagserfahrungen und die Fähigkeit, mit der Herausforderung einer äußeren Umstellung fertig zu werden. Für die meisten Menschen ist nämlich eine Veränderung der äußeren Lebensumstände ein gewaltiger Streß. Gerade hat man es sich bequem gemacht und fühlt sich wohl, da ändert sich etwas Wichtiges und man weiß überhaupt nicht, wo man ist. Wer jedoch gelernt hat, die Veränderlichkeit aller Dinge zu erkennen und mit größerer Achtsamkeit durch den Wandel hindurchzugleiten, wird ihn als Herausforderung ansehen und nicht zwangsläufig als Widerstand und Hindernis. Auch bei diesem Meßwert ergab sich nach unserem Kurs eine Steigerung, und zwar um etwa sechs Prozent. Das ist ein erstes Anzeichen für eine bedeutsame Verbesserung der geistigen Tiefenstrukturen. Wir müßten sicher noch weitere und genauere Untersuchungen anstellen, um sicher zu sein, daß solch ein Wandel tatsächlich von Dauer ist; einige Untersuchungsergebnisse dieser Art werde ich Ihnen noch schildern. Auf jeden Fall aber liegt die Vermutung nahe, daß in diesen Schmerzpatienten ein starker Wandel stattfand, nicht nur hinsichtlich ihrer Krankheitssymptome und psychischen Schwierigkeiten, sondern auch bezüglich der Tiefe ihres grundsätzlichen Blicks auf die Welt. Das führt uns in gewisser Weise wieder zurück zu dem Zeichenrätsel der neun Punkte. Die Patienten sehen ihr Verhältnis zur Welt in einer veränderten Art und Weise. Sie empfinden sich als neue Ganzheit, sie fühlen sich stärker verbunden mit der Welt und fähiger, aus sich herauszugehen und an ihrem Schmerz zu arbeiten, ohne daß er ihr Lebensgefühl unterhöhlt oder beschädigt.

Das All-Umfassendheits-Motiv, das heißt das Gefühl der Zugehörigkeit oder Verbundenheit, ist ein weiterer Meßwert, mit dem wir bestimmte Verbesserungen belegen können. Wir kürzen den Begriff gern als AUM ab, wie die heilige Silbe, was mir gut gefällt. Wir messen diese All-Umfassendheit oder das Einssein mit allem auf völlig andere Weise, womit wir Voreingenommenheiten vermeiden, die möglicherweise in die vorher genannten Meßverfahren eingegangen sind. Bei dieser Messung verwenden wir keinen Fragebogen, statt dessen schreiben die Patienten anhand einer Abbildung eine eigene Geschichte. Danach wird der Text von Psychologen im Hinblick auf spezielle Motive des Einsseins, eines starken Einheitsgefühls interpretiert. In einer Vergleichsgruppe, die acht Wochen lang vor dem Beginn des Meditationskurses untersucht wurde, ergab sich keine Veränderung dieses Persönlichkeitsmotivs. Am Ende des Kurses hingegen stellten wir eine gewichtige Steigerung fest. Nicht nur dieses Persönlichkeitsmotiv, auch andere sehr fein ausgearbeitete psychologische Motivationsmessungen (etwa zum Bindungsvertrauen) wurden mit gesundheitsfördernden Veränderungen des Immunsystems in Zusammenhang gebracht, zum Teil in Untersuchungen, die wir mit Dr. David McClelland von der Harvard University durchführten.

Können die Ergebnisse verallgemeinert werden?

Bei jedem unserer Kurse erhalten wir die gleichen Ergebnisse. Zwischen Anfang und Ende des Kurses erleben wir einen starken Rückgang sowohl der klinischen, als auch der psychischen Symptome wie Angst, Wut und Feindseligkeit sowie der klinischen Symptomatisierung anderer Ursachen. Die Nachbetreuung der Patienten nach dem Meditationskurs zeigt, daß die Anzahl der Symptome während der vier Jahre laufenden Studie dauerhaft niedrig bleibt. Wir haben damit deutliche Anzeichen für eine dauerhafte Verbesserung. In dieser Studie befragen wir die ehemaligen Patienten eingehend nach ihrer Meditationspraxis: ob sie überhaupt meditieren, wie oft, wie lange, auf welche Weise, ob sie im Alltag auch die mehr informellen Meditationsübungen weitermachen und vieles mehr. 93 Prozent der Befragten geben noch nach vier Jahren an, daß sie die eine oder andere im Kurs gelernte Übung weiterhin beibehalten. 45 Prozent bleiben auch nach vier Jahren ohne Unterricht bei der strengeren Übung des täglichen meditativen Sitzens, zumindest eine Viertelstunde pro Tag und drei Tage pro Woche.

Zwischen Männern und Frauen, die wegen der Behandlung chronischer Schmerzen zu uns kommen, bestehen charakteristische Unterschiede. Frauen reagieren im allgemeinen positiver auf den Kurs; möglicherweise hat das mit ihrer jeweiligen Einstellung zur Berufsarbeit zu tun. Vielleicht sind Frauen aber auch stärker gesundungswillig als Männer. Diese Annahme trifft aber nicht zu bei Patienten, die nicht zur

Schmerzbehandlung in die Klinik kommen, sondern mit streßbedingten Kreislaufproblemen oder Krebs. Mit Schmerzen kommen Frauen ganz offensichtlich besser zurecht als Männer. Insgesamt zeigen unsere Untersuchungsergebnisse, daß die Häufigkeit und die Stärke der Schmerzen, die Zahl der klinischen Symptome und die psychischen Beschwerden nachhaltig zurückgehen, während sich Persönlichkeitsfaktoren wie Streß-Resistenz und Kohärenzgefühl deutlich verbessern.

Auch wenn wir die Diagnosen individueller Krankheiten betrachten, stellen wir die gleichen durch das Meditationstraining erreichten Verbesserungen fest: eine Verminderung der klinischen Symptome um vierzig bis fünfzig Prozent, eine ähnliche, wenn nicht stärkere Verminderung psychologischer Störungen und eine vier- bis achtprozentige Steigerung bei Persönlichkeitsmeßwerten, die Schutz gegen Streß bieten. Herzbeschwerden, Bluthochdruck und Verdauungsprobleme zeigen denselben abnehmenden Verlauf, der also unabhängig von der jeweiligen Diagnose eintritt. Insgesamt geben achtzig Prozent der befragten Teilnehmer eine gewisse Verminderung ihrer klinischen und psychischen Symptome an. Nicht jeder reagiert demnach positiv auf die Meditationsübungen. Die rund zwanzig Prozent, die mit Meditation nichts Rechtes anzufangen wissen, wundern sich selbst darüber und fragen uns, warum wir das nicht reparieren können.

Es ist nicht immer leicht, in einer Klinik eine geeignete Vergleichsgruppe zu finden; dann vergleichen wir unsere Ergebnisse mit Patienten in anderen Kliniken, die aus ähnlichen Gründen dorthin überwiesen wurden. Auf diese Weise haben wir eine ganze Reihe sehr genau überprüfter Studien durchgeführt und herausgefunden, daß die rein medizinischen Maßnahmen der anderen Krankenhäuser bei vergleichbaren Patienten mit denselben Schmerzproblemen nicht so günstige Ergebnisse erzielen. Die medizinische Behandlung allein genügt offenbar nicht; die darüber hinaus erzielte Aktivierung der geistigen Kräfte leistet mehr.

Achtsamkeit und die Behandlung spezifischer Störungen

In Zusammenarbeit mit unserer psychiatrischen Abteilung führten wir eine besondere Untersuchung durch. Sie bezog sich auf Personen mit spontanen Panikzuständen, die nicht durch äußere Umstände verursacht sind. Das klinische Syndrom ist wohlbekannt: Die Patienten werden ängstlich und verlieren ihre Steuerungsfähigkeiten, Herzrhythmus und Blutdruck steigen stark an, manchmal halten die Betroffenen das Geschehen für einen Herzanfall, manche haben auch Probleme mit der Atmung. Wir wollten herausfinden, ob Menschen mit solchen Panikzuständen aus unserem Meditationstraining irgendeinen Nutzen ziehen (obwohl die meisten Patienten nicht von der Psychiatrie, sondern von der Allgemeinmedizin oder von Spezialisten zu uns überwiesen werden). Zur Vermeidung subjektiver Befangenheit überließen wir die Durchführung der Studie unseren Kollegen von der Psychiatrie. Die Angstwerte der genannten Patienten lagen zu Beginn des Kurses sehr hoch und gingen dann allmählich zurück. In der sechsten Woche ergab sich ein kleiner statistischer Ausreißer, als wir unsere ganztägige Schweige-Sitzung abhielten und die Patienten plötzlich Angst davor hatten, acht Stunden in einem Zimmer verbringen zu sollen, ohne ein einziges Wort zu sprechen. Der zu hohe Wert ging danach aber wieder zurück. Im Anschluß an den Kurs folgte eine dreimonatige Nachuntersuchung, und auch da blieben die Werte auf dem gleichen niedrigen Niveau. Dieses Ergebnis wurde also ohne jedes Medikament erreicht. Das ist mindestens ebenso gut – wenn nicht besser – als die Ergebnisse mit vergleichbaren Patienten nach der Einnahme von Medikamenten. Angst und Panik gehen oft mit Depressionen zusammen, weshalb wir das gleiche Verlaufsmuster auch bei depressiven Kranken feststellen können.

Nach nunmehr etlichen Jahren unserer Tätigkeit beginnen auch andere Ärzte, sich für Meditation zu interessieren. Aus diesem Grund arbeiten wir mittlerweile mit verschiedenen

Fachärzten zusammen, zum Beispiel in der Behandlung von Lungenkrankheiten. Es ist ein eigenartiges Erlebnis, wenn die Lungenärzte in unserer Meditationsklinik eine zweite, völlig andere Bedeutung des Atmens kennenlernen.

In den Vereinigten Staaten ist die chronisch obstruktive Lungenerkrankung – zum Beispiel Asthma – ziemlich weit verbreitet; sie geht fast ausschließlich auf das Zigarettenrauchen zurück, in manchen Fällen auch auf das Einatmen giftiger Chemikalien am Arbeitsplatz. Die Lunge verliert ihre natürliche Elastizität, und die Kranken können nicht mehr richtig atmen. Ihre Atemnot wiederum verursacht Aufregung und Panik. In unserem Reha-Kurs für Lungenkranke lehren wir diese Patienten die Achtsamkeits-Meditation. Wir bringen ihnen bei, wie sie durch tägliche Meditation eine entspanntere, sympathischere Beziehung zu ihrer Atmung aufbauen können. Nach einiger Zeit erkennen sie, daß es keinen Anlaß zur Panik gibt, wenn sie plötzlich in Atemnot geraten. Als Folge davon nehmen dann die Häufigkeit und die Schwere der Atemnotanfälle ab, ihr Selbstvertrauen in die Fähigkeit, damit zurechtzukommen, erhöht sich, und dies führt seinerseits zu weiteren Verbesserungen ihres Zustands. Heute sind Achtsamkeit und Meditationsübungen die tragenden Säulen unserer Lungen-Reha-Klinik.

Wir arbeiten auch mit einer dermatologischen Klinik zusammen, speziell bei einer recht häufigen Hautkrankheit, der *Psoriasis* oder Schuppenflechte. Sie ist wohl in gewissem Umfang genetisch bedingt, aber bis heute nicht genau erforscht. Man weiß allerdings, daß sie sich unter Streß verschlimmert. Die Hautzellen wachsen dann zu schnell, und die Haut wird an einigen Stellen flockig, manchmal auch am ganzen Körper. Eine Behandlungsmethode ist die Bestrahlung mit ultraviolettem Licht; der Patient muß dabei mit einem Augenschutz in einer Art engen Telefonzelle stehen. Das ultraviolette Licht hindert die Zellen an der Teilung und hemmt somit ihr Wachstum. Nun sagten wir uns: Wenn die Patienten da schon so lange stehen, warum unterrichten wir sie nicht in einer Meditation des Stehens? Wir stellten uns vor, daß die Mitarbeit des menschlichen Geistes der schnelleren Heilung dienlich sein könnte. Die Geschwindigkeit ist bei dieser Behandlung nämlich ausschlaggebend, weil der längere Einfluß des ultravioletten Lichtes das Hautkrebsrisiko erhöht. Wir gaben also den Patienten, während sie unbekleidet unter dem Licht standen, Kopfhörer und spielten ihnen ein Tonband vor, das ihnen helfen sollte, sich bildlich vorzustellen, wie die Lichtstrahlen auf die Haut aufschlagen und das Zellwachstum verlangsamen.

Dann verglichen wir zwei Gruppen miteinander; die eine hatte nur die gewöhnliche Lichtbehandlung durchlaufen, die andere hatte zusätzlich unsere Meditationsübungen durchgeführt. Das Ergebnis der Heilungsrate war eindeutig. Die Patienten, die nur mit Licht behandelt worden waren, heilten in keinem Fall völlig aus; bei den meisten von ihnen dauerte es vierzig Wochen, bis die *Psoriasis* wenigstens auf die Hälfte zurückging. Bei den Patienten mit Meditation jedoch verlief die entsprechende Heilung erheblich schneller. Eine stärkere Behandlungsmethode besteht aus einer Kombination von Medikamenten und ultraviolettem Licht. Auch hier führten wir mit kleinen Gruppen eine Vergleichsstudie durch. Wieder zeigte sich, daß bei allen Patienten mit Meditation die *Psoriasis* nach dreißig Wochen abgeheilt war, schneller als bei den Patienten ohne unsere Übungen.

Ich muß betonen, daß solche Ergebnisse noch nichts beweisen. Sie deuten nur darauf hin, daß der menschliche Geist in diesem Heilungsprozeß wahrscheinlich eine Rolle spielt. Wir arbeiten heute mit anderen Kliniken zusammen, die erheblich mehr *Psoriasis*-Patienten behandeln, und führen dort Meditationsübungen in die Therapie der Hautkrankheiten ein. Für abschließende Bewertungen ist es sicher noch zu früh, wenn sich aber diese Erweiterung der Therapie bewährt, so könnten wir dort sehr aussagefähige Untersuchungen anstellen, etwa über eine Behandlung mit Licht ohne ultraviolette Strahlen, um damit den Einfluß allein der Meditation zu studieren. Uns würde dann auch die Bedeutung des Immunsystems bei *Psoriasis* interessieren sowie die Wirkung von Meditationen auf die Wachstumsgeschwindigkeit der Hautzellen und andere genetisch gesteuerte Vorgänge in der Haut.

Hier liegt ein weites Experimentierfeld für das Verhältnis von Meditation und Therapie vor uns.

Wenn die Patienten unsere Klinik verlassen haben, setzen sie die Meditationsübungen noch längere Zeit fort. Manchmal machen sie selbst dann noch weiter, wenn sich gar keine Besserung zeigt. In einer Nachuntersuchung über Schmerz-Patienten, die schon während des Klinikaufenthalts keinerlei Verminderung ihrer Schmerzen erreicht hatten, stellten wir fest, daß auch sie drei Jahre später weiterhin meditierten. Als wir sie nach dem Grund fragten, gaben sie uns zur Antwort, sie erlernten durch die Meditation eine andere Einstellung, die ihnen helfe, auf die eine oder andere Weise mit dem Schmerz zu leben. Auch hier können wir also von einem doppelten Erfolg sprechen.

Wenn die Schmerzen durch unsere Behandlungsmethode zurückgehen, ist das erfreulich. Aber es ist nachteilig für den Patienten, den Rückgang der Schmerzen willentlich anzustreben. Wenn die Menschen in unseren Kurs kommen, dann sagen wir ihnen immer, sie sollten ihre Erwartungen draußen vor der Tür lassen und sich statt dessen lieber auf eine Achtsamkeit für den gegenwärtigen Augenblick konzentrieren, in die Tiefe ihrer eigenen Person hineinsehen. Selbst wenn wir große Verbesserungen bei unseren Patienten beobachten, so ist doch oft das Wichtigste, das sie aus dem Kurs mit nach Hause nehmen, etwas ganz anderes als das, was sie eigentlich suchten. Sie nehmen etwas Tieferes mit.

Wir fragen sie natürlich, was sie im Kurs für sich persönlich gefunden haben. Wir erhalten darauf zwei Antworten. Die eine ist eher komisch: Sie sagen, »das Atmen«. Ich frage dann weiter: »Wie meinen Sie das? Sie haben doch schon lange vor der Meditation geatmet.« Aber sie wollen damit etwas anderes sagen, daß sie nämlich eine ganz neue Wahrnehmung der besonderen Eigenschaft des Atems gefunden haben, und dies hat sie zu einem feineren Gefühl für ihren ganzen Körper und seiner tieferen Wahrnehmung gebracht. Mit der Aufmerksamkeit auf den Atem stellt sich ein neues Gespür ein, eine Art Dankbarkeit für das Wunder des Körpers, auch wenn dieser Körper ein Leiden hat. Jeder Atemzug, jeder

Augenblick ist so ein Wunder, und sobald dem Patienten diese unmittelbare Erfahrung zuteil wird, steigert sie seine vitale Energie, seine Lebensfreude. Allein dadurch, daß er den einzelnen Augenblick seines Lebens nicht mehr verpaßt oder einfach durch ihn hindurchläuft.

Die andere Antwort lautet: »Ich habe gelernt, daß ich nicht das gleiche bin wie meine Gedanken, und als Folge davon, daß ich etwas anderes bin als meine Schmerzen, meine Leiden.«

Achtsamkeit in der medizinischen Ausbildung

Ich spreche nun noch über einen anderen Aspekt, nämlich die Ausbildung der Mediziner, das heißt nicht nur der Medizinstudenten, sondern auch der Ärzte. Da die Ärzte unter dauerndem Streß tätig sind, tun sie offenbar alles dafür, daß auch schon die Studenten kein leichtes Leben haben, etwa nach dem Grundsatz: »Wir haben auf diese Weise unser Handwerk gelernt, und genauso werdet ihr es auch lernen.« Unsere medizinische Ausbildung ist nicht so gut, wie sie sein könnte; sie bildet zu wenig Menschen heran, die durch Mitleiden, Einfühlungsvermögen, Bescheidenheit und Gelassenheit ausgezeichnet sind. In ihrer Tätigkeit haben Ärzte mit schwersten menschlichen Leiden zu tun, aber keiner bringt ihnen bei, wie man am besten damit umgeht. Aus diesem Grund haben wir einen eigenen Achtsamkeits-Kurs für Studenten und interessierte Ärzte eingerichtet, der ihnen helfen soll, ihr Verständnis für den Patienten zu vertiefen und den Umgang mit ihm zu verbessern.

Wir wissen, daß das Arzt-Patient-Verhältnis für die Heilung von größter Wichtigkeit ist. Deshalb bringen wir den Studenten vor allem die Fähigkeit des Zuhörens bei. Ein Arzt kann nicht selten durch sein ganzes Wesen, durch seine Person mehr erreichen als mit Medikamenten. Das bedeutet aber auch, daß der Arzt unbedingt die Kunst des nahen Zuhörens, der Aufmerksamkeit und der Mitleidensfähigkeit erlernen muß. Wenn Medizinstudenten ihr Studium abschließen, dann gibt man ihnen normalerweise noch schnell einen Vortrag über Mitgefühl, Bescheidenheit und Gelassenheit, aber vorher hat sie niemals jemand in diesen guten Eigenschaften unterrichtet. Wer in einem tibetischen Kloster Mitleiden oder Gelassenheit lernen will, arbeitet daran dreißig oder vierzig Jahre. Bei uns im Westen reden wir bei der Abschlußfeier zwar über die schönen Ideale, aber niemand kümmert sich darum, wie man diese Eigenschaften in einem Menschen entwickelt.

In unserer Universitätsklinik spreche ich während der ersten zwei Tage zu den neuen Studenten. Ich spreche von der Meditation und ihrer Bedeutung für Gesunde und Kranke und versuche damit, von Anfang an die Grundlage für eine veränderte Sicht der Dinge zu schaffen, einen umfassenderen Blick, so daß die Studenten sich während des Studiums nicht selbst vergessen, sondern sich immer daran erinnern, warum sie überhaupt Arzt oder Ärztin werden wollten. Das ist alles andere als selbstverständlich. Wenn jemand etwas unbedingt erreichen will und hart dafür arbeitet und währenddessen sein persönliches Leben ablegt, weiß er oft nicht mehr, wenn er das Erstrebte endlich erreicht hat, warum er es eigentlich haben wollte. Bezeichnenderweise finden wir in den Vereinigten Staaten gerade bei Ärzten eine sehr hohe Selbstmordrate sowie Alkohol- und Drogenmißbrauch, weil sie einem starken Dauerstreß ausgesetzt sind, auf den sie in ihrer Ausbildung keineswegs vorbereitet wurden.

Wir haben also für Medizinstudenten einen eigenen Streß-Abbau-Kurs eingerichtet. Er dauert, wie der Kurs für die Patienten, acht Wochen. Er ist allerdings weniger intensiv und enthält als Hausaufgabe nur eine 15minütige Meditation pro Tag, mehr verfügbare Zeit haben die Teilnehmer einfach nicht. Nach diesen acht Wochen möchten viele nicht damit aufhören, also schließt sich ein weiterer Kurs an, mit freiwilliger Teilnahme und einer Dauer von acht Monaten. Es gibt in diesem Kurs keine Prüfungen, Noten oder Scheine, und die Teilnehmer sind weder zur häuslichen Mitarbeit verpflichtet, noch zum regelmäßigen Erscheinen. Der wesentliche Kursinhalt ist Zuneigung, die liebende Sorge um Vitalität, Lebensfreude und Achtsamkeit. Aus diesem Grund ist der Kurs außerordentlich begehrt. Im Wahlfach können die Studenten dann auch die Arbeitsweise unserer Klinik und die Patienten selbst beobachten. Kursteilnehmer sind außer den Medizinstudenten aber auch interne und externe Ärzte. So versuchen wir, in die Aus- und Weiterbildung der Mediziner nicht nur die Tätigkeit der Meditation einzuführen, sondern überhaupt die Wechselbindung zwischen Körper und Geist.

Der Physiker David Bohm hat in seinem Buch ›Wholeness and the Implicate Order‹ darauf hingewiesen, daß die Wörter »Meditation« und »Medizin« aus der gleichen indogermanischen Sprachwurzel stammen. Das lateinische Wort »mederi« heißt »heilen«, ursprünglich aber hatte es die Bedeutung »messen«. Vielleicht fragen Sie sich jetzt, was Medizin oder Meditation mit Messen zu tun haben soll. Sie haben nichts damit zu tun, solange wir beim Messen nur an äußerliche Maßstäbe denken, etwa an einen Meterstab. Aber die ursprüngliche Bedeutung hängt zusammen mit dem platonischen Begriff des rechten inneren Maßes, mit den wesentlichen Eigenschaften einer Sache oder eines Menschen. Das rechte innere Maß des Körpers ist die Gesundheit, das harmonische Gleichgewicht aller Teile. In diesem Sinne ist es die Aufgabe der Medizin, dieses innere Maß wiederherzustellen, wenn es aus dem Gleichgewicht geraten ist. Und die Meditation ist die unmittelbare Wahrnehmung der rechten inneren Harmonie. Ich halte es für sehr nützlich, zu einem solchen Denken in Tiefenkategorien herauszufordern, zu einem Verständnis der Ganzheit und Einheit des Menschen. Das wird den Studenten eines Tages sicher helfen, Krankheiten aus einem weniger verengten Blickwinkel zu sehen.

Verhaltensmedizin
(Daniel Brown)

In den letzten dreißig Jahren häufen sich die wissenschaftlichen Beweise für den – schädlichen und nützlichen – Einfluß der Gefühle auf den Gesundheitszustand des Menschen. Neue Entdeckungen in Biologie und Psychologie führten zu einer engeren Verbindung der beiden Wissenschaften hinsichtlich der Fähigkeit des menschlichen Geistes, körperliche Heilungsprozesse hervorzurufen. Ein bedeutsames Ergebnis dieser Zusammenarbeit ist die Verhaltensmedizin, das heißt die Anwendung solcher Verfahren wie Biofeedback, Entspannungstraining oder auch Hypnose bei der Behandlung somatischer und psychosomatischer Störungen. Diese Heilverfahren werden bei einer großen Zahl von Beschwerden eingesetzt: von Kopfweh und chronischen Schmerzen bis Bluthochdruck und Asthma, sogar bei unerwünschten Nebenwirkungen anderer Behandlungsmethoden, zum Beispiel der Chemotherapie. Ein weiteres Anwendungsgebiet der Verhaltensmedizin sind gesundheitsschädliche Gewohnheiten und Abhängigkeiten, so zum Beispiel zu reichhaltiges Essen, Medikamenten- und Drogenmißbrauch oder Rauchen. Außerdem trägt sie durch eine höhere Entspannungs- und Konzentrationsfähigkeit auch zur Steigerung des allgemeinen Wohlbefindens bei. Daniel Brown schildert die Behandlungsmethoden der Verhaltensmedizin anhand einiger Beispiele aus seiner klinischen Praxis.

DAN BROWN: Die Verhaltensmedizin hat eine ganze Reihe neuartiger Methoden entwickelt; dazu gehören Selbstbeobachtung oder genauer: Selbstmonitoring, Reizüberwachung, Selbststeuerung, Ruhe- oder Entspannungstherapie, Steigerung der inneren Wahrnehmung sowie die Kognitionstherapie, die selbstzerstörerischen Vorstellungen entgegentritt.

Alle diese Therapie-Ansätze beruhen auf einer Lerntheorie, die unter anderem dadurch charakterisiert ist, daß auch der Körper lernt, gesundheitsfördernde Gewohnheiten zu entwickeln und gesundheitsschädliche Gewohnheiten zu verlernen. Bei erfolgreicher Anwendung erlangt der Körper ein neues Gleichgewicht oder anders gesagt: die Fähigkeit zur Selbststeuerung. Beim Selbstmonitoring bitten wir Patienten, ihre Symptome in einem täglichen Protokoll oder einem Tagebuch festzuhalten. Wenn jemand zum Beispiel unter chronischen Schmerzen leidet, so bitten wir ihn, die Schmerzerfahrungen stündlich in ein Notizbuch einzutragen, außerdem die Stärke der Schmerzen auf einer Skala von 0 (keine Schmerzen) bis 5 (quälende Schmerzen) zu bewerten. Dazu wird jeweils notiert, in welcher Situation sich der Patient gerade befindet und was er gerade tut sowie seine Gedanken und Gefühle dabei. Er führt dieses Protokoll zwei Wochen lang. Auf diese Weise soll der Patient lernen, sich selbst systematisch zu beobachten. Mit dieser Fähigkeit erhöht sich die Wahrnehmung der Symptome und der jeweiligen Situation. Nachdem der Patient eine Zeitlang anhand seiner Notizen die wechselnde Stärke der Schmerzen verfolgt hat, erkennt er allmählich einen Zusammenhang zwischen einer Situation und dem Ansteigen oder Nachlassen der Schmerzen. Als nächstes lassen wir ihn die Risiko-Zeiten herausfinden. Sind die Schmerzen beispielsweise immer um acht Uhr morgens besonders stark, so ist dieser Zeitpunkt eine Risiko-Zeit. Wenn die Schmerzen dagegen unter der Woche stärker sind als am Wochenende, dann sollte er diese Zeiten als Risikozeiten definieren. Hier werden möglicherweise die stärkeren Schmerzen durch irgendein Problem am Arbeitsplatz ausgelöst.

Ein weiteres von uns angewandtes Verfahren ist die Reizkontrolle. Bei Menschen mit einer schlechten und schädlichen Gewohnheit verknüpft sich diese durch einen Lernprozeß mit sonst harmlosen Gegenständen oder Ereignissen, die dann wie ein auslösender Reiz wirken. Manche Menschen beispielsweise überessen sich gewohnheitsmäßig. Sobald sie irgend etwas Eßbares im Haus oder auch nur eine Nahrungsmittelwerbung sehen, fangen sie automatisch zu essen an. Ein solches Gewohnheitsverhalten wird durch die Umgebung geformt.

Ein weiteres Beispiel in diesem Zusammenhang ist Schlaflosigkeit. Dafür kann eine kurzzeitige Ursache verantwortlich sein, wenn jemand etwa nervös ist wegen einer bevorstehenden Prüfung; oder es wird plötzlich heiß, man öffnet das Fenster, hört den Lärm von draußen und kann nicht mehr schlafen. Solche Schlafstörungen beheben sich meist von selbst, wenn die störende Ursache vorübergeht, meist nach wenigen Tagen oder einer Woche. Andere Menschen jedoch befürchten, überhaupt nicht einschlafen zu können. Dann lesen sie ein Buch, schalten den Fernseher im Schlafzimmer ein oder holen sich etwas zum Essen ins Bett. Was dem Menschen den Schlaf bringt, ist aber gerade das Gegenteil davon: das Abschalten aller Informationen von außen und die körperliche Nicht-Aktivität. Wenn man sich hinlegt und die Augen schließt, dann wird durch das Beenden der Körperbewegung und der Aufnahme von Umgebungsreizen im Gehirn eine Art Schlaf-Mechanismus ausgelöst. Wenn man dagegen das zentrale Nervensystem durch Lesen oder Fernsehen in fortdauernder Aktivität hält, stellt sich der Schlaf nicht ein. Man kann hier also sagen: Das Problemlösungsverhalten schafft erst das Problem. Wir geben den Patienten nun sehr genaue Anweisungen an die Hand, zum Beispiel keinen Fernseher im Schlafzimmer zu haben, erst zur Schlafenszeit ins Bett zu gehen oder wenn sie wirklich müde sind. Das Ergebnis ist, daß in siebzig Prozent der Fälle von Schlafstörungen innerhalb von fünf Sitzungen bereits eine Verbesserung eintritt. Wir ziehen daraus den Schluß, daß Schlaflosigkeit sehr oft durch erlernte Gewohnheiten und Verhaltensformen verursacht ist. In der Behandlung – mit dem Ziel der bewußten Überwachung der Umgebungsreize – wird also zuerst untersucht, welche Situation und welches Verhalten das Problem geschaffen haben.

Ein anderes von uns angewandtes Verfahren ist die sogenannte Selbststeuerung. Nehmen wir als Beispiel jemanden, der sich das Rauchen abgewöhnen möchte. Wir fordern diesen Menschen als erstes auf, sein Rauch-Verhalten zu überwachen. Jedesmal, wenn er eine Zigarette raucht, schreibt er das auf und bewertet auf einer Skala von 1 bis 5, wie notwendig er die jeweilige Zigarette gebraucht hat. Auch dieses Protokoll wird zwei Wochen lang geführt. Danach lassen wir ihn einen Plan aufstellen, anhand dessen er nur die am wenigsten benötigten Zigaretten ausläßt. Erst wenn dieses Ziel erreicht ist, geben wir ihm das nächste vor. Diesmal soll er die Zigaretten mit der zweitniedrigsten Dringlichkeit aufgeben. Schließlich bleiben nur noch die unverzichtbaren Zigaretten übrig, und dann arbeiten wir einen weiteren Plan für diese aus. Bei dieser Selbststeuerung arbeiten wir also mit Zeitplänen, wir stellen Verhaltenskriterien und Zwischenziele auf. Sind die Ziele leicht erreichbar, so streben die Patienten sie auch gerne an, sind stolz auf den schnellen Erfolg und setzen sich das nächsthöhere Ziel. Sie lernen, ihr Verhalten zu ändern.

Entspannungstherapie und innere Wahrnehmung

Die Ruhe- oder Entspannungstherapie geht in der Weise vor sich, daß alle Muskeln des Körpers systematisch angespannt und entspannt werden (das Verfahren heißt deshalb auch progressive Muskelentspannung). Andere Methoden, die zu demselben Ziel führen, sind Hypnose und einige Meditationsformen. Außerdem benützen wir zu diesem Zweck verschiedene Atemübungen und Biofeedback.

Bei der Methode der sogenannten inneren Wahrnehmung bitten wir ganz normale Menschen, ich meine damit: keine Yogis oder Meditationspraktiker, Veränderungen ihrer inneren Körperzustände zu beachten. Wir sehen immer wieder, daß die meisten Menschen bei dieser Beobachtung nachlässig und ungenau sind. Sie können, überraschenderweise, ziemlich genau einige allgemeine physiologische Zustände einschätzen, etwa ihren Blutdruck oder andere ihren Blutzuckerspiegel. Wenn es sich aber um ganz spezifische Vorgänge handelt, schaffen sie das selten. Wir fragen zum Beispiel, welche Muskeln an Kopfschmerzen beteiligt sind, und erhalten zumeist falsche Antworten. Wenn wir jemanden, der an Verdauungsstörungen leidet, danach fragen, wann seiner Meinung nach eine zu starke Darmmuskeltätigkeit stattfindet, so fällt die Antwort höchst ungenau aus.

Bei bestimmten Gesundheitsproblemen sind die Betroffenen besonders unfähig, innere Vorgänge klar zu erkennen. Menschen mit Übergewicht zum Beispiel verwechseln gern manche Gefühlsbewegungen mit Hunger. Sie essen, wenn sie Angst oder Traurigkeit empfinden, weil sie dieses Gefühl fälschlich als Hunger wahrnehmen.

Achtzig Prozent der Menschen mit Asthma können nicht angeben, wie stark sich ihre Lungenmuskeln zusammenziehen. Wir versuchen, den Menschen zu einer genaueren Wahrnehmung dieser körperlichen Vorgänge zu verhelfen, damit sie diese Vorgänge schließlich selbst steuern können.

Die letzte der erwähnten Methoden ist die Kognitionstherapie. Dabei fordern wir die Patienten auf, alle Gedanken, die ihnen so durch den Kopf gehen, wahrzunehmen und aufzuschreiben, dann die wiederkehrenden negativen Gedanken herauszufiltern und schließlich für diese ein Gegenmittel zu finden. Das Gegenmittel hat die Form eines positiven, dem negativen Inhalt genau entgegengesetzten Gedankens, den die Patienten möglichst oft und den ganzen Tag über innerlich wiederholen sollen, fast wie ein Mantra, um damit die negative Denkgewohnheit abzubauen. Es ist tatsächlich so, daß sich manche Kranke durch solche negativen Gedanken in einen Asthma-Anfall hineinsteigern können. Diesen Mechanismus gilt es also aufzubrechen.

Kopfschmerz – und die Antwort der Verhaltensmedizin

Etwa sechzig Prozent aller unserer ambulanten Patienten kommen mit Kopfschmerz zu uns; dieser Befund ist bei weitem die häufigste Überweisungsursache.

Es gibt drei Arten von Kopfschmerz, über die wir Genaueres wissen. Bei der ersten Art liegt irgendeine biologische Grundlage vor, etwa bei Kopfschmerz, der zusammen mit einem Tumor auftritt oder auch mit einer organischen Krankheit wie Grippe oder Erkältung; manchmal ist es auch nur ein Kater nach hohem Alkoholkonsum. In diesen Fällen ist der Kopfschmerz entweder durch Veränderungen in der Gewebestruktur verursacht oder durch chemische Substanzen, die im Körper ausgeschüttet werden. Solche Kopfschmerzen können wir mit Verhaltensmedizin nicht behandeln; allerdings finden wir sie nur bei etwa fünf Prozent aller klinisch behandelten Kopfschmerzpatienten. Die beiden anderen Arten sind der Spannungs- und der gefäßbedingte Kopfschmerz. Spannungskopfschmerzen sind in erster Linie durch die Anspannung der Muskeln in Kopf, Hals und Nacken herbeigeführt; sie sind die häufigste Erscheinungsform und machen etwa 85 Prozent aller Kopfschmerzfälle aus. Gefäß-Kopfschmerzen werden durch Veränderungen an den Blutbahnen hervorgerufen. Die meisten unserer Patienten leiden nicht nur unter einer dieser Formen von Kopfschmerz, sondern unter einer Kombination aus beiden.

Die Behandlung muß sowohl die Ursachen der Krankheit berücksichtigen, als auch die Umstände, die sie aufrechterhalten. Alle oben erwähnten Streßfaktoren können Kopfschmerzen auslösen, indem sie Veränderungen der Muskelspannung und in den Blutgefäßen hervorrufen. Bei Patienten mit chronischem Kopfschmerz sind bestimmte Muskelbänder im Kopf, im Hals und auf der Schädeldecke dauernd angespannt; die hohe Muskelspannung bleibt auch dann bestehen, wenn sie einmal keine Schmerzen spüren. Unter Streß genügt dann schon eine sehr geringe Veränderung der Muskelspannung, und der Schmerz ist wieder spürbar. Das betroffene Muskelgewebe unterscheidet sich von anderem, gesundem Muskelgewebe. Es fühlt sich erheblich härter an, weil es mit einer Flüssigkeit angefüllt ist, die aus der Produktion gewisser Kohlenhydrate im Gewebe stammt.

Von großem Einfluß sind auch Abweichungen vom normalen Blutkreislauf im Gefäßsystem. Bei einem Patienten mit

Gefäß-Kopfschmerz, etwa Migräne, stellen wir im Augenblick des Schmerzanfalls eine charakteristische Größenveränderung der Blutgefäße fest. Zuerst ziehen sich die Adern in der Haut zusammen, meist als typische Antwort auf irgendeine Streßsituation. Diese Zusammenziehung ist ein Vorläufersyndrom, eine Art Frühwarnsystem. Bei einigen Menschen beeinflußt sie sogar die Adern im Schädel und die Blutversorgung im Gehirn, wodurch zunächst Sehstörungen und Übelkeitsgefühle auftreten können. Diese frühen Symptome sind deutliche Anzeichen einer Migräne. Zwanzig bis dreißig Minuten später dehnen sich die Blutgefäße im Schädel wieder aus. Erst in diesem Augenblick nimmt der Mensch das Kopfweh körperlich wahr.

Bei der Ausdehnung der Blutgefäße im Kopf gehen mehrere biochemische Veränderungen vor sich. Die Blutplättchen, die im Blutstrom mitschwimmen, kleben aneinander und geben sogenannte Katecholamine ab, sowohl in die Blutbahn, als auch ins Gewebe. Diese Substanzen (etwa das Adrenalin) sind ein Teil der Streßreaktion des Körpers; sie schütten weitere Substanzen aus, die ihrerseits die Schmerzschwelle senken, wodurch der Organismus empfindlicher gegen Schmerzen wird. Sodann ergibt sich eine Entzündung des Gewebes zum Zweck der Sterilisierung, ähnlich der Reaktion auf eine Infektion durch Bakterien. Es ist die Ausschüttung der biochemischen Substanzen, die den Schmerz intensiviert und das Gewebe entzündet. Aus diesem Grund haben Menschen mit Gefäß-Kopfschmerz oft stunden- oder sogar tagelang unter ihren Schmerzen zu leiden.

Ist der Kopfschmerz einmal da, so kann er sich durch eine Reihe von Faktoren in die Länge ziehen. Selbst die Sorgen, die man sich um mögliche Kopfschmerzen macht, können das vegetative Nervensystem derart beeinflussen, daß sich daraus die charakteristischen Veränderungen an den Muskeln und den Blutgefäßen ergeben.

Auf ähnliche Weise kann Kopfschmerz zu einem erlernten Reflex werden, so daß sich diese Phänomene auch ganz ohne Streß einstellen. Personen, die im ersten Jahr des Leidens ihre Schmerzen protokollieren, können im Durchschnitt etwa siebzig Prozent der schmerzauslösenden Ereignisse und Ursachen definieren. Nach einem Zeitraum von fünf Jahren gelingt ihnen das nur noch in dreißig Prozent, nach weiteren fünf Jahren in weniger als zehn Prozent der Fälle. Mit der Zeit wird also das gesamte physiologische Reaktionsmuster zu einem erlernten Reflex, und schon bei sehr geringen äußeren Anlässen treten die typischen schmerzauslösenden Veränderungen ein. Nach fünf oder zehn Jahren mit chronischem Kopfschmerz wissen die betroffenen Personen nicht mehr, was den Schmerz auslöst; sie sagen, er passiere einfach, und das ist nicht einmal falsch. Aus diesem Grund kommt dem Verständnis der erlernten Schmerzen eine besondere Wichtigkeit zu.

Eine der ersten Maßnahmen, die wir von einem Patienten verlangen, ist die Führung eines täglichen Protokolls. Dabei stellt sich heraus, daß bei Kopfschmerzen gewöhnlich zwischen vier und sechs mehr oder weniger bedeutsame Faktoren beteiligt sind. Nach einigen Wochen können wir anhand des Protokolls für den einzelnen Patienten ein individuelles Risikoprofil erstellen. Danach empfehlen wir ihm, die Einzelheiten der mit Kopfweh verbundenen Umstände und Situationen zu verändern.

Das Kopfschmerz-Protokoll hat die äußere Form einer Serie von Karten, jeweils mit der Abbildung eines Kopfes darauf. Mit einem Farbstift oder auch mit Zahlen markieren die Patienten die Kopfpartien, an denen sie Schmerzen spüren. Gleichzeitig wird die Tageszeit notiert sowie die Stärke der Kopfschmerzen. Diese Beurteilung der Schmerzintensität muß stündlich aufgeschrieben werden. Daraus ergeben sich dann typische Verläufe, wie im Fall einer unserer Patientinnen: Sie wachte morgens schon mit quälenden Kopfschmerzen auf, die untertags leicht zurückgingen und am Abend wieder stärker wurden.

Nachdem jemand ein solches Protokoll einige Wochen lang niedergeschrieben hat, ergibt sich zwar ein für diese Person charakteristischer Ablauf; er kann jedoch nicht verallgemeinert werden. Für einen bestimmten Patienten etwa können die Risiko-Zeiten am Morgen und am Abend liegen.

An dieser Stelle müssen wir uns fragen: Warum sind die Schmerzen zu diesen Zeiten besonders stark, nicht aber während des Tages?

DALAI LAMA: Ist diese Patientin beruflich tätig?

DAN BROWN: Ja, sie arbeitet. Es handelt sich um eine alleinerziehende Mutter mit drei Kindern, die zur Arbeit muß, sich aber auch selbst um ihre Kinder kümmert.

DALAI LAMA: Man könnte also annehmen, daß sie untertags wahrscheinlich abgelenkt ist, weil sie an andere Dinge denkt. Würde das die Abnahme ihrer Schmerzen erklären?

DAN BROWN: Wir haben uns die Patientin einige Wochen lang genau angeschaut. Jedesmal, wenn sie Schmerzen hatte, war sie damit beschäftigt, ihre Kinder anzuziehen und zur Schule zu bringen, oder sie machte ihnen Frühstück oder Abendessen. Dieses Ablaufschema konnten wir jeden Tag aufs neue beobachten, so daß wir diese Situationen als Risiko-Zeiten definierten. Der Kopfschmerz ist immer dann am schlimmsten, wenn sie sich darum kümmert, daß ihre Kinder richtig versorgt sind.

DALAI LAMA: Womit beschäftigt sie sich in der Tagesmitte, wenn ihre Schmerzen am schwächsten sind?

DAN BROWN: Sie arbeitet.

DALAI LAMA: Und denkt dabei nicht an ihre Kinder?

DAN BROWN: Richtig. Wir stellten uns die gleichen Fragen, die Eure Heiligkeit gerade stellt. Es ging darum, das für diese Patientin typische Verlaufsschema zu finden.

Typische Ursachen für Kopfschmerzen können auch sein: bestimmte Nahrungsmittel oder auch eine Reihe von Umwelteinflüssen, wie zum Beispiel Autoabgase, das Zigarettenrauchen. Koffein führt zu einer Verengung der Blutgefäße,

Alkohol zu ihrer Erweiterung. Wenn jemand eine große Menge Koffein oder Alkohol zu sich nimmt oder auch – wie es häufig geschieht – beides, so verändern die Blutgefäße fortwährend ihren Umfang und verlieren damit im Lauf der Zeit ihre Stabilität. In diesen Fällen ist es das Verhalten des einzelnen selbst, das seine Kopfschmerzen verursacht. Hungern und Fasten senken den Blutzuckerspiegel, das kann bei einigen Menschen ebenfalls Kopfschmerz auslösen. Bei manchen Frauen können hormonelle Veränderungen während der Menstruation Kopfschmerzen verursachen. Auch Gymnastik, gelegentlich sogar zuviel Schlaf sind weitere Ursachen. Wenn man morgens wach im Bett liegenbleibt, bleibt der Atem flach; dadurch ist der Sauerstoffgehalt im Blut vermindert, und das Gehirn wird nicht mit genügend sauerstoffhaltigem Blut versorgt. Als Gegenreaktion erweitern sich die Blutbahnen, und auch dies führt dann zu Veränderungen im Blutkreislauf.

Einige Menschen sind besonders empfindlich für Änderungen im Herz- und Kreislaufsystem, die durch unterdrückten Ärger hervorgerufen sind. Dies ist aber nur in etwa zwanzig Prozent die Ursache für Gefäß-Kopfschmerzen. Gefühle als Ursachen für Kopfschmerz sind erheblich seltener, als wir im allgemeinen denken. Ein anderer Auslöser ist Medikamentenmißbrauch. Das aus dem Mutterkorn des Roggens gewonnene Ergotamin wird manchmal als Medikament zur Verengung der Blutgefäße verwendet, mithin auch als Mittel gegen Kopfschmerzen, die auf eine Erweiterung der Schädelarterien zurückgehen. Viele nehmen in ihrer Angst vor dem nahenden Kopfweh das Mittel auch unnötigerweise. Die Adern werden dadurch wiederum weniger stabil, so daß hier die Therapie zur Ursache der Krankheit wird.

In der nächsten Phase unserer Behandlung stellen wir das typische Muster der Muskelverspannung fest. Diesem Zweck dient der sogenannte Elektromyograph. Ein aktiver oder angespannter Muskel gibt nämlich sehr viel mehr Elektrizität ab als ein entspannter Muskel. Wir setzen an Kopf und Schädeldecke kleine Elektroden an und können dann auf einem Scanner die typische Muskelaktivität ablesen, die für das

Kopfschmerz-Schema des Patienten verantwortlich ist. Dieses objektive Meßverfahren brauchen wir zur Bestimmung der beteiligten Muskeln, weil Patienten oft ihren Schmerz an einer ganz anderen Körperstelle – sozusagen »verschoben« – wahrnehmen, an einer Stelle, wo überhaupt keine Muskelaktivität stattfindet.

Nach der Feststellung der typischen Muskeltätigkeit kommt das Biofeedback zur Anwendung. An dem betreffenden Muskel wird eine Elektrode angeschlossen, und immer wenn die Muskelaktivität über einen bestimmten Wert steigt, ist aus dem Gerät ein Piepton zu hören. Sobald die Aktivität unter den Wert sinkt, verstummt das Gerät wieder. Wir sagen dem Patienten nun, er solle darauf achten, daß das Gerät immer stumm bleibe. Das ist nur ein anderer Ausdruck für die Aufforderung, die Muskeltätigkeit zu verringern. Nachdem der Patient diesen Wert einzuhalten gelernt hat, wiederholen wir den Vorgang mehrmals, stellen dabei aber den Wert für das Biofeedback auf immer geringere Muskeltätigkeit ein. Dies geschieht für jeden einzelnen Patienten; das heißt, für jeden Muskel mit zu hoher Aktivität entwickeln wir ein individuelles Programm. Normalerweise brauchen Patienten fünf bis zehn solcher Sitzungen, bis sie gelernt haben, die Aktivität des Muskels auf den Normalwert zu reduzieren.

Fallbeispiel: Die Behandlung chronischer Schmerzen

Wir hatten einen männlichen Patienten in unserer Klinik, dessen chronische Schmerzen von einer fünf Jahre zurückliegenden Verletzung stammten. Die Schmerzen hatten während dieser Zeit nicht nachgelassen und verhinderten die Wiederaufnahme seiner Arbeit. Im Elektromyogramm ergab sich ein Wert von fünf Mikrovolt. Als wir den Patienten aufforderten, den Piepton des Geräts zu vermeiden, schnellte der Wert erst einmal auf fast zehn Mikrovolt hoch. Der Patient war offensichtlich unfähig, sich zu entspannen. Er versuchte es immer wieder, mit großer Anstrengung, aber das erhöhte nur seine Anspannung und machte die Sache noch viel schlimmer. Wir erklärten ihm, daß man sich so nicht entspannen könne, daß Entspannung vielmehr eine Beruhigung in Körper und Geist bedeute, etwas, das man nicht so sehr erzwingen dürfe, als vielmehr geschehen lassen müsse.

Nach diesen Erläuterungen begann er allmählich, ruhiger zu werden und schaffte es, in nur einer Sitzung den Wert auf drei Mikrovolt zu senken. Er hatte den Muskel fast unter der Kontrolle seines Willens. In der darauffolgenden Sitzung senkte er den Wert noch weiter, auf etwa zwei Mikrovolt, und von da an ging der Wert kontinuierlich weiter zurück. Zu Beginn einer Sitzung kam er anfangs noch mit einem höheren Aktivitätswert und konnte ihn erst während der Sitzung vermindern; aber dann schaffte er es, die erlernte Entspannung auch zu anderen Zeiten anzuwenden. Nach der siebten oder achten Sitzung blieb der Wert auch während der folgenden Woche unter dem erstrebten Wert.

Außerdem baten wir ihn, die Schmerzanfälle täglich zu protokollieren und die Stärke auf einer Skala von 1 bis 5 zu bewerten. Dann berechneten wir den wöchentlichen Durchschnitt. In der ersten Woche ergab sich eine Stärke von vier, das bedeutete sehr starke Schmerzen. Dieser Durchschnittswert ging bis zur achten Woche kontinuierlich zurück, und am Ende dieser Zeit hatte er im allgemeinen nur noch sehr schwache Schmerzen. Kurzzeitig mochte der Schmerz zwar noch stärker ansteigen oder absinken, aber im Durchschnitt blieb er stark vermindert. Nachdem der Patient gelernt hatte, seine Muskeln zu entspannen, ließ auch die Wahrnehmung der Schmerzen nach.

Als er sich zutraute, wieder zur Arbeit zu gehen, nahmen die Muskelaktivität und der Schmerz sprunghaft zu, da er seine Arbeit als Streß empfand. Trotzdem war er fähig, auch in der veränderten Umgebung die erlernte Muskelbeherrschung anzuwenden. Zwei Sitzungen später hatte er seinen Muskel so weit unter Kontrolle, daß er ihn sogar bei hohem Streß entspannt lassen konnte, und die Elektromyogrammwerte zeigten abermals einen Rückgang. Die Nachbehandlung, drei und sechs Monate danach, ergab keinerlei erhöhte Muskeltätigkeit. Der Schmerz blieb einigermaßen schwach und verschwand schließlich ganz.

Bis jetzt habe ich nur davon gesprochen, wie ein Patient die Kontrolle über eine Muskelaktivität erlernen kann. Aber damit ist das Problem noch nicht gelöst. Wir müssen ihm außerdem beibringen, die Gefäßreaktion zur Steuerung des Blutstroms zu beherrschen. Dafür benützen wir Thermometer an den Fingern, denn die Hauttemperatur ist eine direkte Folge der Größe der Blutgefäße. Sind sie weit offen, so erhöht der verstärkte Blutstrom mit seiner Wärme die Temperatur der Haut. Sind sie verengt, so sinkt die Temperatur. Die Hauttemperatur hängt ebensosehr mit dem Auftreten von Streß zusammen, denn in diesem Fall verengen sich die Blutgefäße. Wenn ein Mensch dagegen ruhig und entspannt ist, erweitern sie sich und die Temperatur steigt an. Die Hauttemperatur ist also ein geeignetes Mittel für ein entsprechendes Biofeedback.

Wir fragen also zum Beispiel die Patienten, ob sie es irgendwie schaffen, ihre Hände warm zu halten. Dann stellen sie sich oft mit geschlossenen Augen vor, sie wärmen sich die Hände über einer Flamme oder einem Herd oder gehen im warmen Sonnenschein spazieren. Nach drei bis fünf Minuten öffnen sie die Augen wieder und sehen nach, ob sich die Hauttemperatur verändert hat.

Das Körper-Lernen

Beim Körper-Lernen, also beim Unterrichten des Körpers in neuen physiologischen Verhaltensweisen, kommt es weniger auf den Umfang der neuen Gewohnheit an als auf die fortgesetzte praktische Ausübung. Damit der Körper überhaupt ein neuartiges Verhalten lernt, ist es besser, jeden Tag ein bißchen zu tun als den einmaligen großen Sprung und dann tagelang nichts mehr. Deshalb geben wir den Patienten die Thermometer mit nach Hause und bitten sie, sechsmal pro Tag etwa drei bis fünf Minuten damit zu üben. Sobald sie eine Temperaturänderung von nur zwei Grad erreichen, können sie mit ihrem Willen den Blutstrom steuern. Das heißt nichts anderes als: Der Geist beherrscht den Körper. Wenn sie auf solche Weise mit den Thermometern an den Fingern beider Hände umgehen können, dann befestigen wir die Thermometer mit Klebebändern an der Hand und setzen die Übung hier fort. Noch später kommt das Handgelenk an die Reihe. Schließlich sind die Patienten fähig, die Temperatur ihres ganzen Unterarms allein mit ihrem Willen um zwei Grad zu verändern. Danach bringen wir die Thermometer an den Zehen an, was schon nicht mehr so leicht ist, dann an den Füßen.

Nach einiger Zeit lernen die Patienten, immer größere Partien der Körperoberfläche so unter Kontrolle zu halten. Mit wachsender Beherrschung der Temperatur verbessern sich dann auch ihre Kopfschmerzen, da sie den gesamten Blutstrom in der Haut beeinflussen können. Ihre Kopfschmerzen sind durch eine örtliche Unregelmäßigkeit der Blutzirkulation verursacht, also bringen sie diese durch eigene Geschicklichkeit wieder ins Gleichgewicht. Im allgemeinen brauchen Patienten zwanzig Wochen, um diese Fähigkeit zu erlernen. Manche schaffen es schneller, manche langsamer, aber eigentlich kann so etwas jeder lernen.

Danach üben wir mit den Patienten die Zwerchfellatmung ein. Sie lernen, sehr langsam aus- und einzuatmen, indem sie sich die Hände auf den Bauch legen und das Aufspreizen der Finger als Biofeedback benützen. Bei einer etwa zwanzigminütigen Atemübung dieser Art pro Tag findet eine verstärkte Aufnahme von Katecholaminen ins Blut statt. Da diese Substanz, wie erwähnt, an der Streßreaktion des Körpers beteiligt ist, können so allein durch die Atmung die Wirkungen entzündungserregender Stoffe gehemmt werden. Während der Atemübung konzentrieren sich die Patienten auf die Bewegung des Zwerchfells. Wenn sie die Atemübung während einer Schmerzphase machen, wird der Schmerz dadurch schlimmer. Auch bei zu flachen Atemzügen kann sich der Schmerz verstärken. Wir müssen also bei der Einübung den Patienten sehr genaue Anweisungen geben. Wenn sie die

195

Übung danach richtig durchführen, wirkt sie nach einiger Zeit geradezu als Prävention, und die Kopfschmerzen werden immer schwächer und seltener.

Die Beobachtung der Symptome

Zusammenfassend kann man sagen: Dieser erste Abschnitt der Behandlung hat als Ziel die Verminderung schädlicher und das Erlernen gesundheitsfördernder Körperreaktionen. Die dabei angewandten Verfahren sind Methoden der Muskelentspannung, Selbststeuerung des Blutkreislaufs und Atemübungen.

Der zweite Abschnitt besteht im Umgang mit dem akuten Kopfschmerz, also während des Auftretens der Symptome. Hierbei versuchen wir, die Abfolge der Ereignisse festzustellen, die zum Auftreten der Kopfschmerzen führen. Wir fordern also die Patienten auf, das frühestmögliche Symptom zu notieren, noch bevor sich der Schmerz in voller Stärke bemerkbar macht. Mit dieser Methode lernen sie mit der Zeit, die allerersten Anzeichen zu bemerken. Es fällt ihnen zum Beispiel auf, daß sie sich zuerst nur etwas komisch fühlen; zehn Minuten später empfinden sie ein Übelkeitsgefühl und stellen Sehstörungen fest. Wieder fünf oder zehn Minuten später spüren sie, daß nun der Kopfschmerz beginnt. In diesem Augenblick, der eine Art Wiedererkennung ist, setzen dann die negativen Gedankengänge ein: »Jetzt geht das schon wieder los! Das ist das stärkste Kopfweh, das ich je hatte. Und ich kann überhaupt nichts dagegen tun!« Diese negativen Gedanken machen aber alles nur noch schlimmer, und dann ist der Schmerz wirklich unerträglich.

Nachdem wir mit den Patienten jedoch die Abfolge der Verhaltensweisen und Symptome festgestellt haben, sollen sie selbst gesundheitsfördernde Maßnahmen für jeden einzelnen Schritt erarbeiten. Sobald sie sich zum Beispiel nur ein bißchen seltsam fühlen, erinnern sie sich an die Entspannungsübungen, und die Selbstberuhigung hindert möglicherweise die Kopfschmerzen am tatsächlichen Ausbrechen. Wenn sie Übelkeit oder Veränderungen im Gesichtsfeld bemerken, dann ist das der richtige Moment für den Einsatz der Thermometer, um über den Willen die Blutzirkulation zu steuern, noch bevor das Kopfweh einsetzt. Und wenn sie feststellen, daß negative Gedanken entstehen, können sie sie ausschalten, indem sie sich wohltuende, positive Inhalte ins Gedächtnis rufen.

Zuletzt üben sie Methoden für den Umgang mit den Schmerzen ein. Wir zeigen den Patienten eine Aufmerksamkeitshaltung, die die Wahrnehmung der tatsächlichen Schmerzen verändert. Wir haben herausgefunden, daß sich die Menschen stark unterscheiden in der Art, wie sie Schmerzen wahrnehmen. Es gibt dabei vier verschiedene Arten, aber was für den einen gut ist, muß nicht auch einem anderen helfen. Manche Menschen versuchen es zum Beispiel mit einer Vermeidungsstrategie: Sie lenken sich ab, denken sich etwas aus, stellen sich etwas anderes vor als den Schmerz oder konzentrieren sich auf Ereignisse in ihrer Umgebung. Andere erleichtern sich den Schmerz, indem sie sich vorstellen, ihre Hand würde gefühllos und diese Gefühllosigkeit würde zur schmerzenden Stelle hin bewegt, eine Art bildliche Vorstellung von Empfindungslosigkeit. Ein drittes Verfahren ist die unmittelbare Beeinflussung der Schmerzempfindung, wobei die Patienten sich auf den Schmerz selbst konzentrieren, sich dabei aber anstatt der Schmerzen ein prickelndes oder wärmendes Gefühl vorstellen. Die vierte Methode ist Achtsamkeit: Der Patient richtet seine volle Aufmerksamkeit so lange auf den Schmerz, bis er weggeht. Wir unterrichten jeden Patienten in der für ihn passendsten Methode. Wir nehmen für diese Übungen eine sozusagen neutrale Schmerzzone, die dem Patienten keine Schwierigkeiten macht, auf keinen Fall den Kopfschmerz selbst. Genauer gesagt: Wir führen den Schmerz eigenhändig herbei, indem wir den Patienten einfach an irgendeiner Stelle ein wenig zwicken, und bewerten dann die verschiedenen möglichen Gegenmaßnahmen. Die meisten Patienten finden eine, manchmal auch zwei Methoden bei ihnen erfolgreich, und diese wenden wir in der Folge an, sobald der zu behandelnde Schmerz tatsächlich auftritt.

Ein Beispiel ist die schon erwähnte Mutter mit den drei Kindern und den Kopfschmerzen am Morgen und am Abend. Sie war bereits sehr geschickt darin, ihren ganzen Körper tagsüber in Ruhe zu halten, sie machte ihre Atemübungen und konnte am Kopf ihre Muskeln entspannen und den Blutkreislauf steuern. Aber es dauerte noch zwanzig Wochen, bis sich die Regelmäßigkeit ihrer Kopfschmerzanfälle so weit änderte, daß sie bald gar keine Schmerzen mehr hatte – nach 13 Jahren täglichen Leidens. In der Nachbetreuung konnten wir feststellen, daß sie danach noch sechs Jahre lang völlig ohne Schmerzen war. Erst als sie wieder schwanger wurde, kamen die Kopfschmerzen erneut. Aber auch jetzt gingen sie weg, nachdem sie ihre Übungen wiederaufgenommen hatte. Und seitdem ist sie dauernd schmerzfrei. Hier haben wir also ein gutes Beispiel für das Erlernen eines neuen Körperverhaltens, auch wenn es Zeit kostet.

DALAI LAMA: Phantastisch. Es hat funktioniert.

Die Behandlung von Bluthochdruck

DAN BROWN: Das gleiche Verfahren wenden wir auch bei der Behandlung von Bluthochdruck an. Es beginnt wieder damit, daß die Patienten ihren Blutdruck, den sie dreimal täglich messen sollen, in einem Protokoll schriftlich festhalten. Die einzelnen Etappen der Behandlung sind allgemeine Entspannungsübungen und dann – als der wichtigste Teil – zwanzig Wochen lang Wärmeübungen, und zwar an den Händen und den Arm hinauf, sodann an den Füßen. Zur Temperaturmessung benützen die Patienten einfache Thermometer. Zusätzlich kommen die Atemübungen hinzu. Diese Behandlung ist der Kopfschmerztherapie deshalb so ähnlich, weil auch Bluthochdruck mit der Regulierung der Blutzirkulation zu tun hat.

Ich gebe Ihnen ein Fallbeispiel. Eines Tages kam ein Patient zu uns mit einem systolischen Blutdruck von 180 und einem diastolischen Blutdruck von 100; beides sind sehr hohe Werte. Unser Ziel war es, den diastolischen Blutdruck von 100 auf 80 zu senken. Als der Patient mit den dreimal täglichen Messungen begann, zeigte sich nach sechs Wochen allein durch die regelmäßige Beobachtung ein leichter Rückgang des Blutdrucks; die auf ihn angewandte Achtsamkeit verursachte schon eine kleine Veränderung. Am Ende der zwanzigsten Woche des Programms war der diastolische Blutdruck auf 82 gesunken, und auch der systolische Blutdruck war auf etwa 150 zurückgegangen. Dieser Wert mag immer noch hoch erscheinen, aber der Patient war bereits siebzig Jahre alt.

Viele unserer Blutdruck-Patienten nehmen bereits Medikamente. Während unserer Behandlung verlangen wir von ihnen anfangs noch nicht, etwas daran zu ändern. Bei manchen Patienten allerdings vereinen sich die Medikamente und unser Verhaltenstraining zu einer kombinierten Wirkung, durch die der Blutdruck zu schnell absinkt. Bei ihnen stellt sich dann ein haltungsbedingter niederer Blutdruck ein, das heißt, es wird ihnen zum Beispiel schwindlig, wenn sie zu rasch aufstehen. Wenn wir so etwas beobachten, vermindern wir die Dosis der Medikamente und empfehlen allein die willentliche Steuerung. Bei einer Senkung des diastolischen Blutdrucks während zwei Wochen unter einen Durchschnittswert von 80 vermindern wir die Einnahme der Medikamente um 20 Prozent. Steigt der Blutdruck wieder an, erhöhen wir auch die Medikamenteinnahme entsprechend. Etwa ein Drittel unserer Patienten erreicht einen stabilen Wert von 80 ohne medikamentöse Behandlung, ein Drittel erreicht ihn mit einer Verminderung der Medikamente, und bei einem Drittel führt die Behandlung zu keinem Ergebnis.

Das nächste Fallbeispiel eines Bluthochdruck-Patienten habe ich eigentlich unseren Dolmetschern zuliebe gewählt, die unsere Referate hier so hervorragend übersetzen. Dieser Patient ist nämlich Gerichtsdolmetscher, ein sehr anstrengender Beruf. Er muß außerordentlich präzise dolmetschen, denn jedes seiner Worte geht in die Prozeßakten ein; während seiner Tätigkeit macht er sich also dauernd Sorgen um das zutreffende Wort. Im Selbstmonitoring konnten wir feststellen, daß der wichtigste Auslöser für seinen Bluthochdruck genau diese Dolmetschertätigkeit war. Wir brachten ihm die entsprechenden Übungen bei, und das Ergebnis war, daß der systolische und der diastolische Blutdruck zurückgingen. Als er den Wert von 80 erreicht hatte, sagten wir ihm, er solle die Thermometer doch mit in den Gerichtssaal nehmen und die Übungen damit während der Arbeitspausen durchführen. Bald stellte er Bluthochdruck nur noch in außerordentlichen Streßsituationen fest. Allmählich schaffte er es jedoch, selbst in diesen Situationen seinen Blutdruck zu senken. Mit anderen Worten: Er kann jetzt seinen Lernerfolg auf eine andere Situation übertragen; er beherrscht das neue Verhalten nicht nur in einem Ruhezustand, sondern auch bei der Herausforderung durch sehr hohen Streß.

Bei Personen, die nur sehr unregelmäßig ihre Übungen machen, also etwa ein paar Tage hintereinander gar nichts tun, bleiben die Ergebnisse unsicher. Der Unterschied zwischen ihnen und den Patienten, die sehr regelmäßig üben, fällt sofort ins Auge. Auch hier gilt wieder: Die Dauerhaftigkeit der Besserung ist wichtiger als ihr Umfang. Wenn der Körper ein neues Verhalten lernen soll, ist es günstiger, man tut täglich ein wenig, als daß man erst einen großen Sprung macht und dann tagelang nichts mehr.

Die Behandlung von Asthma

Asthma ist der Zustand, in dem sich das glatte Muskelgewebe, das die Atemwege umgibt, krampfartig zusammenzieht. Dabei wird die Luft in den Bronchien eingeschlossen, so daß der Mensch nur noch mühsam ausatmen kann. Die Krankheit tritt entweder chronisch oder akut auf. Bei chronischem Asthma ziehen sich einige der feineren Luftröhrenverzweigungen zusammen. Die Stärke der Anfälle schwankt, sie können mal stärker, mal schwächer sein, aber ein asthma-anfälliger Mensch spürt die meiste Zeit einen gewissen Druck auf die Atemwege. Bei einem akuten Asthma-Anfall tritt eine Verengung nicht nur der feineren Atemwege ein, sondern auch der Luftröhre. Die Atmung wird dabei so sehr blockiert, daß der Mensch buchstäblich keine Luft mehr bekommt.

In unserer Verhaltenstherapie behandeln wir das chronische und das akute Asthma. Auch hier beginnen wir wieder mit Selbstmonitoring. Wir zeigen den Patienten, wie sie selbst wahrnehmen können, ob und wann die Atemwege verkrampft sind oder nicht. Die meisten Menschen bemerken das selbst kaum. Deshalb setzen wir hierfür einen Luftstrommesser ein, mit dem festgestellt wird, wieviel Luft der Patient auf einmal mit Anstrengung herauspressen kann. Dieses Gerät arbeitet sehr genau und ist außerdem billig, weshalb die Patienten es mit nach Hause nehmen können. Über die einzelnen Messungen führen sie wieder ein Protokoll. In den ersten beiden Wochen dienen die Messungen nur der Festlegung der Ausgangswerte. Aber schon während dieser Zeit zeigen sich bei vielen Asthmatikern gewisse Verbesserungen. Sie machen sich seltener vorwegnehmende Sorgen um einen Asthma-Anfall, da ihnen nun ihr Grundmuster allmählich vertraut ist. Sie erkennen die Symptome eines beginnenden Anfalls genauer, so daß schon die Schulung der Aufmerksamkeit wohltuende Wirkung zeigt.

Das ist der erste Schritt. Als nächstes lernen die Patienten Entspannung sowie Biofeedback mit dem Luftstrommesser. Sie benützen das Gerät vor allem bei besonderen Atemübungen, bei denen sie sich bildlich vorstellen sollen, wie sie die Luft sanft herausdrücken. Wenn sie dabei zu viel Kraft anwenden, verstärkt sich der Krampf; wenn sie aber in einem entspannten Zustand sind, finden sie möglicherweise das richtige Maß an Anstrengung, so daß der Krampf in den Bronchien nachläßt und der Luftstrommesser einen höheren Wert anzeigt. Auf diese Weise bringen sie sich selbst eine höchst individuelle Atemtechnik bei. Gleichzeitig lernen sie, die Reaktionen des glatten Muskelgewebes mit ihrem Willen zu steuern. Bei allergischem und Entzündungsasthma ist das Verfahren wirkungslos, aber bei streßbedingtem Asthma haben wir sehr gute Ergebnisse erzielt.

Vierter Teil:

Gefühl und Kultur – Der Osten und der Westen

Christliche und buddhistische Tugenden
(Lee Yearley)

Der Referent stellt die christliche Tugendlehre und die Tugenden des Konfuzius dar; einige von ihnen finden sich auch im Buddhismus wieder. Yearley geht dabei genauer auf jenes System der Tugenden und Laster ein, das von Thomas von Aquin aufgestellt wurde, dem großen Gelehrten des 13. Jahrhunderts. Yearley zeigt, daß dessen Tugendkatalog starke Ähnlichkeiten mit entsprechenden Systemen buddhistischer und konfuzianischer Schulen hat. Der Dalai Lama stellt anschließend die buddhistische Tugendlehre vor und es entwickelt sich ein längerer Dialog über die Bedeutung von Handlungsmotiven. Diskutiert wird auch das moralische Dilemma der Rechtfertigung von Gewalt.

LEE YEARLEY: In der christlichen und konfuzianischen Lehre gibt es mehrere allgemeine Charakteristika der Tugend, die man auch im Buddhismus wieder antrifft. In fast allen religiösen Lehren sind Tugenden Beispiele menschlicher Vollkommenheit, einer geglückten Entfaltung des Menschen. Tugenden sind dabei dauerhafte Beigaben für das Ich, die Schlüsselbegriffe der Persönlichkeit, die Kennzeichen, die sie zu dem machen, was sie ist. Überdies werden die Tugenden nicht nur in Taten sichtbar, sondern auch in Gefühlen und Wünschen; Gefühle sind sogar ein wichtiger Bestandteil der Tugenden.

Tugenden haben eine Verbesserungsqualität, das heißt, sie korrigieren menschliche Schwächen – sei es eine bestimmte Versuchung, der man widerstehen soll, oder auch ein innerer Antrieb, der zum Guten gelenkt werden soll. Der Mut, zum Beispiel, korrigiert die Neigung, vor lauter Angst nicht mehr das dringend Nötige zu tun, ähnlich korrigiert Mitleiden die Neigung zur Selbstsucht.

Tugenden haben außerdem eine Ausdrucksqualität. Das heißt, sie zeigen, was der Mensch unter einem guten Leben versteht. Ein tugendhafter Mensch wird zum Beispiel den gewalttätigen Angriff auf ein unschuldiges Kind zu verhindern versuchen, einfach weil er glaubt, daß der Mut und das Mitleid, die er mit seinem Tun beweist, ein Ausdruck dafür sind, was ein menschliches Leben zu einem guten Leben macht. Die Ausdrucksqualität der Tugend kann gelegentlich dazu führen, daß tugendhaftes Handeln und körperliche Unversehrtheit in Widerspruch geraten. In der beispielhaft genannten Situation kann der Ausdruck von Mitleid und Mut dem Menschen Schaden zufügen oder ihm gar den Tod bringen.

Nach dieser allgemeinen Beschreibung der Tugend wenden wir uns nun dem System der Tugenden und Laster bei Thomas von Aquin zu. Ich möchte mit den Lastern beginnen; sie haben die gleichen Eigenschaften wie die Tugenden, nur sind sie eben nicht auf das Gute gerichtet, sondern auf das Böse. Das bedeutet, sie korrigieren nicht, sondern verstärken schlechte Neigungen und drücken nur unzulänglich den Begriff des guten Lebens aus. Thomas hält sieben Laster oder Sünden für besonders wichtig, weil sie nicht nur überaus gefährlich sind, sondern außerdem weitere Sünden hervorrufen (man nennt sie deshalb gewöhnlich die sieben Todsünden).

Die »Wollust« entsteht durch sexuelle Begierde in einer Situation, die von anderen Erwägungen geprägt sein sollte, etwa von den Anforderungen, die die Ethik an uns stellt. »Völlerei« ist das fortgesetzte Verlangen zu essen und zu trinken, und zwar in einem solchen Unmaß, daß bedeutsamere Dinge vernachlässigt werden. Wenn die Menschen des Westens von Sünde sprechen, so denken sie meist an diese beiden Sünden der Wollust und der Völlerei. Thomas jedoch hat noch andere, subtilere Sünden im Auge, die einen höheren Zustand des Menschen beeinträchtigen und alle seine Handlungen vergiften können. Seiner Ansicht nach entspringen Wollust und Völlerei aus Neigungen, die wir mit den Tieren gemeinsam haben; deshalb sind sie von gröberer Natur und ergreifen nicht gleich den ganzen Menschen.

Eine der subtileren Sünden ist der »Zorn«. Er wird bei Thomas allerdings etwas anders abgehandelt als im Buddhismus. Zorn ist nur dann ein Laster, wenn er ohne Rechtfertigung auftritt. Ist der Zorn jedoch durch ein abgewogenes Urteil im Zaum gehalten, kann er zu einer starken Kraft für das Gute werden, indem er einer berechtigten, ethisch wertvollen Reaktion Leben und Ausdauer verleiht. Der Unterschied ist klar: Im einen Fall tritt der Zorn nach einer geringfügigen Kränkung auf, im andern ist es der tugendhafte Gebrauch des Zorns, der zur Korrektur einer markanten Ungerechtigkeit verhilft. Tugendhafte Handlungen erfordern nicht nur, das Falsche zu sehen, sondern aktiv etwas daran zu ändern, und manchmal braucht man dazu eine so starke Gefühlsreaktion wie den Zorn.

»Neid« ist der übelnehmerische Blick auf etwas, das andere besitzen, etwa materiellen Besitz oder musische Begabung. Dazu gehört manchmal auch der Versuch, das Beneidete zu vernichten. Der Neid ist eines der schlimmsten Laster, da er uns daran hindert, die wahren Güter des Lebens zu lieben, auch wenn wir sie nicht selbst besitzen. Gleichzeitig ist er ein ausgesprochen rätselhaftes Laster, weil er – im Unterschied zu allen anderen Lastern – dem Menschen so gut wie keinen Gewinn verschafft. Der Wollüstige, der sich seiner Völlerei Hingebende erhält immerhin eine Befriedigung, aber alles, was der Neider bekommt, ist das schmerzliche ungute Gefühl im Anblick dessen, was der andere hat. Daß Menschen überhaupt neidisch sind, ist einer der Gründe für die christliche Lehre von der grundsätzlichen Verderbtheit der menschlichen Natur und beweist die Wahrheit der Erb- oder Ursünde.

Ein weiteres Laster, die »Trägheit des Herzens«, wird bei Thomas von Aquin »das Laster der Mönche« genannt, da er es zuallererst in Klöstern entdeckt hatte. Trägheit des Herzens ist das Versagen vor der Forderung, die wirklich erwünschten Ziele zu verfolgen – eine Art Bequemlichkeit im Streben nach den wichtigsten Dingen im Leben. Die Charakteristik dieses Lasters ist meines Erachtens sehr schwer zu verstehen, man kann sie letztlich nur in sich selbst finden. Ich will damit sagen: Ich liebe etwas Gutes, aber ich kann mich einfach nicht aufraffen, das zu tun, was zu seiner Erlangung getan werden muß – zum Beispiel regelmäßig Meditation zu üben oder das Buch zu schreiben, das ich doch wirklich schreiben will.

Die Trägheit des Herzens ist auch ein gutes Beispiel dafür, wie tief versteckt manche Laster (aber auch manche Tugenden) in einem Menschen liegen können, daß sie sich nie deutlich offenbaren. Das heißt nun auch, daß Menschen bei aller Trägheit ihres Herzens durchaus aktiv sein können, aber ihre hektische Aktivität verschleiert nur, daß sie nicht hinter dem her sind, was sie wirklich wünschen.

Das nächste Laster in dieser Reihe ist der »Geiz« oder die »Habsucht«. In der einfachsten Bedeutung ist er die Jagd nach materiellen Gütern, das Streben nach Besitz. Thomas ist jedoch der Meinung, der Geiz sei letztlich ein Versuch, sich vor der Angst zu schützen, die durch die Unbeständigkeit aller Dinge und durch den eigenen Tod in uns liege. Wir suchen und sammeln also, sagt er, materielle Dinge, damit wir nicht der Tatsache ins Auge schauen müssen, daß alles in dauerndem Wechsel ist und der Tod jeden von uns trifft. Somit wäre der Geiz der willentliche Versuch, die wahre Natur der Wirklichkeit zu leugnen.

Das siebte Laster, der »Hochmut«, ist im Vergleich zu den übrigen eine allgemeinere Sünde, in einem gewissen Sinn liegt sie allen anderen zugrunde. Hochmut ist das übermäßige Vergnügen an und die Gier nach allem, was unser Überlegenheitsgefühl steigert und geht weit über den nötigen Selbstrespekt hinaus, den jeder Mensch haben sollte. Er zeigt sich nicht selten in einem selbstbezogenen Wohlbehagen an der eigenen natürlichen Begabung und führt gewöhnlich zu einer schädlichen Selbstzufriedenheit und einem übersteigerten Selbstbewußtsein. Der Hochmut verfehlt also die Anerkennung der eigenen Verwundbarkeit, die notwendigen Grenzen der eigenen Fähigkeiten und endlich auch das Gottvertrauen.

Nun komme ich zur Darstellung der Tugenden bei Thomas von Aquin. Er teilt sie in zwei Gruppen ein. Die erste Gruppe enthält die vier Kardinaltugenden – wobei »Kardinal« von dem lateinischen Wort »cardo«, Türangel, abgeleitet ist. Damit sind die vier grundlegenden Vorzüge gemeint, die jeder Mensch braucht, um ein anständiges Leben zu führen: Weisheit, Gerechtigkeit, Mut und Mäßigung.

Weisheit bezieht sich auf das gute und richtige Urteil; es berücksichtigt die Verschiedenheiten der Situationen, in denen wir uns befinden, und leitet uns, das jeweils Angemessene zu tun. Sie sagt uns zum Beispiel, wann es richtig ist, wütend zu werden oder lieber zu verzeihen. Gerechtigkeit betrifft die Beziehungen der Menschen zu anderen Wesen; sie achtet darauf, daß wir sie gebührlich behandeln und ihnen geben, was ihnen zusteht. Hier ist die Handlung bedeutsam und nicht das Motiv; in diesem Sinne zahle ich das geschuldete Geld zurück, auch wenn ich das eigentlich nicht möchte.

Mut und Mäßigung spielen ihre Rolle im Verhältnis des Menschen zu seinen eigenen Gefühlen. Der Mut überwindet oder beseitigt die Angst, damit wir das Nötige zu tun imstande sind. Ich lasse mich zum Beispiel nicht durch meine Angst vor der Reaktion eines anderen davon abhalten, seine rassistischen Äußerungen zu kritisieren. Die Mäßigung bringt unsere Begierden und Gefühle in Einklang, insbesondere unsere naturnahen Begierden, so daß insgesamt Gelassenheit und das ethisch Gute bewahrt bleiben. So beherrsche ich zum Beispiel mein sexuelles Verlangen, um die attraktive Frau, die mich gerade um Hilfe gebeten hat, nicht zu belästigen.

Diese vier Kardinaltugenden liegen jedem ordnungsgemäßen und stabilen Leben zugrunde, sowohl in der Familie wie in der Gesellschaft. Sie garantieren nicht zwangsläufig, daß wir alle gute Menschen werden, aber sie helfen uns, gute Bürger und Eltern zu sein.

Die zweite Gruppe umfaßt bei Thomas von Aquin die »übernatürlichen« Tugenden, die dem Menschen von Gott eingegeben sind. Es sind religiöse Tugenden, das bedeutet, sie erheben den Menschen über normale menschliche Maßstäbe und Ziele und bringen ihn in unmittelbare Berührung mit einer heiligen Kraft. Diese drei Kardinaltugenden – manchmal auch als theologische Tugenden bezeichnet – sind Glaube, Hoffnung und Liebe.

Der Glaube zeigt sich in religiöser Überzeugung, ist aber – im Unterschied zu den meisten intellektuellen Gedankengängen, die ebenfalls Überzeugungen schaffen – beseelt von der Liebe zu Gott und der Begegnung mit ihm. Der Glaube kann nicht wissenschaftlich beweisen, was er glaubt, aber er ruht auf der Sicherheit, die aus einer Liebesbeziehung zu Gott kommt. Das Kennzeichen der Hoffnung ist das Vertrauen, das der Glaube und das liebende Verhältnis zu Gott hervorrufen. Die Hoffnung befähigt den Menschen, seine Verzweiflung zu überwinden und doch die Wirklichkeit nicht aus dem Blick zu verlieren. Der von dieser Hoffnung erfüllte Mensch wird anerkennen, daß er seine Existenz nicht den eigenen Fähigkeiten, sondern der Macht Gottes verdankt. Natürlich behandelt Thomas Glaube und Hoffnung innerhalb der christlichen Lehre; aber beide Tugenden bezeichnen Lebensweisen, die wir in den meisten Religionen wiederfinden, Formen der Überzeugtheit und der Zuversicht, die das naturgegebene Leben der Menschen übersteigen.

Die Liebe ist die höchste der theologischen Tugenden. Auf ihr beruhen sowohl der Glaube, als auch die Hoffnung. Dieser Begriff der Liebe steht meiner Ansicht nach dem wahren Mitleiden oder der liebenden Güte im Buddhismus recht nahe. Für Thomas befähigt diese Tugend einen Menschen, tatsächlich am Leben Gottes teilzuhaben, ja verleiht ihm geradezu göttliche Eigenschaften wie Glück und Ruhe. Außerdem verhilft die Liebe dazu, alle anderen Wesen als Geschöpfe zu erkennen, wie auch ich selbst Geschöpf bin, was letztlich zur Anerkennung des Grundsatzes führt, daß man allen anderen nur das tun soll, was man sich selber wünscht. In diesem Sinne ist die Liebe die Grundlage der Bereitschaft, anderen zu dienen und sich für sie aufzuopfern, eine der zentralen Aussagen des Christentums. Die Liebe ist darüber hinaus das höchste Ziel, dem Glaube und Hoffnung zu dienen haben. Das bedeutet, ich muß bestimmte Dinge glauben und gerade in dunklen Zeiten die Hoffnung bewahren, um überhaupt lieben zu können.

Eure Heiligkeit, es würde uns nun sehr interessieren, von Ihnen etwas über die wichtigsten Tugenden oder Laster in der buddhistischen Lehre zu erfahren.

Die buddhistischen Tugenden

DALAI LAMA: In meiner Sicht der Dinge fängt alles mit einem Ich-Gefühl an, einem Ich, das nach Glück verlangt. Ich möchte frei sein von Leiden, und mir wird die Erfahrung des gesuchten Gücks zuteil, die Befreiung aus dem Leiden. Sowohl das Glück, das ich erstrebe, als auch das Leiden, aus dem ich befreit sein will, sind Ergebnisse von etwas anderem. Wenn man das erkannt hat, dann sucht man nach den Ursachen, die zu diesen Ergebnissen geführt haben, zum Wohlgefühl oder auch zu Trauer und Leiden. Man sucht die Ursachen des Glücks und vermeidet die Ursachen, die zu Leiden und geistigen Belastungen führen. Zur ersten dieser beiden Kategorien gehören die Tugenden, zur zweiten die Laster.

Das ist der Zusammenhang, in dem wir von Karma sprechen oder auch von Taten und ihren Folgen. Das Wesentliche am Karma ist nicht einfach, daß wir nichts Schlechtes tun sollen, sondern daß eine schlechte Tat eine unzuträgliche Handlung ist. Man versteht sie nicht in einem oberflächlichen Sinn, sondern fragt: »Warum geschieht sie? Woher kommt sie?« Wenn man auf diese Weise nach den Ursachen der abträglichen Tat sucht, stößt man auf geistige Beschwernisse. Nun kommt es aber nicht darauf an, sich diese Belastungen vorzunehmen und zu sagen: »Sie sind schlecht« und es dabei zu belassen; vielmehr kommt es auf die Erkenntnis an, daß auch diese Belastungen ihrerseits Ergebnisse von etwas sind und dann zu fragen: »Was sind ihre Ursachen?« Man könnte auch so fragen: »Ist es möglich, die geistigen Belastungen zu vertreiben und wenn ja, wie? Welches Gegenmittel muß ich anwenden?« An dieser Stelle tritt die inhaltslose Leere ein. Sie ist diejenige Weise, in der Phänomene in der Abhängigkeit von Ereignissen auftauchen. Leere ist wechselseitige Abhängigkeit.

Die größten Laster – oder genauer: die schwersten geistigen Belastungen – sind das Anhaften und der Haß. Von beiden kennen wir unzählige sehr feine Varianten und Formen, aber alle zusammen entstehen grundsätzlich aus diesen beiden elementaren Beschwernissen. Man könnte jetzt noch weiter fragen: »Gibt es etwas noch Elementareres als diese beiden?« Und die Antwort wäre ja. Im Licht des Madyamika Prsangika würden wir sagen, der elementarste Mangel des Geistes ist das Nicht-Wissen, das sich an der inneren Existenz der Phänomene festhält.

Nun sollten wir aber den Begriff »Beschwernis« genauer untersuchen. Wie kann man ihn definieren? Was sind die unterscheidenden Merkmale einer »geistigen Beschwernis«? Unsere Definition lautet: Sie ist ein mentales Ereignis, das die Harmonie oder den Frieden des Geistes stört. Es gibt jedoch auch förderliche mentale Ereignisse, die mich zwar kurzzeitig unglücklich, ängstlich oder verstört machen; da sie aber förderlich sind, können sie keine geistigen Beschwernisse sein.

Ein Beispiel ist Mitleiden. Shantideva schreibt (in seinem Buch ›The Guide to the Boddhisattva Way of Life‹), daß auch die Heranbildung des Mitleidens manchmal verstören könnte. Sie könnte in mir Angst um andere Lebewesen entstehen lassen. Er denkt sehr genau darüber nach: Könnte es nicht sein, fragt er, daß man Leid empfindet, wenn man sich im Mitleiden übt? Und seine Antwort ist: Ja, aber es gibt einen umfassenden Zweck bei diesem zeitweisen Entstehen von Unwohlsein oder Traurigkeit, und zwar im Hinblick auf den nachfolgenden größeren Nutzen.

Kehren wir noch einmal zur Definition zurück: Beschwernis als mentaler Umstand, der das Gleichgewicht des Geistes stört. Wir sollten erkennen, daß dies nicht etwas ist, das nur eine vorübergehende Störung oder Angst oder Traurigkeit hervorruft. Geistige Beschwernis ist eine mentale Verzerrung, die nicht nur diese Störung schafft, sondern auf Dauer noch ganz andere Schwierigkeiten. Bei der Übung des Mitleidens dagegen tritt allenfalls eine zeitweise Störung ein, dann aber ein dauernder Nutzen.

Demnach ist es kein Unterscheidungsmerkmal der geistigen Beschwernis, ob ein mentales Ereignis Glück oder Unglück hervorruft. Das Anhaften oder Ergreifen zum

Beispiel ist eine solche Beschwernis, aber es kann durchaus mit einem lustvollen Gefühl zusammengehen. Ähnlich kann Zorn gleichzeitig mit einem Gefühl der Befriedigung auftreten, etwa wenn man es jemandem richtig heimgezahlt hat. Ein mentales Ereignis ist dann eine Beschwernis, wenn es die Ruhe des Geistes stört und auf Dauer weitergehende Schwierigkeiten schafft, bleibende Störungen, die den Fortbestand eines schädlichen Verhaltens zur Folge haben. Wenn aber die langfristigen Wirkungen des Ereignisses zu einer Verminderung der Schwierigkeiten führen, so handelt es sich nicht um eine geistige Beschwernis. Es kann dann sogar etwas sehr Nützliches sein.

Sind Angst und Wut immer Beschwernisse?

DAN BROWN: Eure Heiligkeit, in meiner Lektüre des Abhidharma-Pitaka hat es mich immer verblüfft, warum Angst in der Liste der primären und sekundären Beschwernisse nicht vorkommt. Meine Erfahrung sagt mir, daß Angst doch etwas sehr Wichtiges ist.

DALAI LAMA: Der Grund dafür, daß Angst nicht unter die sechs primären und die zwanzig sekundären Verblendungen gezählt wird, liegt darin, daß dieses Gefühl nicht als geistige Beschwernis angesehen wird. Angst ist nicht notwendigerweise belastend. Es gibt tugendhafte, nicht-tugendhafte und neutrale Formen der Angst. So ist zum Beispiel die Angst vor dem Bösen als solche eine Tugend. Wenn Sie nun fragen, warum sie nicht ausdrücklich vorkommt unter den verschiedenen mentalen Ereignissen, so muß ich sagen: Ich weiß es nicht. Es gibt im birmanischen Buddhismus einen Abhidharma-Text, der über 200 verschiedene geistige Zustände aufzählt, und vielleicht ist Angst dort dabei. Gibt es vielleicht im Theravada-Buddhismus auch so ausführliche Listen?

SHARON SALZBERG: Die einzigen Erwähnungen dort, die ich

kenne, sind Angst im Sinne eines moralischen Schauders, was positiv ist, und Angst als das negative Gefühl einer beklemmenden Abneigung.

DALAI LAMA: In jedem Fall ist Angst etwas, das überwunden werden muß, um Erleuchtung zu erlangen. Ein Zustand der Angstfreiheit muß dazu erreicht sein. Aber das bedeutet nicht, daß Angst als ein beschwerendes Gefühl zu werten ist.

DAN GOLEMAN: Eure Heiligkeit, ich frage mich, ob es auch beim Zorn – genau wie bei der Angst – verschiedene Erscheinungsformen gibt. Der Zorn steht zwar auf der Liste der primären Beschwernisse, aber gibt es auch einen tugendhaften Zorn? Anders gesagt: Ist Zorn ein Übel oder eine Tugend?

DALAI LAMA: Im allgemeinen ist Zorn ganz einfach etwas, das man von sich abtun muß. Wenn man jedoch das Entstehungsmotiv von Zorn betrachtet, ist es möglich, daß er etwa aus dem Mitleiden kommt. Auf diese Weise kann Zorn ein Stück des spirituellen Weges werden, aber das ist nicht der gewöhnliche Zorn. Bei einem durch Mitleiden erregten Zorn wird das Innere tatsächlich aufgewühlt, aber das geschieht ohne Bosheit, ohne dem Willen zu schaden. Mit anderen Worten: Es fehlt das Element Haß.

DAN GOLEMAN: Führt dieser Zorn zu einer Handlung, zu einer wütenden Tat?

DALAI LAMA: Ja, er kann zu einer kraftvollen oder sogar gewalttätigen Handlung führen.

Gewalt als Tugend

DAN GOLEMAN: Dann ist also tugendhafte Gewalt möglich. Könnten Sie uns ein Beispiel geben?

DALAI LAMA: In den Tantras gibt es so etwas wie den absichtlichen Gebrauch des Zorns auf dem Pfad. Sie können ihn an den Gesichtsausdrücken einiger zorniger Gottheiten sehen. Aber Sie finden ihn nur in den Tantras, nirgends sonst im Buddhismus.

DAN GOLEMAN: Worüber sind diese Gottheiten so zornig? Was hat ihren Zorn erregt?

DALAI LAMA: Man kann eigentlich nicht sagen, daß sie sich über irgend etwas ärgern würden oder daß ihr Ärger einen klar definierten Gegenstand als Grund habe. Wenn man eine schnelle Antwort geben wollte, würde man einfach sagen, sie seien wütend über ein Hindernis, eine Beschmutzung oder über ungünstige Umstände. Aber im Hinblick auf die geistigen Übungen kommt es tatsächlich vor, daß ein Erleuchteter einem anderen Lebewesen zu helfen sucht und erkennt, daß die Situation ein friedliches Vorgehen, eine sanfte Auseinandersetzung nicht erlaubt. Dann ist Gewalt erforderlich, um dem Lebewesen in dieser Situation von Nutzen zu sein, und derartige Umstände verursachen dann auch den zornigen Gesichtsausdruck.

Manchmal gelingt es selbst mit Logik und Vernunft nicht mehr, einem negativen Gefühl gegenüberzutreten; man ist nicht mehr imstande, sich den Ärger selbst auszureden. Dann ist es ein gutes Gegenmittel, sich selbst als Bild einer zornigen Gottheit vorzustellen, die mit dem negativen Gefühl im Kampf liegt. Man ärgert sich sozusagen über den eigenen Ärger.

JON KABAT-ZINN: Wenn Sie sich selbst zur zornigen Gottheit verwandeln, ist da noch ein Kern von Gelassenheit?

DALAI LAMA: Wenn man sich zur zornigen Gottheit macht, ist das Innere wirklich aufgewühlt. Das ist nicht bloß ein Spiel, eine Show, hinter der die Gelassenheit ungestört bleibt, sondern eine tatsächliche innere Aufgeregtheit.

JON KABAT-ZINN: Haben wir dann aber nicht ein Anhaften in dem Sinn, daß man sich in das Gefühl verrennt? Verliert man dabei nicht die Weisheit?

DALAI LAMA: Fast aller Ärger, den wir in unserem Alltag empfinden, ist durch Anhaften erregt. Der Ärger jedoch, über den wir hier sprechen, ist von völlig anderem Ursprung. Er ist durch Mitleiden erregt.

JON KABAT-ZINN: Kann es nicht doch geschehen, daß er seinerseits ein Anhaften herbeiführt?

DALAI LAMA: Das geschieht nicht.

ALAN WALLACE: Sind es die geistigen Beschwernisse, die der Zorn der Gottheiten als Gegenstand hat?

DALAI LAMA: So ist es. In einem buddhistischen Text, den ›Vierhundert Versen‹ des Inders Aryadeva, findet sich eine Strophe, in der erzählt wird, daß Buddha die beschwerenden Gefühle als Defekt bezeichnet, nicht aber die davon betroffene Person.
Es ist einfach so, daß es keine Berechtigung für den gegen einen Menschen gerichteten Ärger gibt. Es gibt keinen echten Grund, auf einen Menschen wütend zu sein.

LEE YEARLEY: Kann die Wut auf eine Eigenschaft, deren Auflösung man für nötig erachtet, dazu führen, sie zu vernichten, auch wenn das heißt, die betreffende Person ebenfalls zu vernichten? Wenn ich zum Beispiel einen KZ-Wächter im nationalsozialistischen Deutschland nehme, der aus blindem Haß dazu getrieben wurde, einen anderen Menschen zu töten. Ich denke mir, daß er dabei vermutlich ein guter Familienvater war und ein Recht auf sein eigenes Leben in Anspruch nahm. Trotzdem ist mir klar, daß es nur einen einzigen Weg zur Vernichtung dieses Hasses gibt: die Vernichtung dieser Person.

DALAI LAMA: Unter folgenden Umständen ist das gerechtfertigt: Sie erkennen diesen Drang zum Bösen, dieses Laster; Sie wissen, es muß beseitigt werden wegen des Schadens, den es in der Welt anrichten wird; und – das ist fast der wichtigste Punkt – aus reinem Mitleiden, das den großen Schaden abzuwenden wünscht, erkennen Sie, daß Sie dieses Übel beseitigen müssen. Wenn Sie sehen, daß kein anderer Weg dahin führt als ein Akt der Gewalt, dann dürfen Sie dem Menschen, der dieses Übel an sich trägt, sein Leben nehmen, aber ohne jemals ihr Mitleiden für ihn zu verlieren, und nur mit der Bereitschaft, den Akt auch selbst auszuführen.

ROBERT THURMAN: Wir kennen die Geschichte aus einem früheren Leben Buddhas, wo er Devadatta tötete und damit verhinderte, daß Devadatta seinen Plan verwirklichte, selbst 499 Menschen zu töten. Hier haben wir nicht einfach ein Laster, sondern eine Tat, die Buddha verhinderte. Indem er diesen einen Menschen tötete, verhinderte er den Mord an 499 anderen Menschen. Indem er das Böse dieses Massakers verhinderte, nahm er das Böse der Tötung des einen Menschen auf sich.

LEE YEARLEY: Und welche Vorsichtsmaßnahmen muß man bei einer solchen Entscheidung beachten, um die genannten Bedingungen nicht zu verletzen?

DALAI LAMA: Wichtig ist, daß der meditationserfahrene Mensch, der zu einer derartigen Tat schreitet, immer zwei Zeugen seines Handelns hat, und zwar andere Menschen, notfalls sich selbst. Es kann ja vorkommen, daß ich allein bin und keinen anderen Zeugen finde. Da ich in dieser Situation selbst der Zeuge bin, wird von mir Ehrlichkeit verlangt. Was kann ich tun, um diese Ehrlichkeit zu entwickeln und zu sichern? Da spielen nun wohl mehrere Umstände herein, aber letztlich kommt es auf meine Selbstdisziplin an. Die äußeren

Bestimmungen und Regelungen mögen noch so ausgefeilt sein, der menschliche Geist ist doch listig genug, ein Schlupfloch zu finden. In dieser Sicht hängt alles vom einzelnen Menschen ab. Es ist auf den ersten Blick eine sehr individualistische Ethik, die aber tatsächlich Individualismus, Idealismus und Rationalismus in sich vereinigt.

LEE YEARLEY: Das heißt also, daß ein Mensch, unter Umständen sogar ein fortgeschrittener Meditationspraktiker, niemals versuchen darf, einen anderen Menschen zu töten, nur weil er vielleicht nicht fähig ist, in voller Ehrlichkeit seine eigenen Motive und Absichten zu durchschauen und zu bewerten? Müßte ich es nicht so ausdrücken: Ich darf niemandem das Leben nehmen, weil ich möglicherweise aus einem versteckten, uneingestandenen Motiv handle und die Tat so zu einer schlechten Tat wird?

DALAI LAMA: Man muß hier zwei Dinge berücksichtigen und gegeneinander abwägen. Auf der einen Seite ist eine bestimmte Handlung untersagt, das Töten; auf der anderen Seite habe ich den Kontext der Situation. Das heißt, ich muß hier fragen: Was ist in der gegebenen Situation vorrangig? Die Tat mag verboten sein, aber unter bestimmten Umständen ist der Nutzen der begangenen Tat höher als der Schaden, der durch ihre Vermeidung angerichtet wird. Dieses Prinzip der Abwägung, ein Geben und Nehmen, finden wir sogar in der Vinaya, einer der grundlegenden Ethik-Schriften des Buddhismus, und es reicht hinein bis in die Ethik des Boddhisattva.* Immer ist die eigene Weisheit aufgerufen, die besonderen Umstände zu bewerten, das heißt die Situation und die moralischen Grundsätze gegeneinander abzuwägen.
Man kann sehr leicht in allgemeinen Erklärungen über Ge-

---

* Die »Vinaya« (Ordenszucht) ist der Teil der kanonischen Lehre des Buddhismus, der sich allgemein mit der klösterlichen Disziplin und Ethik befaßt. Ein »Boddhisattva« ist ein Erleuchteter, der sein eigenes Wohl dem Nutzen aller Lebewesen aufopfert.

walt diskutieren, aber sobald wir versuchen, das Gewaltverbot in die Praxis zu übertragen, kann das oft sehr schwierig werden. Das Wichtigste, unter allen Umständen, ist das Motiv der Tat; aber auch das Ergebnis hat seine Bedeutung. Die Gewalt ist dann nur noch die angewandte Methode und so, als Methode, von geringerer Wichtigkeit. Das Unangenehme an der Sache ist jedoch: Wir kennen das Ergebnis unserer Tat nicht, bevor es tatsächlich eingetreten ist. Gewalt ist wie ein sehr starkes Medikament. Bei einigen Krankheiten nützt es, aber die unerwünschten Nebeneffekte sind ungeheuerlich. Das ist alles in der Praxis sehr vielschichtig, so daß es günstiger ist, den Akt der Gewalt überhaupt zu vermeiden.

DAN GOLEMAN: Eure Heiligkeit, Sie sagten, Motive und Ergebnisse seien wichtiger als Methoden. Wie unterscheiden sie gute und schlechte Motive?

DALAI LAMA: Wenn ich für andere tätig bin, ist das angemessene Motiv der Wunsch, ihnen von Nutzen zu sein. Im Fall eines Eigeninteresses jedoch ist das richtige Motiv der Wunsch, dauernden inneren Frieden zu erreichen und nicht nur ein vorübergehendes Wohlgefühl. Eine solche Erwägung steht ausdrücklich in den Vinaya-Texten, der Erläuterung der Klosterregeln, die Mönche und Nonnen zu beachten haben, wenn sie ihr Ordensgelübde rein erhalten wollen. Nehmen Sie das Beispiel einer Nonne oder auch eines Mönchs, der sich in einer Situation mit nur zwei Alternativen befindet: Entweder er tötet einen anderen Menschen, oder er nimmt sich selbst das Leben. Unter diesen Umständen ist es gerechtfertigt, sich selbst zu töten, weil man damit die Tötung eines anderen Menschen, die Übertretung eines der vier Kardinalgelübde, vermeidet. Das hat natürlich nur dann einen Sinn, wenn man sich an die Theorie der Wiedergeburt hält; andernfalls ist es eine reine Dummheit.

ROBERT THURMAN: Eure Heiligkeit, wenn ich mir einen Menschen vorstelle, der sich selbst aus Mitleiden tötet, weil er einen anderen vor der Sünde bewahren will, ihn zu töten:

Das wäre doch ein Beispiel für eine Selbsttötung aus Sorge um einen Mitmenschen.

DALAI LAMA: Es ist zweifellos ein Beispiel für die erste Motivgruppe, über die ich sprach, also für den Wunsch, anderen von Nutzen zu sein. Der Fall ist ganz eindeutig: Wenn ein anderer mich töten will, darf ich mir selbst das Leben nehmen, um dem anderen die Sünde des Mordes zu ersparen. In Tibet hat so etwas tatsächlich stattgefunden. Manchmal haben Mönche sich selbst das Leben genommen, wenn auch nicht mit dem Revolver. Vielmehr praktizierten sie eine bestimmte Weise der Meditation, bei der das Bewußtsein aus dem Körper heraustrat, und dann starben sie. Das taten sie, um andere davor zu bewahren, sie zu töten.

CLIFF SARON: Aber das Tötungsmotiv war doch in dem anderen Menschen, der den Mönch töten wollte, vollständig ausgeprägt. Hat nicht schon das weitere Folgen?

DALAI LAMA: Das führt uns weit hinein in die Verwicklungen des Karma. Damit eine Tat, hier das Töten, Karma-Wirkung besitzt, sind mehrere Voraussetzungen erforderlich: ein Gegenstand der Tat, also ein Mensch, der getötet werden soll; sodann muß die entsprechende Absicht da sein; die Tat muß außerdem vorbereitet sein; und schließlich muß die Tat selbst vollendet sein. In unserem Beispiel haben wir den Gegenstand der Tat und eine Absicht, vielleicht können wir auch von einer gewissen Vorbereitung sprechen. Aber zumindest vor der vierten Bedingung, der Ausführung der Tat, bleibt dieser andere Mensch bewahrt, und das bedeutet eine verringerte Karma-Wirkung. Das heißt nicht, daß er den Folgen ganz und gar entrinnen kann. Es gibt Fälle, in denen wir Karma anhäufen für etwas, was wir tatsächlich nicht begangen haben. Es ergeben sich demnach Karma-Wirkungen auch bei einer nicht ausgeführten Tat. Auch das Gegenteil ist möglich: eine Tat zu begehen und keinerlei Karma-Wirkung zu schaffen. Wenn Sie zum Beispiel beim Spaziergang auf einem Waldweg unabsichtlich auf ein Insekt treten, haben Sie zwar eine Tötungshandlung begangen, aber ethisch betrachtet sammelt sich dadurch kein zusätzliches Karma an. Für die Absichtlichkeit einer negativen Tat sind drei Dinge erforderlich: erstens eine geistige Beschwernis, zweitens ein treibendes Motiv und drittens das wirkliche Erkennen des Objekts.

ROBERT LIVINGSTON: Nehmen wir ein anderes Beispiel, den Abwurf der Atombomben auf Japan. Den Bomberpiloten hatte man gesagt, durch ihre Tat würden Millionen von Menschenleben gerettet.

DAN GOLEMAN: War die Bombardierung also die Tat eines Boddhisattva?

DALAI LAMA: Das ist schwer zu sagen. Rein theoretisch könnte man sagen, ja, möglicherweise, wenn es wirklich geschah, um sehr viele Menschenleben zu retten.

ROBERT THURMAN: Eure Heiligkeit, wäre es nicht sehr ungewöhnlich, wenn ein Boddhisattva so etwas täte? Er versucht doch vielmehr, buchstäblich niemals irgendeine Gewalt anzuwenden. Als Mensch muß man ja geradezu Hellseher sein, um immer alle Folgen einer Tat abzuschätzen. Aus diesem Grund könnte vielleicht nur ein sehr fortgeschrittener Boddhisattva eine solche Bombe abwerfen, und das müßte die meisten Menschen vor einer so außergewöhnlichen Tat zurückschrecken lassen. Ich glaube nicht, daß Truman ein Boddhisattva war.

LEE YEARLEY: In der christlichen Theologie gibt es den Begriff einer Sünde durch Unterlassen. Indem ich es unterlasse, einen Tod zu verhindern, mache ich mich selbst schuldig an diesem Tod. Nehmen wir an, Truman hätte sich entschieden, die Bombe nicht abzuwerfen, weil er nun mal kein Hellseher war, weil er seinem eigenen Urteil mißtraute und nicht genügend Informationen zu haben glaubte. Wäre er dann schuldig an den Todesfällen, die einträten, weil er kein Vertrauen in seine eigene Urteilsfähigkeit hatte?

DALAI LAMA: Wenn jemand einen Ertrinkenden sieht, aber dazu sagt »Das geht mich nichts an!« und vorübergeht, dann ist das eine Unterlassung, ein Nicht-Handeln. Und wir müssen uns fragen, ob so etwas ungünstige Karma-Folgen mit sich bringt. Das ist zwar ein einfaches Beispiel, aber wir sollten die schwierigeren Fälle auf später verschieben.

LEE YEARLEY: Wenn ich jemanden ertrinken sehe und mir denke »Das geht mich nichts an!«, so ist das eine klare Verletzung meiner Verbundenheit mit anderen Menschen, ein verwerflicher Akt.

Ich nehme einen anderen Fall, in dem mir das Erkennen der Folgen meiner Handlung zweifelhaft bleibt. Ich sehe zum Beispiel, wie jemand ein Kind ziemlich heftig schlägt, aber ich weiß nicht, ob es vielleicht einen Grund für dieses Schlagen gibt. Ich kann jetzt entscheiden, nicht dazwischenzugehen, aber möglicherweise stellt sich danach heraus, daß ich es eigentlich hätte tun müssen, weil das Schlagen doch ein Akt der Gewalt war. Bin ich dann, weil ich meinem unmittelbaren Urteil nicht traute, also nicht genug von der Situation zu wissen meinte, verantwortlich für die geschehene Gewalttat?

DALAI LAMA: Unter diesen Umständen käme es wohl sehr auf die innere Einstellung an. Wenn Sie sich von dem geschlagenen Kind einfach deshalb abwenden, weil sie nicht in die Angelegenheiten fremder Leute verwickelt werden wollen, dann hätten Sie da wohl ein Problem. Sie könnten aber auch anders motiviert sein. Sie könnten sich aus der Situation auch deshalb entfernen, weil Sie annehmen, Ihre Einmischung verstärke nur die Wut der schlagenden Person und das Kind müsse dann um so mehr darunter leiden. Es kommt also alles auf das eigene Motiv und die innere Haltung an. Um Ihr Beispiel doch noch einmal aufzugreifen, Robert, den Abwurf der Bomben auf Hiroshima und Nagasaki: Wir können diese Tat ethisch nicht allein durch eine Betrachtung des historischen Augenblicks beurteilen. Wir müssen die langfristigen Folgen der Tat in Erwägung ziehen, konkret gesagt: die ungeheure Verbreitung von Atomwaffen. Dann können wir unzweideutig feststellen: Es war eine ethisch unerlaubte Tat. Im spezifischen Augenblick selbst mag sogar irgendein positives Motiv der Tat vorgelegen haben, aber seitdem hat sie ganz entschieden sehr viele negative Folgen gezeigt. Durch sie ist heute eine größere Angst in der Welt.

Soziale Ethik

ROBERT THURMAN: Mir scheint, unsere Diskussion dreht sich vor allem um das individuelle Gewissen und Verhalten sowie die Einwirkung auf dieses Verhalten durch staatliche oder religiöse Organisationen. Ich würde gern zu einem etwas anderen Thema kommen, das uns alle beschäftigt. Einige Regierungen oder Staaten haben Massenvernichtungswaffen hergestellt. Jeder einzelne, der zu dieser Entwicklung beigetragen hat, ist – oberflächlich betrachtet – vielleicht ein ethisch bewußter Mensch und überzeugt, für das Gemeinwohl seines Staates tätig zu sein; gleichzeitig hat er etwas ermöglicht, das die ganze Welt bedroht. Wie beurteilen wir diesen Fall?

LEE YEARLEY: Ich glaube, die Ausbreitung und die hohe Bedeutung der Nationalstaaten gehört zu den enttäuschendsten und betrüblichsten Erscheinungen der modernen Welt. Winston Churchill sagte einmal, die schrecklichsten Kriege, die die Menschheit je gesehen habe, würden künftig von Demokratien geführt. Ich fürchte, er hatte recht. Es kommt meines Erachtens daher, daß das Kollektiv, die Gruppe, die Nation als ein Wert angesehen wird, der um jeden Preis zu verteidigen ist, wozu jeder seinen Beitrag und sein Opfer bringen muß. Manchmal, wenn alle diese Menschen als Gruppe zu einem gemeinsamen Ziel abkommandiert werden, erscheinen sie mir fast wie dämonische Wesen. Ich finde, es gab in der Geschichte der Vereinigten Staaten manche Augenblicke, wo die geballte Nation etwas tat, was ein einzelner oder irgendeine kleinere Gruppe niemals zu tun wagte. Mir ist nicht recht klar, wie man damit anders umgehen kann, als es nur aufmerksam zu registrieren.

DALAI LAMA: Möglicherweise ist da ein Zusammenhang mit Ihrem Beispiel des Mannes mit dem geliehenen Revolver; er sollte ihn vielleicht lieber behalten, hält es dann aber für richtiger, die Waffe auf Verlangen zurückzugeben. Nur, daß wir hier statt eines Revolvers eine Unmenge von Atomwaffen haben.

JON KABAT-ZINN: Der kritische Punkt scheint mir, daß sich die Gesellschaften auf diesem Planeten in voller Breite auf ihre Selbstzerstörung zubewegen, indem sie nicht nur einen kleinen Teil ihrer selbst, sondern die ganze Erde vernichten. Jede weitere Entwicklung der Menschheit wäre damit natürlich ausgeschlossen. Man könnte hier geradezu eine Parallele zu den Autoimmunkrankheiten ziehen, bei denen der Körper seine eigene Existenz nicht mehr wahrnimmt und sich selbst tötet. In gleicher Weise könnte auch der engstirnige Rationalist oder der besessene Idealist zu einem solchen Gift im globalen Maßstab werden, daß er den gesamten Organismus vernichtet. Die entscheidende Frage ist also die: Gelangen wir, individuell oder als Gruppe, zu einer Wahrnehmung dieser fortschreitenden Zerstörung? Können wir sie verhindern, indem wir an eine Art transzendente Intelligenz oder an neu auftauchende Eigenschaften im Gehirn oder im Nervensystem appellieren? Gibt es einen biologisch verläßlichen Weg aus der Gefahr?

EIN MÖNCH: Die Zerstörung, die das Menschengeschlecht vor Augen hat, ist vor allem darin begründet, daß die Wissenschaft – zumindest die angewandte Wissenschaft – offensichtlich wertfrei ist, ohne jede ethische Grundlage. Muß das so sein? Ist das eine notwendige Bedingung für die Arbeitsweise und den Fortschritt der Wissenschaft?

FRANCISCO VARELA: Ich bin nicht damit einverstanden, daß die Wissenschaft wertfrei sein soll. Sie arbeitet nicht getrennt vom gesellschaftlichen Leben eines Landes oder auch der Erde. Es wird beispielsweise die Entscheidung getroffen, eine neue Waffe zu bauen oder eine bestimmte Technologie einzuführen, die in der Folge unsere Umwelt verschmutzt. Das ist immer eine politische, moralische, historische und wirtschaftliche Entscheidung, an der die gesamte Gesellschaft beteiligt ist. Die Werte der angewandten Wissenschaften sind die Werte der Gesellschaft, in der die Anwendung stattfindet. Man kann die Wissenschaft nicht wie in einer Zentrifuge von ihrer Umgebung trennen. Wenn ein Arzt auf der Intensivstation entscheidet, die lebenserhaltenden Maschinen abzuschalten, so ist das zwar eine technologische Entscheidung, aber sie beruht auf sehr vielen anderen, unabweislich sozialen Grundgedanken. Die Ethik, die wir hier diskutieren, findet überall Anwendung, auch in der Wissenschaft. Wenn man versucht, sie herauszupräparieren, verzerrt man die Wesensart der wissenschaftlichen Arbeit. Die Wissenschaft steht nicht irgendwo auf dem Speicher herum, sondern findet in der Küche statt, wo die Menschen sind, wir alle.

LEE YEARLEY: Ich finde, das ist weitgehend richtig. Aber es ist auch eine zu leichte Antwort; ihr liegt nämlich die Annahme zugrunde, Wissenschaftler seien heldenhaft genug, eine Wissenschaftsrichtung, die in der Möglichkeit einer Zerstörung endet, nicht weiterzuverfolgen. Aber gehen wir einmal von der Tatsache aus, daß wir unsere Wissenschaftler in vielfältiger Weise belohnen und honorieren und daß es dabei wenigstens eine professionelle Ethik geben sollte. In diesem Fall haben wir, glaube ich, das Recht, von ihnen zu verlangen, daß sie sich von einer Forschungsarbeit fernhalten, von der sie annehmen, sie könnte zu schlimmen Ergebnissen führen.

FRANCISCO VARELA: Das ist in der gesamten Geschichte noch nie vorgekommen. Es wird auch nur geschehen, wenn das schädliche Weiterforschen als unsozialer Akt angesehen und der Forscher nicht weiterhin mit Geldmitteln und Ehrungen und Beförderungen dafür belohnt wird. Solange man diesen Verzicht dem Einzelnen überläßt, wird es nicht funktionieren. Denn erstens hat ein Wissenschaftler einen ebenso unklaren Begriff von Ethik wie jeder andere, und zweitens arbeitet ein Wissenschaftler nicht aus Lust und Laune. Er braucht dringend Geld- und Fördermittel, seine technologische Ausstattung braucht ebenfalls Geld und dazu eine unterstützende Infrastruktur. Es läuft also immer wieder auf das gleiche hinaus. Wir können nicht die Entscheidung über die Fortsetzung einer wissenschaftlichen Arbeit nur einer Gruppe von Menschen aufbürden. Das ist viel zu optimistisch, und es geht schief.

LEE YEARLEY: Ich behaupte nicht, daß die Verantwortung allein beim Wissenschaftler liegt oder daß er nicht ein Teil seiner Gesellschaft ist. Aber ich meine, daß wir manchmal sehr drastische und schmerzhafte Entscheidungen treffen müssen. Wissenschaftler sind gelegentlich in dieser Situation. Möglicherweise wird da etwas von ihnen verlangt, das weit über normale Anforderungen hinausgeht; deshalb nannte ich das heldenhaft. Ich glaube, wir haben manchmal das Recht, einen solchen Heroismus von Menschen zu verlangen und dann zu beurteilen, ob sie darin gescheitert sind oder Erfolg hatten.

Der Ursprung der Selbstachtung –
Unterschiede zwischen Ost und West

Wie wir Gefühle verstehen und definieren, ist durch Sprache und Kultur vorgeprägt. In Japan zum Beispiel kennt man das Gefühl »yugan« (ungenau übersetzt: ein ästhetischer Augenblick des Einsseins), in Indien »rasa« (Bewunderung ohne Worte); für beides kennen die europäischen Sprachen keine entsprechenden Begriffe. Der Begriff »Gelassenheit«, obwohl er in Tibet den Mittelpunkt des rechten Lebens bildet, zählt in den europäischen Sprachen nicht zu den Gefühlszuständen. Auch hat das Tibetische eine große Zahl sehr differenzierter Begriffe für Meditations- und Bewußtseinsstufen, die sich in anderen Sprachen kaum wiedergeben lassen. Umgekehrt gibt es im Tibetischen kein allgemeines und übergreifendes Wort für »Gefühl«. Gefühle werden also offensichtlich durch die Brille der Kultur wahrgenommen. Die Leitfrage der folgenden Diskussion ist: Können durch historische und kulturelle Bedingungen neuartige Gefühle oder Gefühlsbegriffe entstehen? Das Fallbeispiel im Gespräch ist der Ausdruck »Selbstachtung«. Der Dalai Lama hört mit Erstaunen, daß viele Menschen im Westen an einem niedrigen Selbstwertgefühl leiden. In der tibetischen Kultur fehlt ein Begriff wie »Selbstverachtung« oder »geringes Selbstwertgefühl«, was der Dalai Lama mit »Mangel an Mitleiden für sich selbst« oder auch »gegen sich selbst gerichtete Mißachtung« übersetzt. Die Diskussion führt dann zu einer genaueren Untersuchung des Ursprungs dieses Zustands, berührt den Unterschied zwischen einem Gefühl der »Leere« – in der psychologischen Bedeutung von Ungenügendheit – und der Erkenntnis der Leere im Sinne der buddhistischen Meditationspraxis. Diese, schlägt der Dalai Lama vor, könnte als tief empfundene Akzeptanz der eigenen Person möglicherweise dem zu geringen Selbstwertgefühl entgegenwirken.

LEE YEARLEY: Eure Heiligkeit, glauben Sie, daß Gefühle zum Teil als Ergebnis der Kulturgeschichte auftreten? Manche Philosophen waren der Meinung, daß die Menschen des Westens, weil sie in größerem Wohlstand und mit komplizierteren Gefühlszuständen leben, eine ganze Reihe präziserer Begriffe für Gefühle entwickelt haben, beispielsweise »unausgereift«, »verschüchtert«, »rührselig«, »verklemmt« oder »mitgenommen«.

ALAN WALLACE: Diese Begriffe sind außerordentlich schwer zu übersetzen.

DALAI LAMA: Es ist möglich, daß außergewöhnliche historische Umstände noch nie dagewesene Gefühle wecken. Ich halte es auch für denkbar, daß bestehende Gefühle verschwinden, wenn sich die äußeren Umstände verändern.

LEE YEARLEY: Könnten Sie uns ein Beispiel geben?

DALAI LAMA: Nehmen wir eine Gesellschaft im materiellen Überfluß; hier entsteht leicht ein starker Wettbewerb um den Erwerb möglichst vieler materieller Güter, und dies führt zu einem verbreiteten Gefühl der Angst. Das wäre das Beispiel eines neuartigen Gefühls unter veränderten Umständen. Andererseits gab es bei vielen Menschen vor dem Golfkrieg eine ganz bestimmte Gefühlsreaktion bei der Erwähnung des Irak. Jetzt, nachdem sich die Situation völlig geändert hat, erweckt das Aussprechen dieses Ländernamens eine ganz andere emotionale Reaktion.

DAN GOLEMAN: Diese speziellen Gefühle waren jedoch auch vorher schon möglich. Wir wenden sie lediglich auf einen neuen Gegenstand an. Gibt es Ihrer Ansicht nach heute auch ganz neuartige Gefühle, die in der Vergangenheit niemand empfinden konnte?

DALAI LAMA: Es ist vorstellbar, daß ein völlig neu erfundener Gegenstand auch beispiellose Gefühle hervorruft. So ein

Gegenstand könnte auch eine komplexe Situation oder die Umwelt sein. Im Grunde jedoch gibt es solche Dinge wie Gier oder Abneigung immer und überall, und es ist sehr zweifelhaft, ob in der Geschichte der Menschheit wirklich eine ganz neue Kategorie von Gefühlen auftauchen kann.

LEE YEARLEY: Lassen Sie mich bitte erklären, was ich meine. Über die Erfolge der französischen Romanciers des 19. Jahrhunderts, zum Beispiel Flaubert, liegen ausführliche Forschungsarbeiten vor. Nachdem diese Literatur in das Leben der Menschen eingetreten ist, zeigen plötzlich deren Handlungsweisen und Tagebücher eine ganz andere Sorte von Problemen, Begriffen und Ideen über die Bedeutung und Entstehung von Gefühlen. Es ist nicht ganz leicht, hier Ursache und Wirkung auseinanderzuhalten. Aber es sieht danach aus, als hätte hier eine literarische Beschreibung der Schwierigkeiten zwischen einem Mann und einer Frau die tatsächlichen Schwierigkeiten der Menschen geschaffen und auf diese Weise neue Gefühle zwischen den Geschlechtern erst hervorgebracht.

DAN BROWN: Als wir vor einigen Tagen schon einmal über Gefühle sprachen, benützten wir eine eher einfache Liste typischer emotionaler Gesichtsausdrücke. Wir wissen aber aus Erfahrung, daß es sehr viel mehr Gefühle und sehr feine Gefühlsnuancen gibt als auf dieser Liste. So viele differenzierte Ausdrücke geben die Muskeln der Gesichtsmimik gar nicht her, auch nicht die Reaktionen des vegetativen Nervensystems. Gerade weil die Physiologie ziemlich einfach gebaut ist, kam man auf die Idee, daß die Vielfalt der Gefühle mit Hilfe der Sprache und des Denkens zustande kommt. Die Frage ist also: Kann eine neue Sprech- und Denkweise, wie zum Beispiel in einem Roman, neuartige Verfeinerungen der Gefühle hervorbringen?

ROBERT THURMAN: Die neuen Konzepte und Interpretationsverfahren erhöhen lediglich die Komplexität der schon bestehenden Grundausstattung mit Gefühlen. In den buddhistischen Texten, insbesondere aus Indien, haben wir seit den ältesten Zeiten eine sehr weitreichende Untersuchung der Gefühle. Es scheint mir fraglich, ob dadurch irgendein wirklich neues Gefühl hervorgekommen ist, außer vielleicht ein paar modischen Varianten.

DALAI LAMA: Zweifellos kann unser Sprachgebrauch einige geistige Verzerrungen anrichten, ob er aber auch tatsächlich einen neuartigen Typ an Gefühl schafft, bleibt eine offene Frage.

FRANCISCO VARELA: Mit scheint, es ist möglich. In der spanischen Literatur zum Beispiel erscheint im 18. Jahrhundert eine völlig andere Art der Beziehung der eigenen Person zu anderen Menschen; das hatte es vorher noch nicht gegeben. Ein neues Wort dafür, »verguenza ajena«, taucht in der Sprache auf; es bezeichnet eine Art stellvertretende Scham, die man für einen anderen spürt, der etwas für ihn Peinliches getan hat. Das ist nicht die gängige Peinlichkeit, weil wir ja nicht die Handelnden sind; es ist aber auch nicht einfach Mitleid, da wir in uns selbst die Ungeschicklichkeit des anderen als unsere eigene erkennen.

DALAI LAMA: Und doch, da ist immer noch die Anerkennung des anderen als eines menschlichen Wesens?

FRANCISCO VARELA: Zweifellos, aber der andere ist dabei nicht notwendigerweise ein Verwandter oder ein Freund von mir.

DALAI LAMA: In einem umfassenderen Sinn besteht immer eine Beziehung zum anderen. Wir sind beide menschliche Wesen, und das verbindet uns. Ich habe gelesen, daß irgendwann in der Vergangenheit, vor ein oder zwei Millionen Jahren, das menschliche Gehirn kleiner war als heute. Gab es im Lauf der Entwicklung seitdem auch eine Veränderung der relativen Größenverhältnisse der vorderen und der hinteren Gehirnlappen?

FRANCISCO VARELA: Ja.

DALAI LAMA: Führt das zu dem Schluß, daß sich damit auch die Fähigkeit, Gefühle zu empfinden, verändert hat?

DAN GOLEMAN: Der Teil des Gehirns, der die Gefühle steuert, ist sehr alt. In Amerika wird er manchmal als »Reptiliengehirn« bezeichnet, weil wir es mit den Reptilien gemeinsam haben. Was in der Evolution seitdem hinzukam, sind der Kortex, also das denkende Gehirn, und die Fähigkeit verfeinerter Gefühle. Ganz offensichtlich kann auch ein Krokodil genau wie wir Angst oder Wut empfinden, aber die feineren Unterscheidungen sind erst mit dem Kortex möglich. Die sehr differenzierten Gefühle, über die wir hier sprechen, treten erst sehr spät in der Evolution auf.

Die Entwicklung der Gefühle beim Kind

DALAI LAMA: Nehmen wir statt der langen Geschichte der Evolution einmal die Entwicklung eines Menschen als Beispiel. Hat ein kleines Kind, das keine Erziehung genossen hat, weniger differenzierte Gefühle als ein Kind mit Erziehung?

DAN GOLEMAN: Ja. Während des Heranwachsens treten an ganz bestimmten Entwicklungspunkten spezifische Gefühle hervor. Soziale Gefühle wie zum Beispiel Scham oder Peinlichkeit tauchen erst im Alter von etwa fünf Jahren auf. Aber auch schon in den ersten drei, vier Lebensjahren treten zusammen mit der zunehmenden Ausbildung bestimmter Gehirnpartien ganz bestimmte Gefühle erstmals auf.

DAN BROWN: Die frühesten Gefühle sind Glück, Traurigkeit, Wut und Angst. Ab da wird es zunehmend komplexer. Bestimmte Gefühle, die eine stärkere Beteiligung des Denkens erfordern, etwa Schuldgefühle, kommen erheblich später.

DALAI LAMA: Sind dabei Unterschiede zu beobachten in bezug darauf, ob ein Kind religiös erzogen wurde oder nicht?

DAN BROWN: Nein, diese Entwicklung ist immer die gleiche.

DALAI LAMA: Gibt es bei Erwachsenen Unterschiede zwischen religiösen und nicht-religiösen Menschen hinsichtlich der Vielfalt ihrer Gefühle?

FRANCISCO VARELA: Das wurde bisher nicht untersucht. Ich würde jedoch gern auf etwas anderes zu sprechen kommen. Mir ist inzwischen klar, daß der gefühlsbezogene Wortschatz in verschiedenen Sprachen ungeheure Unterschiede aufweisen kann.

DAN BROWN: Wir wissen auch, daß in einigen Kulturen bestimmte Gefühle sichtbarer auftreten als in anderen Kulturen. Beispielsweise ist der Ausdruck von Wut in der Kultur Japans erheblich seltener als anderswo, während so etwas wie Verachtung in Frankreich öfter anzutreffen ist als bei uns in Amerika.

DAN GOLEMAN: Als Paul Ekman, der schon erwähnte Mimik-Forscher, nach Japan ging, fiel ihm auf, daß dort die Menschen, wenn sie sich einen bedrückenden Film ansahen, sehr wenige Gefühlsäußerungen zeigten, außer wenn sie sich allein fühlten. Ekman arbeitete daraufhin mit einer versteckten Kamera und ließ die Leute dabei einen Film sehen. Sobald sie allein waren, zeigten sie freimütig die gleichen Gefühle wie andere Menschen überall sonst in der Welt. Aber kaum war eine Autoritätsperson mit im Raum, zeigten sie sofort keine Gefühle mehr. Wir können also sagen, der Gesichtsausdruck der Gefühle ist zwar von der umgebenden Kultur abhängig, aber die Gefühle selbst sind vorhanden.

SHARON SALZBERG: Lee Yearley sprach vorhin über die im Westen stark verbreitete Annahme, daß auf dem Grund des menschlichen Wesens das Böse liege. Das scheint mir völlig von der buddhistischen Auffassung abzuweichen: Diese sagt, daß der Naturzustand des Geistes rein und strahlend ist und daß die Verunreinigungen, die das Leiden in der Welt hervorrufen, nicht zum Geist selbst gehören. Ich möchte gern einen bei uns häufigen Gemütszustand diskutieren, einen starken Selbsthaß. In unserem Unterricht in Theravada-Buddhismus sagen wir, daß der wichtigste Grund für liebende Güte oder »metta« darin liegt, in jedem Menschen das Gute zu sehen; aber sehr oft antworten uns die Menschen, daß sie nicht einmal in sich selbst das Gute erkennen können. Ähnlich ist es, wenn wir die Menschen bitten, sich an eine gute Tat ihrer Vergangenheit zu erinnern, damit der Geist von Freude, Selbstrespekt und Vertrauen erfüllt ist; dann sagen sie uns, sie können so etwas fast nicht. Sie können sich ausgiebig an ihre schlechten Taten erinnern, aber nicht an die guten. Wenn wir dann über Großzügigkeit sprechen, antworten sie, daß sie schon großzügig genug sind, aber nur weil sie finden, daß sie das, was sie verschenken, eigentich gar nicht verdient haben. Wenn die Menschen immer wieder sagen, wieviel leichter es ihnen fällt, für andere Liebe und Mitleiden zu empfinden als für sich selbst, was bedeutet ihnen dann eigentlich die Ermahnung, sich selbst für andere aufzuopfern? Für diese Menschen heißt Selbstaufopferung oft nicht etwa liebende Güte, sondern ganz einfach noch mehr Selbstverachtung und Unwertgefühl. Und manchmal, Eure Heiligkeit, kommt noch etwas anderes hinzu. Es ist ja nicht nur so, daß diese Menschen glücklich sein wollen und es nur nicht sind. Sie wollen glücklich sein, haben aber das Gefühl, daß sie das nicht verdienen; sie fühlen sich schuldig, als wäre der Wunsch, glücklich zu sein, ein wie auch immer gearteter moralischer Fehler. Wenn wir sie also in Mitleiden und liebender Güte unterrichten, müßten wir da nicht zuallererst von der Liebe zu sich selbst sprechen?

DALAI LAMA: Diese Selbstverachtung oder auch der Mangel an Mitleiden für sich selbst, entsteht dies zu bestimmten Zeiten als Ergebnis besonderer Umstände oder ist es eine Sache des Temperaments, ein geistiger Charakterzug?

SHARON SALZBERG: Ich glaube, es ist ein bleibender geistiger Charakterzug und sehr verbreitet in der Kultur des Westens.

Negative Selbstbewertung

DAN BROWN: Kognitionstherapeuten haben entdeckt, daß viele ganz normale Menschen unaufhörlich einen sehr negativen inneren Monolog führen. Sie sagen zu sich selbst: »Ich kann das nicht. Ich hasse mich. Es passieren sowieso nur lauter Katastrophen.« Das wird bei ihnen zur ständigen Gewohnheit, auch wenn sie es selbst nicht merken. Die Therapeuten sind nun der Ansicht, daß so ein Mensch etwas dagegen tun und als Gegenmittel positive Gedanken entwickeln muß, um diese Gewohnheit abzulegen. Dies ist aber leichter gesagt als getan. Wenn diese Menschen deprimiert sind, wird das negative Selbstgespräch übrigens noch bedrückender. In der Psychotherapie oder auch in der Meditation, wenn der Mensch des Westens den Blick auf sein Inneres richtet, tritt in den ersten Sitzungen immer wieder dieser starke Selbsthaß an die Oberfläche.

JON KABAT-ZINN: Eure Heiligkeit, das Problem des niedrigen Selbstwertgefühls ist wirklich überaus häufig im Westen. Und tatsächlich sind sich die meisten dieses negativen inneren Monologs gar nicht bewußt. Zum großen Teil kommt er aus frühen Kindheitserfahrungen. Eine Mutter schimpft ihr Kind und sagt zum Beispiel: »Du bist ein böses Mädchen.« In Wahrheit meint sie: »Mir gefällt nicht, was du tust.« Aber die Überzeugung »Ich bin böse« hat sich im Kind festgesetzt und bleibt ihm bis hinein ins Erwachsenenalter erhalten, selbst wenn die Kindheitsszene selbst völlig in Vergessenheit geraten ist. Wir erleben das immer wieder, bei fast jedem, der mit einer Krankheit in unsere Klinik kommt. Diese Menschen haben nicht das Gefühl, daß sie etwas wert sind.

DALAI LAMA: Neigen sie zur Gewalttätigkeit?

JON KABAT-ZINN: Nein, es sind ganz normale Alltagsmenschen.

SHARON SALZBERG: Wie wir selbst.

DALAI LAMA: Wenn Menschen mit einem so niedrigen Selbstwertgefühl sich in einer bedrohlichen Situation befinden, in der sie ihre Beherrschung verlieren, sind sie auch dann nicht überzeugt, es lohnt sich, ihr eigenes Ich zu verteidigen?

JON KABAT-ZINN: Manchmal geben sie dann einfach auf. Sie fühlen sich hilflos, als ob sie das Schlimme, das ihnen passiert, verdient hätten. Andererseits reagieren aber auch viele Menschen auf das tiefsitzende Gefühl ihres niedrigen Selbstwerts, indem sie aggressiv werden. Sie überfahren alle anderen wie eine Dampfwalze. In ihrem Innern fühlen sie sich unwohl mit sich selbst und wollen das alles gar nicht so genau wissen, also projizieren sie nach außen ein machtvolles Auftreten. Und das endet sehr schnell in Aggression, Gewalt und in einem Mangel an Mitgefühl für andere Menschen. Im Westen ist das tatsächlich ein Problem.

DAN BROWN: Im allgemeinen führt diese Haltung aber nicht zu Aggression oder zu nach außen gerichteter Gewalt, sondern zu einem gesteigerten Selbsthaß.

DALAI LAMA: Wo sehen Sie, die Sie in Heilberufen arbeiten, eine Hilfe für diese Menschen? Gibt es wirksame Gegenmaßnahmen?

JON KABAT-ZINN: Wir glauben, daß das Erlernen der Meditation und speziell Achtsamkeitsübungen eine hilfreiche Methode sind. Wenn man einen Menschen, der noch nie etwas von Meditation gehört hat, auffordert, einfach nur still dazusitzen und das eigene Atmen zu beobachten, dann bemerkt er als erstes, daß das gar nicht so leicht ist. Ungefragt kommen und gehen in seinem Kopf alle möglichen Gedanken. Wenn man ihn dann bittet, den Inhalt dieser Gedanken zu sehen,

ohne sich aber darin zu verlieren, dann stellt er oft das Auf-
tauchen eines bestimmten Gedankeninhalts fest, und zwar
»Ich tauge nichts«. Vor der Meditation hielt er diesen
Gedanken für objektiv wahr; nachher weiß er, das ist nur ein
Gedanke. Wenn er sich dann wieder auf das Atmen konzentriert und der Gedanke vorübergeht, fühlt er das wie eine
Befreiung. Auch bei Menschen mit ernsten Beschwerden wie
chronischem Kopfschmerz oder einem Herzleiden tritt diese
Wirkung ziemlich schnell ein, obwohl das körperliche Leiden
dadurch nicht sofort verschwindet. Oft schon nach acht oder
zehn Wochen halten die Menschen bei dem Gedanken plötzlich inne, und zwar nicht während der Meditation, sondern
im Alltag. Wenn sie sich mit sich selbst oder mit anderen in
irgendeiner Situation unwohl fühlen, halten sie das nicht
mehr für eine objektive Wahrheit, sondern erkennen es als
bloßen Gedanken und lassen ihn los. Sie empfinden stärker
ein inneres Gleichgewicht und leiden weniger unter mangeln-
dem Selbstwertgefühl.

SHARON SALZBERG: Auch ein Unterricht in Ethik und Moral
hilft ihnen, weil sie dann vor sich selbst und ihrem nun tu-
gendhafteren Leben Respekt empfinden können. Auch wenn
wir sie in der Meditation der liebenden Güte unterrichten,
kommt es sehr darauf an, daß die Teilnehmer nicht nur anderen, sondern auch sich selbst das liebende Gefühl zuwenden.

JON KABAT-ZINN: Sind Sie überrascht von all dem, Eure
Heiligkeit?

DALAI LAMA: Oh ja, sehr sogar. Ich hatte bisher gedacht, ich
würde den menschlichen Geist einigermaßen kennen, aber
jetzt komme ich mir ganz unwissend vor. Ich finde dies alles
sehr, sehr seltsam, und ich frage mich, woher es kommt. Sind
das eher psychische Störungen oder ist der Grund dieses
Unwertgefühls einfach physiologischer Art?

Die Ursachen des mangelnden Selbstwertgefühls

THUBTEN JINPA: Vielleicht liegt es an der westlichen Kultur, der religiösen Tradition oder an ähnlichen sozialen Ursachen.

DALAI LAMA: Möglicherweise entsteht das Unwertgefühl aber auch aus einer Neigung zur Verabsolutierung. Ich meine damit: Wenn etwas ein wenig schlecht ist, wird es sofort als absolut schlecht etikettiert; und wenn etwas ein bißchen gut ist, wird es gleich als absolut gut bezeichnet; die feineren Abstufungen dazwischen werden einfach ignoriert. Das könnte eine derartige geistige Fehlfunktion hervorrufen.

JON KABAT-ZINN: Es gibt noch eine weitere mögliche Ursache, die jedoch die eben genannte nicht ausschließt. Sie knüpft an etwas an, das Dan Goleman erwähnt hat: daß nämlich viele Menschen nicht mehr das Gefühl haben, ihr Leben gehört ihnen. In der Vergangenheit gab es in unserer Gesellschaft zahlreiche Organisationen, die dem einzelnen ein Gefühl der Zugehörigkeit, der Verbundenheit vermittelten. Diese Organisationen beherrschten einen Teil des Lebens, sie definierten eine kleine Welt, so daß sie einen Sinn hatte. Dazu gehörten etwa die Kirche oder die Großfamilie, zwei mächtige Autoritäten in einem Menschenleben. Heute ist die Kirche keine Macht mehr, und im Leben vieler Menschen spielt sie kaum noch eine Rolle. Die Familie ist auseinandergebrochen. Auch die Arbeit hat oft nichts mehr mit dem Menschen selbst zu tun: Ich arbeite nicht mehr auf dem Bauernhof, den schon mein Vater besaß und vor ihm mein Großvater und alle früheren Generationen. Die sozialen Bezüge sind heute locker und fließend, und das macht es den jungen Menschen schwer, ihren Platz in der Gesellschaft zu finden.

LEE YEARLEY: Das ist allerdings kein modernes Phänomen. Als Alexis de Tocqueville im Jahr 1830 Amerika bereiste, stellte er ein typisches Kennzeichen der Amerikaner fest, das er »die amerikanische Nervosität« nannte. Er stand durchaus auf der Seite der liberalen, demokratischen Gesellschaft, aber er war überzeugt, daß man dafür einen sehr hohen Preis bezahlen müsse. Denn in dieser Gesellschaft hat der einzelne keinen definierten Platz mehr – er weiß nicht mehr genau, wer er ist und was gut oder schlecht ist. Tocqueville sah deshalb voraus, daß das Experiment der amerikanischen Gesellschaft scheitern werde. Und das vor über 150 Jahren.

DALAI LAMA: Hat denn ein hoher Prozentsatz der Nordamerikaner dieses Unwertgefühl?

JON KABAT-ZINN: Ein sehr hoher sogar.

DALAI LAMA: Gibt es hierin einen großen Unterschied zwischen ihnen und Europäern oder Südamerikanern?

FRANCISCO VARELA: Dort ist mangelndes Selbstwertgefühl erheblich seltener, Eure Heiligkeit. Ich denke, der Grund liegt zum Teil in der schon erwähnten Feststellung, daß Gefühle möglicherweise durch Kultur und Sprache geformt sind. Immer wenn ich in die Vereinigten Staaten komme, bin ich erstaunt über diese fortwährende Diskussion über Selbstwertgefühle. In Europa und Südamerika spricht man darüber bei weitem nicht so viel. In Frankreich zum Beispiel hört man den Begriff »Selbstwert« normalerweise so gut wie nie. Ich glaube, daß die Sprache bestimmte Gefühle verstärkt und ihnen im Leben der Menschen einen besonderen Rang verleiht. Vielleicht haben wir hier ein gutes Beispiel dafür, wie Geschichte, Kultur und Sprache einen ganz bestimmten Vorrat an Gefühlen hervorbringen.

JON KABAT-ZINN: Wir sagten ja schon, es sei möglich, daß wir ein neues Gefühl besitzen, das es 500 Jahre früher noch nicht gab. Vielleicht haben wir gerade so etwas entdeckt.

LEE YEARLEY: Ein anderer Grund dafür ist die sehr beherrschende Vorstellung von Gott als einem Richter.

EIN MÖNCH: Dies wird überdies noch verstärkt durch den Begriff der Erbsünde. Ich kenne aber auch einige Menschen, bei denen die buddhistische Lehre, daß es kein wirklich existierendes Ich gibt, ihr niedriges Selbstwertgefühl noch verstärkt hat.

LEE YEARLEY: Man sagt manchmal von den amerikanischen Christen, daß ihre Religion bei der Kreuzigung stehenbleibt; alles andere, was sonst noch zum Christentum gehört, vergessen sie einfach. Nimmt man jedoch die ganze christliche Botschaft, so wurde Jesus zwar gekreuzigt, aber er ist wieder auferstanden, damit seine Gemeinde zu einer neuen Lebensform findet. Aber jene Christen sehen nur, daß das Gute vernichtet wird; sie sehen nicht, wie es weiterlebt. Eine Seite des Bildes wird also vollkommen ausgeblendet.

DALAI LAMA: Findet sich die negative Selbsteinschätzung auch bei stummen Menschen?

DAN GOLEMAN: Ja, Eure Heiligkeit. Behinderte Amerikaner haben sie sogar in höherem Maß.

DALAI LAMA: Ich meine etwas anderes. Gibt es dieses innere Hindernis bei Menschen, die sich nicht mit Worten verständigen können?

FRANCISCO VARELA: Wir kennen den Fall Helen Keller, die von Geburt an blind und taub war. Sie hatte jedoch eine ausgezeichnete Lehrerin, die mit ihr über Berührungen Kontakt aufnehmen konnte. Helen Keller lernte schließlich lesen und schreiben und konnte die Erfahrung, blind und taub zu sein, schriftlich dokumentieren. Die Beschreibung zeigt nicht ein durch Familie und Gesellschaft geprägtes Ich, sondern ein ganz eigenartiges Ich, das erst spät durch seine Umgebung sozialisiert wurde. Helen Keller ist das beste Fallbeispiel für Ihre Frage. Und die Antwort ist eindeutig: Ja, das Fehlen der Sprache in der Teilnahme an einer Kultur formt das Ichgefühl auf besondere Weise.

DALAI LAMA: Ein wichtiger Begriff im tibetischen Buddhismus ist Selbstzentriertheit, also die Pflege des eigenen Wohlbefindens vor dem aller anderen Menschen. Kann jemand eine solche Selbstzentriertheit haben und gleichzeitig einen Mangel an Selbstwertgefühl?

DAN BROWN: Ja, sie treten oft paarweise auf. Menschen mit einem extremen Persönlichkeitsproblem haben oft ein aufgeblasenes, übertriebenes Selbstbild und gleichzeitig ein niedriges Selbstwertgefühl.

DALAI LAMA: Die Menschen mit niedrigem Selbstwertgefühl haben zweifellos einen Begriff ihres eigenen Ich. Haben sie dabei nicht auch das Gefühl, daß sie glücklich sein wollen?

DAN BROWN: Ja natürlich, ein sehr starkes.

DAN GOLEMAN: Heißt Glücklich-sein-Wollen Selbstzentriertheit?

DALAI LAMA: Im tibetischen Buddhismus kann man so fragen: »Hat ein Buddha auch Eigeninteresse oder nur Anteilnahme an anderen Menschen?« Die Antwort – und das ist ein entscheidender Punkt – lautet: Ein Buddha hat beides. Ähnlich ein Boddhisattva, der völlig frei ist von Selbstzentriertheit, aber gleichwohl die volle Erleuchtung zum Nutzen aller anderen Geschöpfe erstrebt; auch er hat demnach sowohl Eigeninteresse als auch Interesse an der Welt. Ohne das erstere besäße er kein Vertrauen in seine Fähigkeiten und würde für sich nur ein sehr niedriges Selbstwertgefühl entwickeln.

Aber Selbstzentriertheit geht weit darüber hinaus; ein Buddha oder ein Boddhisattva ist ohne Selbstzentriertheit. Selbstzentriertheit hat nur das eigene Glück zum Ziel und mißachtet das Glück der anderen. Sie muß gar nicht aufgeblasen und übertrieben sein, aber sie erklärt die eigene Person zur obersten Priorität und alles andere für zweitrangig.

DAN BROWN: Es gibt im Westen eine ganze Menge Untersuchungen zu narzißtischen Persönlichkeitsstörungen, der extremen Variante einer gestörten Selbstbewertung. Diese Menschen haben typischerweise ein sehr niedriges Selbstwertgefühl und dazu ein übertriebenes Gefühl der eigenen Bedeutung. Einige beklagen sich zuerst über ihr zu schwaches Selbstbewußtsein und entdecken dann erst in der Psychotherapie ihr übertriebenes Selbstbild, so daß sie im Lauf der Zeit zu einer eher ausgeglichenen Selbstbeurteilung gelangen. Andere fangen am entgegengesetzten Ende an, mit ihrer Aufgeblasenheit, und finden dann in der Therapie ihr niedriges Selbstwertgefühl heraus. Auch in diesen Fällen ist das Ergebnis ein ausgeglicheneres Selbstbild. Wir wissen außerdem, daß narzißtische Menschen wie Menschen mit chronischen Selbstwertproblemen es nur sehr schwer schaffen, sich selbst und den anderen gleichzeitig wahrzunehmen. Narzißtische Patienten zum Beispiel kommen derart aufgeblasen in die Psychotherapie, daß sie sogar den Therapeuten nicht wahrnehmen. Sie füllen ganz allein den Raum aus, und der Therapeut wird bald unzufrieden, weil er spürt, daß er für den Patienten gar nicht vorhanden ist. In anderen Fällen tritt das Gegenteil ein. Der Patient ist völlig vom Therapeuten eingenommen und erhebt ihn so sehr zum Ideal oder zur mächtigen Autoritätsfigur, daß sich sein eigenes Selbstgefühl in Anwesenheit des Therapeuten verflüchtigt. Menschen mit so schweren narzißtischen Störungen können ihre Aufmerksamkeit nicht gleichzeitig auf sich selbst und den anderen richten; für sie gibt es entweder das eigene Ich und niemand anderen oder alle anderen und kein Ich.

DALAI LAMA: In den geschilderten Fällen von zu geringem Selbstwertgefühl scheinen mir drei Aspekte bedeutsam. Erstens: Diese Menschen haben zweifellos einen Begriff des eigenen Ich; zweitens: Sie wollen glücklich sein; aber drittens: Sie haben eine nach innen gerichtete Verachtung oder Wut; man kann das wohl zusammen mit Hoffnungslosigkeit und Verzweiflung sehen.

Es wurde eben erwähnt, daß diese Menschen in einer

Achtsamkeitsmeditation lernen können, das Auftauchen ihrer eigenen Gedanken zu beobachten, woraufhin sie feststellen, daß es sich dabei um bloße Gedanken handelt; und diese Erkenntnis hilft ihnen, ihr Selbstwertgefühl zu steigern. Kommt dieses Ergebnis aus dem Gefühl, etwas erreicht zu haben? Ist es das, was ihr niedriges Selbstwertgefühl erhöht, oder etwas anderes?

Erfolgserlebnisse

JON KABAT-ZINN: Ich glaube, es ist auch etwas anderes, aber Sie haben gerade auf etwas sehr Wichtiges in dieser extremen Form der Selbstentmutigung hingewiesen. Die persönliche Wirkungsfähigkeit wurde in den letzten 15 Jahren in der westlichen Psychologie ausgiebig untersucht. Der Glaube an die eigene Fähigkeit, auf einem bestimmten Gebiet etwas zu bewirken, ist manchmal tatsächlich ausschlaggebend. Wenn jemand nicht an seine Fähigkeit glaubt, mit dem Rauchen aufzuhören, können wir vorhersagen, daß es ihm sicher nicht leichtfallen wird. Oder nehmen Sie eine Autopanne als Beispiel. Manche Menschen machen die Motorhaube auf, schauen hinein und sagen sich: »Du lieber Himmel, das schaffe ich ja nie!« Andere sagen dabei: »Also, ich weiß nicht, aber sehen wir uns das mal genauer an.« Die letzteren sind zweifellos glücklicher, besser angepaßt, und sie erholen sich auch viel schneller von einer Krankheit. Dieser Glaube an die eigene Fähigkeit ist der stärkste Vorhersagefaktor für den Erholungsverlauf von Patienten nach einer Herzkrankheit und Arthritis, übrigens in Übereinstimmung mit gewissen Meßwerten des Immunsystems.

Nun zur genaueren Antwort auf Ihre Frage: Wenn Menschen in der Meditation entdecken, daß ein Gedanke sie nicht notwendigerweise niederdrücken muß, so erhöht dies ihr Gefühl der eigenen Wirksamkeit. Sie erkennen den Gedanken »Ich tauge ja doch zu nichts« als bloßen Gedanken, nicht als objektive Wahrheit, und dann lassen sie ihn los. Wenn er das nächste Mal auftaucht, lassen sie ihn kommen, nehmen ihn kurz auf und lassen ihn wieder gehen. Mit der Zeit wächst ihre Überzeugung, daß sie mehr und mehr bewirken können, und dieses Gefühl, einer Sache gewachsen zu sein, ist ein guter Weg zur Steigerung ihres Selbstwertgefühls.

DALAI LAMA: Wenden Sie auch noch andere Verfahren an, indem Sie den Menschen mit niedrigem Selbstwertgefühl etwa eine bestimmte Aufgabe stellen, die Erledigung dieser Aufgabe beobachten, die Menschen dann für das gute Ergebnis ausdrücklich loben und auf diese Weise ihre Stimmung oder ihr Selbstwertgefühl heben?

JON KABAT-ZINN: Ja, und das hilft ihnen natürlich sehr.

Die Behandlung des niedrigen Selbstwertgefühls

DAN BROWN: Ich möchte noch etwas zu den angewandten Verfahren sagen. Jon hat vorhin geschildert, wie man dabei die Meditation einsetzen kann; wir finden, das sollte noch verbreiteter sein, aber dieses Verfahren ist speziell mit seiner Arbeitsweise verknüpft. Der normale Ansatz im Westen ist die Psychotherapie, und innerhalb dieser Behandlung gibt es zwei sehr nutzbringende Methoden. Die eine, die sogenannte kognitive Therapie, arbeitet unmittelbar mit dem Denken. Zuerst wird das negative Denkmuster herausgefunden. Dabei läßt man die Menschen zum Beispiel eine Liste ihrer typischen Negativgedanken aufschreiben, etwa »Ich bin ein schlechter Mensch«, »Ich bringe nichts zustande«, »Eine Katastrophe kommt selten allein« oder »Es wird alles nur noch schlimmer«. Auf der Rückseite des Blattes schreiben sie jeweils den entsprechenden positiven Gedanken als eine Art Gegenmittel auf. Im Gegensatz beispielsweise zu »Es wird alles nur noch schlimmer« schreiben sie dann »Einen Schritt nach dem anderen!«, und gegen den Satz »Ich bin ein schlechter Mensch« listen sie alles auf, was sie an sich selbst schätzen.

Sodann nehmen sie diese positiven Gedanken und versuchen systematisch, sie dauernd im Bewußtsein festzuhalten, wie ein Mantra. Man hat herausgefunden, daß bei Menschen, die diese positiven Gedanken regelmäßig – ungefähr zwanzig bis dreißig Minuten pro Tag oder mehrmals einige Minuten lang über den Tag verteilt – einüben, das Negativmuster sich schließlich verändert und daß sie sich mit der Zeit ein positiveres Selbstbild machen. Das ist das eine Verfahren: Definition des Negativmusters und als Gegenmittel die entsprechenden positiven Gedanken.

DALAI LAMA: Das sieht fast so aus, als müßten sich diese Menschen erst klarmachen, wie wertvoll sie eigentlich sind.

DAN BROWN: Genau das ist es. Ich habe gehört, daß es in Ihrer Lehre, Eure Heiligkeit, ein vergleichbares Gegenmittel gibt, eine ganz ähnliche Übung, die ebenfalls darin besteht, einer negativen Verhaltensweise das entsprechende positive Verhalten gegenüberzustellen. Unsere Methode ist in etwa die gleiche, nur daß sie sich auf Gedanken bezieht statt auf Verhalten. Schlechte Gedanken sollen also mit dem Gegenmittel der guten Gedanken kuriert werden.

Das zweite Verfahren, das unsere Psychotherapie anwendet, betrifft mehr die Beziehung zwischen Personen, in diesem Fall zwischen dem Patienten und dem Therapeuten. Man nimmt dabei an, daß ein Patient in der Kindheit von seinen Eltern oder anderen Bezugspersonen vernachlässigt oder für seine Leistungen nicht genügend gewürdigt wurde. Dieser Patient hat also ein berechtigtes Bedürfnis nach Bestätigung oder Bewunderung. Deshalb lobt der Therapeut ausdrücklich jede wirkliche Leistung des Patienten. Wenn der Therapeut dem Patienten anhaltend Interesse, Respekt und Bewunderung beweist, wird sich dessen Selbsthaß mit der Zeit vermindern. Der Patient entwickelt eine gesündere, ausgeglichenere Einstellung zu sich selbst. Es ist beinahe so, als ob nun der Therapeut die Elternstelle einnimmt.

DALAI LAMA: Ich versuche immer noch, die Ätiologie nachzuvollziehen, die Kette der Ursachen, die zu diesem Zustand führen. Wir haben festgestellt, daß es ein Selbstgefühl gibt, das für sich Glück erstrebt, aber dann treten als Störungen niedriges Selbstwertgefühl und mindere Selbstachtung auf. Könnte dem allen aber – natürlich in einer tieferen Schicht – nicht ein Mitleiden mit sich selbst zugrunde liegen? In diesem Fall hätten wir an der Oberfläche eine Verzerrung in Form des niedrigen Selbstwertgefühls, in der Tiefenschicht dagegen ein Gefühl angemessener Selbstliebe.

JON KABAT-ZINN: Ich glaube, das ist zutreffend. Wenn ich aber mit dem tieferen Gefühl der Selbstliebe nicht in Berührung kommen kann, so fühle ich mich isoliert.

DALAI LAMA: Solange diesem emotionalen Aufruhr keine wahre Empfindung von Liebe zugrunde liegt, wird man von keiner noch so häufig geäußerten Anerkennung berührt. Wenn ich einen Menschen mit niedrigem Selbstwertgefühl lobe, wird er mir sagen, ich täusche mich. Das von Dan Brown soeben beschriebene Verfahren, das Gegenmittel gegen negative Selbstgefühle, ist ja wirklich fast eine Aufforderung an den Patienten, sich seines wahren Wertes bewußt zu werden. Indem er auf der Vorderseite die Liste seiner Negativgedanken liest und auf der Rückseite die entgegengesetzten positiven Gedanken, sagt ihm diese Lektüre, daß er selbst etwas für sich tun kann und er tatsächlich so wertvoll ist, wie es da steht. Und das scheint ja auch zu helfen. Aber dieses Ergebnis wäre doch kaum zu verstehen, wenn wir nicht annähmen, daß seinem Gefühl irgendeine Art der Selbstliebe zugrunde liegt. Er wäre sonst ja gar nicht motiviert, etwas zu tun.

JON KABAT-ZINN: Ich glaube auch, daß im Innern jedes Menschen ein großer Vorrat an Liebe versteckt liegt.

DALAI LAMA: Auf jeden Fall. Ich denke, das gehört zum Wesen des Menschen. Solange jemand ein menschliches Wesen ist, ist da auch diese Selbstliebe.

JON KABAT-ZINN: Sie haben absolut recht, Eure Heiligkeit. Viele Menschen sind zum Beispiel unzufrieden mit ihrem Körper. Er gefällt ihnen nicht, sie finden ihn hier zu sehr dies, dort zu sehr jenes, nicht schön genug, alles mögliche. Wenn bei ihnen eine Therapie Erfolg hat oder wenn sie mit Aufmerksamkeitstraining gute Erfahrungen gemacht haben, dann eröffnet sich für das innere Wohlbefinden ein viel tieferes Verständnis.

DALAI LAMA: Das ist es ja, was die tibetischen Yogis durch lange Meditationsübungen zu erreichen suchen, und Ihre Patienten sind dort schon angekommen, ganz ohne Meditation.

JON KABAT-ZINN: Sobald Menschen diese Augenblicks-Wahrnehmung auf ihren Körper anwenden, entdecken sie oft, daß sie ihn unter der Oberfläche der Ablehnung eigentlich bejahen, so wie er ist. Aber die Oberflächen-Gedanken gehen währenddessen ja weiter, sie wirken sich stark negativ aus und hindern damit den Menschen, mit einem tieferen Gefühl des Einsseins in Berührung zu kommen. Wenn alle fünf Milliarden Menschen der Erde diese Verbindung zu ihrem Inneren, diese unter der Oberfläche verborgene Liebe und Klarheit im Prinzip haben können, dann stellt sich doch – insbesondere für diejenigen, die das kaum oder nicht schaffen – die Frage, wie sie den Frieden und die Liebe in ihrem Inneren möglichst wirksam und verläßlich finden, und zwar so, daß diese Berührung zu einem dauerhaften tieferen Selbstverständnis führt.

Die rechte Selbstliebe

DALAI LAMA: Es gibt, glaube ich, eine buddhistische Kernaussage, die hier von Bedeutung ist; sie lautet: Die Buddha-Natur durchdringt alle lebenden Wesen. Wenn ich dies auf mich selbst anwende, so folgt daraus, daß die wesentliche

Natur meines eigenen Geistes vollkommene Reinheit ist. Und das legt das Fundament für Selbstvertrauen und das Überwinden der Verzweiflung.

JON KABAT-ZINN: Aber das verlangt einen Glauben. Sagten sie nicht, daß vier Milliarden Menschen auf dieser Erde keinen Glauben hätten?

DALAI LAMA: Man fängt natürlich nicht gleich mit der Aussage über die Buddha-Natur an, denn das wäre tatsächlich nichts anderes als ein Übersprung in den Glauben. Statt dessen sucht man als erstes die Erkenntnis der Leere. Wir haben also zwei verschiedene Wege: Für manche Menschen ist der erste Schritt der Glaube, während der andere Weg nicht einfach Glaube heißt, sondern die Suche nach der Erkenntnis der Leere.

Auf dem Boden dieser Einsicht erkennen wir dann geistige Verblendungen als bloß zufällige Nebensächlichkeiten. Sie gehören nicht wesentlich zur Natur des menschlichen Geistes, und daher kann man sich aus ihnen befreien. An dieser Stelle erst kann man die Aussage über die Buddha-Natur einführen, denn jetzt hat sie eine feste Grundlage und ist nicht nur ein Glaubenssatz.

JON KABAT-ZINN: Wenn wir hier die falschen Begriffe verwenden, wird es im Westen ziemlich problematisch. Denn was Sie hier unter Leere verstehen, ist etwas ganz, ganz anderes als das, was ein Amerikaner oder ein Europäer darunter versteht. Die fühlen sich jetzt schon total leer!

DALAI LAMA: Der westliche Begriff der Leere ist selbst völlig leer. Deshalb ist er auch ein falscher Begriff. Im richtigen Verständnis aber ist die Leere eine totale Fülle. Zu einem anderen Ausdruck: Wenn wir »Ich« oder »eigene Identität« benützen, hat dies oft zwei verschiedene Bedeutungen; die eine ist negativ, die andere muß nicht zwangsläufig negativ sein. Die negative Bedeutung des Ich entsteht aus grundloser Selbstüberschätzung und Arroganz. Diese Auffassung von einer zu starken Eigenidentität ist falsch. Daneben aber könnte es ja eine andere Auffassung geben, die natürlich stärker für einen Boddhisattva zutrifft als für Menschen wie du und ich. Ein Boddhisattva ist ja ein Wesen, das willig ist, das eigene Wohlergehen für das Wohl anderer Menschen aufzuopfern. Er erstrebt nicht das eigene Wohlergehen, sondern das aller anderen Lebewesen.

Um die dafür nötige Willensstärke aufzubringen, braucht er vor allem einen klaren Begriff der eigenen Identität, und erst auf dieser Grundlage kann er seine Prioritäten verlagern, von sich selbst auf die anderen. Der Boddhisattva ist demnach stärker von seiner Identität überzeugt als der Durchschnittsmensch, der unfähig ist, sich für andere aufzuopfern, denn dazu ist Willenskraft nötig, und die entwickelt man nur aus einem festen Selbstvertrauen.

JON KABAT-ZINN: Was Sie sagen, berührt sich mit dem, was Lee Yearley als die Sünde der Trägheit des Geistes beschrieben hat. Diese Trägheit ist wirklich ein weitverbreitetes Problem in unserer Gesellschaft. Ich frage mich, ob man diese Frage nicht verbinden könnte mit der Entwicklung einer starken inneren Entschlußkraft, die jedoch frei wäre von negativen egoistischen Nebenbedeutungen.

DAN BROWN: In der Psychotherapie des Westens kennen wir den Begriff der gesunden Selbsteinschätzung, die nicht ganz das gleiche ist wie die Natur des Boddhisattva, die sie eben beschrieben haben, Eure Heiligkeit. Ein Mensch mit gesunder Selbsteinschätzung ist nicht aufgeblasen, nicht grundlos arrogant; das Ausschlaggebende ist vielmehr, daß so ein Mensch seine Selbsteinschätzung unabhängig von der jeweiligen Situation aufrechterhält. Bei einem Menschen mit geringem Selbstwertgefühl hängt der eigene Wert immer von der umgebenden Situation ab. Dann plagt mich zum Beispiel die Sorge, wie die anderen mich beurteilen, und ich verlange nach irgendeiner Art Lob oder Bewunderung. Wenn die anderen mich kritisieren, sinkt mein Selbstwertgefühl. Es ist völlig abhängig davon, was die anderen von mir halten. Es kann andererseits auch auf meine eigene Bewertung meiner Leistungen fixiert sein. Habe ich etwas Großartiges geschafft, so fühle ich mich stark; bleibe ich unter meiner persönlichen Meßlatte, so fühle ich mich unwohl. Menschen mit einem gesunden Selbstwertgefühl sind jedoch nicht so abhängig von der äußeren Situation, sie lassen sich auch nicht so beeindrucken durch die Abweichung ihrer Leistung von ihren selbstgestellten Anforderungen. Wir können also sagen, ein richtiges Selbstwertgefühl ist stabil, es verändert sich nicht andauernd.

DALAI LAMA: Weil es auf sichtbaren Beweisen aufgebaut ist, auf Vernunft, gewinnt es höhere Stabilität.

DAN BROWN: Ja, und dann werden solche Menschen auch nicht so leicht davon betroffen, ob die andern schlecht von ihnen denken oder sie bewundern. In diesem Sinne ist ihr Selbstwertgefühl jenseits von Lob und Tadel. Es wird auch dann kaum beeinflußt, wenn der Mensch seine eigenen Ziele oder Vorgaben irgendwann einmal nicht ganz erreicht. Was jedoch in diesem westlichen Begriff des gesunden Selbstwertgefühls fehlt, Eure Heiligkeit, ist genau das, was in Ihrer Tradition einen so zentralen Platz einnimmt. Unser Begriff betont gewöhnlich die Autonomie, das heißt die Unabhängigkeit des Individuums. Ein Boddhisattva dagegen lebt in der Beziehung zu anderen, er tut etwas für andere. Da scheint mir doch ein großer Unterschied vorzuliegen.

DALAI LAMA: Ich brachte zwar das Beispiel des Boddhisattva ein, aber das Thema hat eine darüber hinausgehende Bedeutung. Ich erwähnte die angemessene oder gesunde Selbst-Identität eines Boddhisattva deshalb, weil wir bei ihm normalerweise ausschließlich an die Selbstaufopferung denken.

Aber davon einmal abgesehen können auch Menschen, die keine Boddhisattvas sind, über ein ausgeprägtes Selbstgefühl oder eine starke Ich-Identität verfügen. Sie brauchen dafür nicht notwendigerweise eine tiefe altruistische Haltung, die sich vor allem den anderen mit Liebe zuwendet. Das heißt, auch Meditationspraktiker wie Shravakas* oder Pratyekabuddhas* haben zweifellos ein starkes Ich-Gefühl, das sie von jeder verunreinigenden Handlung fernhalten wird. Auch sie haben das Bewußtsein einer persönlichen Identität.

Wie nehme ich mich selbst an?

DAN GOLEMAN: Was sind nun aber die kennzeichnenden Eigenschaften dieser Art der Identität? Was geht im Geist eines solchen Menschen vor sich?

DALAI LAMA: Dieses angemessene Gefühl der eigenen Identität, dieses Selbstvertrauen entsteht nicht aus einer Quelle allein, sondern beruht auf vielen Ursachen. In der buddhistischen Psychologie kann das Selbstvertrauen zum Beispiel ohne Eitelkeit oder Stolz sein, und auf dieser Grundlage mag jemand dann nach Weitergehendem streben, jedoch ohne Haben-Wollen und Ergreifen. In ähnlicher Weise kann er voller Mitleiden sein, jedoch ohne das damit verbundene bedrückende Anhaften. Die vielen Erscheinungsformen des Selbstvertrauens lassen sich durch eine ganz rationale Untersuchung voneinander unterscheiden.

ALAN WALLACE: Der Begriff, den wir hier als Selbstvertrauen oder Selbstwertgefühl übersetzen, hat aber auch die Bedeutung »Gewissen«, sowohl das persönliche, als auch das ins Öffentliche gerichtete Gewissen. Das persönliche Gewissen

---

* »Shravaka« heißt »Hörer«. Shravakas sind meditierende Buddhisten auf dem persönlichen Weg zur eigenen Befreiung, ohne den Entschluß des Boddhisattva, die Erleuchtung nur zum Nutzen aller Lebewesen zu erlangen. »Pratyekabuddha« bedeutet »schweigender Buddha«. Damit sind meditierende Buddhisten gemeint, die den Pfad der Erkenntnis in der Einsamkeit suchen. In ihrer Sicht sind Identität und mentale Ereignisse nicht in einem festgefügten Ich verankert, sondern freischwebend und unpersönlich.

ist auch in der Einsamkeit tätig. Dieses Gewissen, diese Selbstachtung verbietet mir, etwas Unangemessenes zu tun, und zwar gleichgültig, ob irgend jemand jemals davon erfahren würde. Das sozusagen öffentliche Gewissen berücksichtigt jedoch die Wahrnehmung meiner Person durch die anderen. Ein Mensch kann beide Gewissensarten oder Selbstwertgefühle haben, und zwar ohne jede Zurückhaltung oder Zaghaftigkeit.

DAN BROWN: In dieser Definition wird besonders hervorgehoben, daß man sich schädlicher Handlungen enthalten muß. Schließt sie auch die Enthaltung von schädlichen Gedanken ein?

ALAN WALLACE: O ja, gemeint sind der Körper, die Sprache und der Geist.

THUBTEN JINPA: Dabei wirkt auch ein Hinweis auf die Notwendigkeit einer gewissen Vorsicht mit, jedoch ohne irgendeine Entmutigung oder Verunsicherung auszulösen.

DALAI LAMA: Die Sprache schafft in der Tat einiges an Mißverständnissen. Vielleicht kommen wir eines Tages zu einer allgemeinen Weltsprache. Wir würden damit eine Menge Zeit sparen. Wenn nun aber jemand bei Ihnen Schwierigkeiten mit seinem Selbstwertgefühl hat und dabei kein Buddhist ist, welche Behandlungsmethode ist dann die beste?

DAN GOLEMAN: Nach meiner Auffassung kognitive Therapie.

DALAI LAMA: Können Sie einzelne Elemente aus dem Buddhismus herausnehmen und sie bei nicht-religiösen Menschen anwenden?

DAN GOLEMAN: Ein sehr wichtiger Bestandteil der kognitiven Therapie ist Achtsamkeit, also das Erlernen der Fähigkeit, die störenden Gedanken einfach als vorkommend zu beobachten.

ALEX BERZIN: Ich glaube, daß in einer Therapie noch etwas anderes sehr wichtig ist, nämlich die Beziehung zu einem anderen Menschen. Das könnte ein Lehrer sein, nicht unbedingt ein Psychotherapeut, den ich ja doch bezahlen muß und der mich vielleicht nur deshalb für so wertvoll hält. Ich meine, es sollte eher jemand sein, der mir aufrichtig helfen will und mich ernst nimmt, der mir das Gefühl gibt, ich bin es wert, daß man mir hilft. Dieser Beziehungsaspekt ist gerade bei den Menschen des Westens von Bedeutung, da wir viel zu isoliert aufgewachsen sind und uns überhaupt oft so einsam fühlen.

DAN GOLEMAN: Wenn beispielsweise Schüler bei uns einen Lehrer haben, der liebevoll mit ihnen umgeht und sie annimmt, wie sie sind, so hat das eine stark heilende Wirkung auf Menschen mit geringem Selbstwertgefühl. Sie fühlen sich dann um ihrer selbst willen geliebt, und das hilft ihnen, das ungute Gefühl zu überwinden.

DALAI LAMA: So käme das niedrige Selbstwertgefühl vor allem daher, daß einer nicht genügend geliebt wird?

DAN BROWN: Ja, und er wird nicht in der richtigen Weise geliebt. Bei dieser Liebe unter Vorbehalt, bei der das Kind nur für »richtiges« Verhalten geliebt wird, lernt das Kind sehr schnell, daß es nur dann geschätzt und respektiert wird, wenn es sich gut benimmt.

JON KABAT-ZINN: Und so wollen es ja manche Eltern.

ALEX BERZIN: Es gibt bei der Kindererziehung des Westens noch etwas zu beachten. Dort werden Kinder oft auch dafür belohnt, daß sie ungezogen sind: Wenn ein Kind nur laut genug schreit und sich unmöglich aufführt, dann kriegt es schließlich, was es möchte.

DALAI LAMA: Das gibt es vermutlich noch anderswo. Die Tibeter jedenfalls machen es ganz genauso.

FRANCISCO VARELA: Finden Sie nicht, Eure Heiligkeit, daß auch in tibetischen Familien die elterliche Liebe manchmal nicht bedingungslos gegeben wird? Ist es nicht so, daß Eltern auch eigene Schwächen haben und ihre Kinder nicht ohne Gegenforderungen lieben?

DALAI LAMA: Im allgemeinen ist die Auffassung der elterlichen Liebe zu ihren Kindern nicht so sehr »Mein Kind ist brav«, sondern eher »Das ist mein Kind«. Ich denke, darin liegt der Hauptunterschied. Diese Elternliebe geht von der Tatsache aus, daß es mein Kind ist, und die Liebe nimmt einfach zu, wenn das Kind heranwächst und gute Eigenschaften entwickelt. Zeigt es dagegen schlechte Eigenschaften und läßt nicht ab davon, so kann sich diese Liebe auch vermindern. Möglicherweise spielen da auch einige gesellschaftliche Faktoren hinein. Das kapitalistische Wirtschaftssystem des Westens zum Beispiel ist sehr stark auf Wettbewerb eingestellt, und viele seiner Werte sind eigentlich nur der Ausdruck wirtschaftlicher Konsequenzen.

Ein solches Denkmuster mag dann wohl bis in die Eltern-Kind-Beziehungen hineinreichen. In einem solchen Wirtschaftssystem gibt man dem Kind Geld und bekommt dafür eine Gegenleistung, sogar in Form eines erwünschten Verhaltens. Das ist fast wie ein Kaufvertrag: Um das Mitgefühl der Eltern zu erhalten, müssen die Kinder etwas dafür geben, etwa Respekt oder Bravsein.

LEE YEARLEY: Ich habe in diesem Punkt eine etwas andere Sicht der Dinge, mit der meine Kollegen vielleicht nicht einverstanden sein werden. Ich glaube auch, daß ein Teil der Bevölkerung des Westens mit ihrem Selbstwertgefühl wirklich ein ernstes Problem hat. Zweifellos jedoch hat ein sehr großer Teil der gleichen Bevölkerung ein sehr starkes Selbstwertgefühl, und diese Menschen sind keineswegs übertrieben arrogant oder sonstwie leidend. Sie managen unser Land, und das tun sie mit einer hohen Energie, die ein starkes Selbstbewußtsein verrät, auch wenn es ein irregeführtes Bewußtsein ist. Ein beträchtlicher Teil dieses Landes besteht aus

Menschen, denen es besser ginge, wenn sie wenigstens ab und zu ein Selbstwertproblem hätten!

DAN BROWN: Andererseits sind die statistischen Angaben zur Depression recht deutlich: Bei etwa 15 Prozent der gesamten Bevölkerung der USA kann zu irgendeinem Zeitpunkt ihres Lebens eine Depression diagnostiziert werden, und das hat normalerweise immer mit einem niedrigen Selbstwertgefühl zu tun. Dabei sind hier nur die Menschen gezählt, die sich in klinische Behandlung begeben, so daß ich den Anteil der wirklich Betroffenen auf mindestens 25 Prozent schätzen würde.

LEE YEARLEY: Ich will das nicht bezweifeln, aber ich glaube, für die übrigen oder wenigstens für ein Drittel der Bevölkerung stimmt das ganz und gar nicht. Und viele von diesen Menschen treffen weitreichende Entscheidungen über unser Land und seine Zukunft.

DALAI LAMA: Hat man in dieser Hinsicht einen Unterschied festgestellt zwischen sozialistischen und kapitalistischen Ländern?

DAN BROWN: Das wissen wir nicht. Es gibt andererseits einige Familien-Analysen zum Problem des niedrigen Selbstwertgefühls. Aus mehreren dieser Untersuchungen ergibt sich das gleiche: Familien mit sehr hohen Erwartungen, speziell mit sozialer Aufstiegsmobilität, neigen dazu, Kinder mit Selbstwertproblemen heranzuziehen. Man muß allerdings auch sehen, daß nach der großen Wirtschaftskrise der dreißiger Jahre die amerikanischen Eltern darauf bedacht waren, daß ihre Kinder später nicht unter der gleichen Not leiden müßten, sondern einen stabilen Wohlstand erreichen sollten.

Jedes Kind hat sein eigenes Temperament, seine Veranlagung, eine bestimmte Art der Entwicklung. Wie beim körperlichen Aussehen gibt es auch hier eine bestimmte, nur diesem Individuum zugehörige Identität. In den genannten Familien mit sehr hohen Erwartungen hinsichtlich der Zukunft des Kindes beobachten wir nun eine deutliche Diskrepanz. Die Eltern nehmen ihr Kind nur noch verzerrt wahr und belasten es mit Forderungen, denen das Kind bei einer natürlichen Entwicklung nicht ausgesetzt wäre. Im Ergebnis fühlt sich das heranwachsende Kind allein gelassen und unverstanden, als würde es gar nicht so gesehen, wie es wirklich ist. Dies führt dann zu Selbstzweifeln und der Unfähigkeit, den eigenen Wert richtig einzuschätzen.

Das ist nur ein Beispiel, aber eine Reihe gründlicher Untersuchungen haben es bestätigt.

ALEX BERZIN: Aus meiner Erfahrung in sozialistischen Ländern kann ich sagen, daß das Wirtschaftssystem eigentlich in diesem Punkt keinen Einfluß hat. Entscheidender scheint die Kultur des jeweiligen Landes zu sein. Den Polen zum Beispiel ist es ziemlich egal, was andere über sie sagen, und in Rußland mit seiner christlich-orthodoxen Religion fehlt das typisch westliche Schuldgefühl. Die Unterschiede sind offenbar kultureller Art.

DALAI LAMA: Man könnte demnach Ihre Eingangsfrage, ob die Pflege einer nach innen gerichteten liebenden Güte einen Platz im Buddhismus hat, kurz so beantworten: Ja, sie hat.

Fünfter Teil:

Das Gewahrsein

Das Gespräch zwischen Geist, Gehirn und Körper

Die Beziehungen zwischen Gefühl, Denken und Gehirntätigkeit stehen im Mittelpunkt der folgenden Diskussion, die sich in ihrem Verlauf dem Fragenkomplex »Wahrnehmung und Bewußtsein« zuwendet. An dieser Stelle gehen Wissenschaft und Buddhismus getrennte Wege: Für erstere ist Bewußtsein eine emergente Eigenschaft des Gehirns, für letzteren hat das Bewußtsein eine eigene Existenzform.

Dieser Widerspruch zwischen Buddhismus und westlicher Neurologie berührt zahlreiche Kernfragen. Im Westen sind die Neurologen überzeugt, Bewußtsein lasse sich durch neuronale Verbindungen im Gehirn erklären. Eine vielfach akzeptierte Theorie glaubt der Lösung dadurch näherzukommen, daß sie bestimmte neuronale Schaltkreise mit entsprechenden Formen des Bewußtseins verknüpft und die Verbindungen dieser Schaltkreise untereinander lokalisiert. Daraus leitet dieses Erklärungsmodell die Entstehung des Bewußtseins als ununterbrochenes Zusammenspiel zahlloser Neuronen im Netzwerk des Gehirns ab.

Aber auch die Neurologie muß einräumen, daß heute niemand weiß, wie eine komplexe Ansammlung von Neuronen sich ihrer selbst bewußt werden kann. Kritiker erheben deshalb den Vorwurf, daß die neurologische Forschung einem Reduktionismus anheimfällt: der Annahme, jedes Verhalten und alle geistigen Vorgänge könnten auf rein physiologische Abläufe zurückgeführt werden. Die gegenwärtig lebhafte und fruchtbare wissenschaftliche Debatte dreht sich vor allem um die Frage nach dem »Selbstbewußtsein«, das sich einer Erklärung aus nur physiologischen Ursachen immer wieder entzieht. Eine allgemein akzeptierte Antwort ist nicht in Sicht.

Der tibetische Buddhismus nimmt dazu eine völlig andere Haltung ein. Sein Erklärungsmodell kennt acht verschiedene Bewußtseinsformen: das Bewußtsein des »letzten Grundes« »kun shi«, das Denken »sems« und die sechs Sinne. Auf der Ebene des »letzten Grundes« entsteht die Abspaltung der Subjektivität, das heißt die Wahrnehmung eines Ich als getrennt von den Gegenständen der Wahrnehmung. Mit »sems« wird die Tätigkeit des erkennenden Denkens bezeichnet, das die Sinne ordnet und miteinander verbindet.

Der Buddhismus verwendet die Meditation, um mit ihrer Hilfe den Geist zu festigen und genauer zu erforschen. Damit sollen in der Folge auch – jenseits des Denkens und der sinnlichen Wahrnehmung – die feineren Tätigkeitsformen des Geistes erkannt werden. Aus dieser Perspektive ist die im Westen herrschende Meinung, das Bewußtsein sei lediglich eine Emergenz der Gehirnaktivität, eine materialistische und reduktionistische Ansicht. Selbst wenn einige Bewußtseinsformen mit Sinneswahrnehmungen und Gehirnregionen verknüpft werden können, hält der Buddhismus daran fest, daß bestimmte feinere Bewußtseinsarten nicht auf das Gehirn beschränkt sind. Die sogenannte »innere Wahrnehmung«, »rigpa«, zum Beispiel übersteigt das gewöhnliche Bewußtsein: Die Buddha-Natur aller Lebewesen ist weder an einen Körper noch an ein Gehirn gebunden.

Durch die gegensätzlichen Positionen bekommt die gesamte Diskussion, die der Gastgeber mit einer präzisen Erkundung einleitet, einen sehr intellektuellen Charakter.

DALAI LAMA: Ist es nicht denkbar, daß bestimmte geistige Aktivitäten und Begriffsbildungen ihrerseits als Ursachen wirken und so gewisse Gehirnregionen zur Tätigkeit anregen? Mit anderen Worten: Ist das wirklich eine Einbahnstraße oder haben wir nicht doch eine Art Gegenverkehr? Rein hypothetisch können wir die Existenz des Bewußtseins annehmen und dann damit die physiologischen Vorgänge erklären. Ich glaube, es gibt im menschlichen Geist oder im

Bewußtsein mehrere Schichten. Eine ist durchaus das Resultat körperlicher Vorgänge, und diese Bewußtseinsschicht entwickelt sich auch nur in Reaktion auf Vorgänge im Körper. Aber eine andere Schicht geht dem Körper voraus und verursacht ihrerseits Veränderungen im Gehirn. Wenn wir Bewußtsein nicht als eigene Existenz, sondern lediglich als emergente Eigenschaft des Gehirns verstehen, welche Ursache bringt dann das Gehirn zur Aktivität?

FRANCISCO VARELA: Darauf gibt es keine einheitliche Antwort, aber in der Neurologie herrscht durchweg der Eindruck, daß das Bewußtsein eine emergente Eigenschaft der Gehirnströme ist. Der Begriff einer feineren Bewußtseinsform wird dabei weder für notwendig, noch für nachweisbar gehalten.

DALAI LAMA: Was aber wäre dann die Ursache der Emergenz? Oder heißt das nur, daß eine bestimmte Gehirntätigkeit eine andere Gehirntätigkeit verursacht?

FRANCISCO VARELA: Ja. Aus dem Blickwinkel der Wissenschaft ist diese Feststellung ausgesprochen zweckmäßig, da man es ja von Anfang an mit Ereignissen zu tun hat, die auf andere Ereignisse wirken. Und ein richtig mit Nährstoffen versorgtes Gehirn hält diese wechselseitigen Aktivierungsvorgänge in Gang.

DALAI LAMA: So daß also auch Gefühle entstehen auf der Grundlage der Gehirnaktivität. Wir stehen hier vor einem entscheidenden Punkt. Sprechen wir von einer Kausalbeziehung oder nur von einem gleichzeitigen Auftreten? Verursacht die Gehirntätigkeit das Gefühl oder finden beide gleichzeitig statt, ohne daß das eine durch das andere verursacht ist?

CLIFF SARON: Ich würde hier nicht von einer Gleichzeitigkeit sprechen, schon gar nicht mit dem Blick auf die Befunde der Neuroanatomie.

DALAI LAMA: Ist es denn zweifelsfrei und unabänderlich der Fall, daß die Gehirnaktivität der Gefühlsempfindung vorausgeht?

CLIFF SARON: Die Tätigkeit des Gehirns findet auf vielen verschiedenen Ebenen statt, und diese Gesamttätigkeit verursacht einen bestimmten Gefühlszustand. Ob die Tätigkeit etwa der Großhirnrinde der Empfindung des Gefühls folgt oder ihr vorausgeht, wäre eine Frage, die wir untersuchen sollten. Um ein konkretes Beispiel zu nehmen: Wir können die Gehirnaktivität, die einem emotionalen Gesichtsausdruck vorausgeht, messen und prüfen dann, ob eine Entsprechung vorliegt. In den Untersuchungen zur Depression oder auch zum Temperament haben wir herausgefunden, daß Veränderungen der Gehirnaktivität mit der jeweiligen Gefühlsreaktion nichts zu tun hatten, sondern allenfalls mit einer allgemeinen Veranlagung zu Gefühlsäußerungen. In diesem Fall können wir also nicht sagen, daß die Gehirnaktivität die Ursache war für die jeweilige Gefühlsreaktion.

DALAI LAMA: Wenn wir einmal auf die unterste Ebene zurückgehen, auf die Stufe der Elementarteilchen zum Beispiel, ist es dann nicht so, daß man die elementaren Bauteile des menschlichen Gehirns nicht mehr von denen in einem Stein unterscheiden kann?

FRANCISCO VARELA: Es sind die gleichen, bis hinauf zu Atomen und Molekülen.

DALAI LAMA: Und wenn man von hier aus hinaufsteigt, über die Atome zu den Molekülen und noch weiter, auf welcher Ebene beginnt man dann, von einer Emergenz der bewußten Wahrnehmung zu sprechen?

FRANCISCO VARELA: Eure Heiligkeit, in der Neurologie gibt es nicht einmal bei »Wahrnehmung« eine einheitliche Begriffsbildung.

DALAI LAMA: Dann stelle ich die Frage ein wenig anders. An welchem Punkt, von den Elementarteilchen aufwärts, findet sich ein Beweis für tatsächliche Wahrnehmung?

FRANCISCO VARELA: Die Forschungsarbeiten zu dieser Frage sind noch in vollem Gang. Bisher hat man sich offenbar nur darauf geeinigt, daß Menschen Bewußtsein haben.

DALAI LAMA: Wenn sich viele dieser elementaren Bausteine vereinen, dann sehen wir irgendwann Leben in ihnen, nicht wahr? Wir haben dabei zwei große Klassen von Lebewesen, Pflanzen und Tiere. Die eine hat Bewußtsein entwickelt, die andere nicht. Was ist hier die Ursache? Auf welcher Entwicklungsstufe entsteht Bewußtsein?

FRANCISCO VARELA: Die klassische Antwort – und in meinen Augen eine sehr gute – lautet: Erkenntnis oder Wahrnehmung (wie immer es auch heißen mag) ist eine emergente Eigenschaft einer bestimmten Anordnung oder systematisch gegliederten Zusammensetzung, die ihrerseits ein Nervensystem voraussetzt. Sie verlangt außerdem sensorische und motorische Einrichtungen sowie Neuronenverbindungen. Pflanzen haben – im Gegensatz zu Tieren – kein Nervensystem entwickelt. Das Nervensystem der Tiere hat sich evolutionär weiterentwickelt und verschiedene kognitive Fähigkeiten ausgebildet. An irgendeinem Punkt ist dann etwas geschehen (und darum dreht sich die ganze Frage), das dem Menschen sein Bewußtsein gab. Die meisten würden wohl auch manchen Tieren Wahrnehmung und Mitleid zusprechen, zum Beispiel den großen Affen und den Delphinen.

DALAI LAMA: Ich finde Ihre Verwendung des Begriffs »Wahrnehmung« ein wenig zu hoch gesteckt, da wir doch sicher alle der Meinung sind, daß eine ganze Reihe anderer Tiere Bewußtsein – in jedwedem Sinn des Wortes – besitzen, möglicherweise sogar so niedere Tiere wie der Süßwasserpolyp.

FRANCISCO VARELA: Ja, aber man kann nicht sagen, sie hätten Selbstbewußtsein.

DALAI LAMA: Ich meine nicht ein Bewußtsein ihrer selbst, sondern eher ein allgemeines, noch zu definierendes Bewußtsein. Tiere sind fühlende Wesen, da sie etwas erleben und empfinden können.

FRANCISCO VARELA: Ich bitte um Nachsicht, aber immer wenn man in der Neurologie den Begriff »bewußt« verwendet, hat er die Nebenbedeutung »selbstbewußt«. Benützt man dagegen die Begriffe »erkennen« oder »wahrnehmen«, so sind wohl alle der Ansicht, daß Tiere mit einem Nervensystem ebenfalls irgendeine Form von Denken besitzen. Viele würden sogar noch weiter gehen und sagen, auch Einzeller wie die Amöbe hätten eine primitive Form des Denkens.

DALAI LAMA: Und Pflanzen nicht?

FRANCISCO VARELA: Nein, Eure Heiligkeit. Der Hauptunterschied ist die sensomotorische Ausstattung, speziell irgendeine Möglichkeit der Fortbewegung. Im beobachtbaren Verhalten ist sie ein Schlüsselelement, das uns die Feststellung einer Wahrnehmung erst ermöglicht. Die Amöbe zum Beispiel kann sich im Raum bewegen und nach Nahrung suchen; damit unterscheidet sie sich wesentlich von einer Pflanze, die ihre Nährstoffe passiv empfängt. Die Fähigkeit zur Fortbewegung schafft die Möglichkeit eines Nervensystems. Wenn man weiter geht, wird es bald schwierig zu sagen, wo etwas anfängt oder aufhört. Vielleicht können wir noch behaupten, daß die B- und T-Zellen in ihrer Gesamtheit so etwas wie Erkenntnis oder Wissen oder auch Erregungsfähigkeit haben.

DALAI LAMA: Als Sie von der übereinstimmenden Ansicht einiger Wissenschaftler sprachen, daß auch Großaffen Wahrnehmung hätten, meinten Sie damit eine dem Menschen ähnliche Selbstwahrnehmung?

FRANCISCO VARELA: Ja, und zwar eine Art der Selbst-Reflexion, die möglicherweise unserer eigenen Innenerfahrung ähnlich ist. Bei einer Katze wäre das schon nicht mehr oder nur vermindert der Fall und noch weniger bei der Amöbe.

Der Gedanke als Ursache des Gefühls

CLIFF SARON: Eure Heiligkeit, wir haben innere und äußere Ursachen für Gefühle erwähnt, aber mich würde interessieren, wie bestimmte geistige Vorgänge ein Gefühl auslösen können.

DALAI LAMA: Die Antwort ist nicht leicht. Man könnte mit der Frage beginnen, ob es Gefühle im Geist eines »arhat« gibt, also im Innern eines befreiten Wesens, oder in einem Buddha, der frei ist von allen Verblendungen. Wenn man etwas wie liebende Güte oder Mitleiden als Gefühl ansieht, so muß die Antwort lauten: Ja, diese Gefühle sind im Geist eines wahrhaft erleuchteten Wesens gegenwärtig. Man kann also nicht sagen, daß beispielsweise Egoismus eine notwendige Bedingung für das Entstehen von Gefühlen sei, denn ein Erleuchteter ist ohne Egoismus, aber er hat Gefühle. Ein Selbstgefühl ist nicht zwangsläufig eine Verblendung wie der Egoismus, weshalb ein Erleuchteter ein nicht-verblendetes Selbstgefühl haben kann. Aber es bleibt eine offene Frage, ob das Selbstgefühl andere Gefühle auslöst, ob Gefühle zum Wesen der Wahrnehmung einfach dazugehören oder ob sie durch die Wahrnehmung eines bestimmten Gegenstands entstehen. Wir kennen mehrere Ebenen des Bewußtseins. Eine Bewußtseinsebene ist unmittelbar an den Körper gebunden. So kann etwa eine körperliche Fehlfunktion, ein körperliches Ungleichgewicht zur Hauptursache für eine geistige Störung werden, zum Beispiel für das Haben-Wollen.

Im Hinblick auf die sinnliche Wahrnehmung spricht die buddhistische Psychologie von drei Ursachen, die bei der Entstehung der Wahrnehmung zusammenwirken. Im Fall des

Sehens ist die erste Ursache – oder auch maßgebliche Bedingung – die physische Fähigkeit zu sehen. Die zweite ist die sogenannte Referenzbedingung, das heißt der äußere visuelle Reiz. Und die dritte Ursache, die wir auch die unmittelbare Bedingung nennen, ist das den beiden anderen vorausgehende Ereignis der Klarheit oder des Wissens der sinnlichen Wahrnehmung. Dieser Augenblick der Klarheit hat seinerseits mehrere Ursachen, und eine davon ist der Augenblick der Wahrnehmung. Man kann also sagen, eine dieser Bedingungen sei kognitiver Art, und zwar der vorhergehende Augenblick der Wahrnehmung. Aus eigener Erfahrung wissen wir, daß wir sehr ruhig dasitzen können ohne irgendeinen äußeren Reiz, und plötzlich erscheint ein Gedanke und läßt uns erschrecken oder aufspringen, er löst also irgendeine körperliche Reaktion aus. Auf den ersten Blick scheint es, als sei da zuerst ein kognitives Ereignis, das dann zur Ursache für eine physische Reaktion wird, und nicht umgekehrt. Nun kann es aber auch geschehen, daß die körperliche Aktivität das Gefühl verstärkt oder auf andere Weise modifiziert. Wir haben es alle schon erfahren, daß unsere Wahrnehmung natürlicherweise schwankt und schaukelt – vielleicht sogar mit einer höheren Schwingung als zehn Hertz. Dagegen dient die Entwicklung der Achtsamkeit in der Meditation dazu, die Wahrnehmung oder Aufmerksamkeit still zu halten, indem man ihre Schwankungen zu dämpfen versucht. Insofern man damit erfolgreich ist, sieht es so aus, als könnte das Wesen der Wahrnehmung beeinflußt werden durch das Hinzutreten dieser rein subjektiven geistigen Maßnahme, der Schulung der Achtsamkeit. Es scheint mir plausibel, daß allein dadurch Veränderungen im Gehirn herbeigeführt werden, wenn nicht im ganzen Körper.

FRANCISCO VARELA: Hat in diesem Fall der Gefühlszustand die Schwankungen der Wahrnehmung verursacht?

DALAI LAMA: Im Hinblick auf die Kausalkette haben wir zuerst die elementare Berührung, dann das eigentliche kognitive Erkennen, und dieses bewirkt das Gefühl.

FRANCISCO VARELA: Das Gefühl tritt also zeitlich nach der Feststellung der Wahrnehmung ein. Wie ist es aber, wenn wir ein plötzliches Geräusch hören, ein lautes Knacksen zum Beispiel, und sich daraufhin unsere Aufmerksamkeit neu orientiert? Als erstes erleben wir hier anscheinend eine Art inneren Alarm, eine plötzliche Angst, also ein Gefühl, und erst danach stellen wir fest, daß uns das Dach auf den Kopf zu fallen droht. Geht hier nicht das Gefühl der Feststellung des Wahrgenommenen voraus?

DALAI LAMA: Bei einer sehr präzisen Analyse der aufeinanderfolgenden Augenblicke, so scheint mir, würde man wohl als erstes die Wahrnehmung irgendeines Geschehens herausfinden. Man hört ein ungewöhnliches Geräusch, auch wenn man es noch nicht als Geräusch des einstürzenden Dachs identifiziert hat, und dies regt das Gefühl an. Dann kommt die Wahrnehmung der Einzelheiten des Geschehens. Zuerst nimmt man das Geräusch wahr, und danach weiß man, was es zu bedeuten hat.

FRANCISCO VARELA: Wie würden Sie die andere Situation beurteilen, bei der überhaupt kein äußeres Ereignis eintritt? Ich sitze ruhig da oder ich gehe spazieren, und mit einem Schlag ändert sich meine Stimmung. Plötzlich fühle ich mich einsam oder traurig oder glücklich. Was ist in diesem Fall die Ursache der Verschiebung meiner Gefühle?

DALAI LAMA: Die Ursache mag in Ihrem Innern liegen oder aber auch unmerklich von außen kommen. Einerseits haben wir uns an ganz bestimmte Begriffskonstruktionen gewöhnt, aus denen sich unsere Erwartungen und Vorlieben aufbauen. So kann auch bei völliger Abwesenheit eines äußeren Reizes die Macht der eingeübten Gewohnheiten einen scheinbar spontanen Stimmungsumschwung herbeiführen. Andererseits besteht natürlich die Möglichkeit, daß eine plötzliche, aber sehr feine Eigenschaft der Umgebung dieses Gefühl hervorgerufen hat, irgend etwas fast Unmerkliches, sei es etwas Angenehmes oder etwas Deprimierendes, obwohl man sich dessen gar nicht bewußt ist: Bei meinem ersten Besuch in Moskau war meine Denkfähigkeit seltsamerweise nicht richtig wach, sondern dumpf und schleppend. Andere tibetische Lamas hatten von ihren Reisen in diese Region ähnliche Erfahrungen berichtet, ganz ungewohnte Gefühlsregungen während der täglichen Gebete. Bei mir kann es natürlich auch daran gelegen haben, daß mein Frühstück an diesem Tag besonders spät serviert wurde. Aber wir wissen leider auch, daß es in dieser Region unzählige Tote gab, eine starke Aufwallung negativer Gefühle. Deshalb kann in einer solchen Situation immer noch etwas davon nachwirken, selbst wenn sich nichts Sichtbares oder bewußt Wahrnehmbares ereignet. Man könnte es ungenau Schwermut oder Betrübnis nennen, aber wir Tibeter nennen es wörtlich »etwas, das verdunkelt, verhüllt, umwölkt« (sgrib pa). In der gleichen Weise können tibetische Meditationspraktiker in den Bergen gewöhnlich vorhersagen, ob jemand zu Besuch kommt und sogar wann, am Abend oder am nächsten Tag. Solche Vorhersagen hat es tatsächlich gegeben; es muß also irgendein – negativer oder positiver – Einfluß in der Umgebung vorliegen, auch wenn es kein bewußter sinnlicher Reiz ist.

DAN BROWN: Einige Forschungsarbeiten über Gefühle sprechen ebenfalls von verschiedenen Ebenen der Informationsverarbeitung. Sie mögen sich nicht einig sein bei der Frage, ob die kognitive Wahrnehmung vor oder nach der bewußten Aufmerksamkeit stattfindet. Aber alle nehmen an, daß immer irgendein kognitives Erkennen daran beteiligt ist: Das ist genau wie im tibetischen Buddhismus.

DAN GOLEMAN: Eine Untersuchung, die Richard Davidson durchgeführt hat, erläutert das Verhältnis von Verdrängung und Gehirnfunktion. Wir wissen, daß die rechte Körperseite von der linken Gehirnhälfte gesteuert wird und die linke Körperseite von der rechten Gehirnhälfte. Das trifft natürlich auch auf das zu, was wir sehen. Wenn man also das Gesehene in eine linke und eine rechte Hälfte teilt, so gelangt die eine Hälfte durch das linke Auge in die rechte Gehirnhälfte und die andere durch das rechte Auge in die linke. Bei dem genannten Experiment konnte ein bestimmtes Wort entweder nur in die rechte oder nur in die linke Gehirnhälfte gelangen. Die Wörter auf der rechten Seite des Sehfelds gingen also in die linke Gehirnhälfte ein, wo das Sprachzentrum sitzt. Auf der rechten Seite des Gehirns, hat uns Cliff Saron erklärt, liegt das Zentrum für negative Gefühle. Das bedeutet: Wenn ein Wort in der rechten Sehhälfte die Person negativ berührt, so geht die Information über dieses Wort zuerst in die linke Gehirnhälfte ein und wandert von dort aus weiter zur rechten, wo dann die emotionale Verarbeitung stattfindet. Nun hat man den Zeitunterschied der Reaktionen auf das linke und das rechte Sehfeld gemessen, und dabei kam etwas Interessantes heraus: Bei einem gefühlsneutralen Wort wie »Glas« ergab sich kein Zeitunterschied zwischen Personen mit einer Neigung zum Verdrängen und den übrigen. Bei einem erregenden Wort wie »töten« zeigte sich aber bei den Verdrängern eine beträchtliche Verzögerung auf dem Weg von der einen Gehirnhälfte zur anderen. Das könnte bedeuten, daß irgendwo im Gehirn ein Zensor sitzt und sagt: »So etwas sagt man nicht! Das darfst du nicht wissen!« Es könnte demnach stimmen, daß jemand, der etwas verdrängt, nicht weiß, daß er es erlebt hat.

DALAI LAMA: Was geschieht, wenn man das gleiche Wort auf der linken Sehhälfte zeigt?

CLIFF SARON: Es würde über das linke Auge in die rechte Gehirnhälfte projiziert werden. Die genannten Versuchspersonen waren Rechtshänder, bei denen das Sprachzentrum höchstwahrscheinlich in der linken Gehirnhälfte liegt, so daß die Information von der rechten Gehirnhälfte in die linke transportiert werden muß.

DALAI LAMA: Und wie ist die Verarbeitungsgeschwindigkeit bei angenehmen Wörtern? Brauchen sie genauso lange wie neutrale Wörter, um von der rechten in die linke Gehirnhälfte zu gelangen?

DAN GOLEMAN: Ich glaube nicht, daß zwischen angenehmen und neutralen Wörtern ein Zeitunterschied festgestellt wurde. Das Ergebnis der Untersuchung war vielmehr so, daß neutrale, der linken Gehirnhälfte präsentierte Wörter gleich schnell wie angenehme Wörter zu einer Reaktion führten; unangenehme Wörter jedoch, die der rechten Gehirnhälfte präsentiert wurden, wurden langsamer verarbeitet als angenehme Wörter.

CLIFF SARON: Das führt zu der Annahme des Zensors; er vermindert die Übertragungsgeschwindigkeit der negativen Gefühlsinformation von der rechten zur linken Gehirnhälfte, die die sprachliche Reaktion steuert.

DAN GOLEMAN: Ich weiß nicht, ob man sagen kann, wo dieser Zensor genau ist – falls er sich überhaupt an einem konkreten Platz befindet.

CLIFF SARON: Das Experiment benützte einen freien Assoziationstest. Man sieht ein Wort und soll dazu das erste Wort sagen, das einem in den Sinn kommt. Was wir dabei gemessen haben, war nicht die elektrische Gehirnaktivität, sondern die Zeit bis zur Wortassoziation, also die Reaktionszeit.

DALAI LAMA: Wenn zum Beispiel ein neutrales Wort in der linken Sehhälfte präsentiert wird, geht es im Gehirn in die rechte Hälfte hinüber.

CLIFF SARON: Ganz genau. Es dauert immer ein bißchen länger bis zur sprachlichen Reaktion bei einem Wort, das auf der linken Sehhälfte gezeigt wird.

FRANCISCO VARELA: Wenn es aber immer eine gewisse Reaktionszeit gibt, warum sollten wir dann von Zensur sprechen? Strenggenommen handelt es sich doch eigentlich eher um Trägheit als um Zensur.

CLIFF SARON: Es ist eine Schranke. Es braucht Zeit, bis sie sich öffnet oder bis man sie überwindet.

DAN GOLEMAN: Man muß es vielleicht so sagen: Unangenehme Wörter brauchen mehr Zeit zu ihrer Verarbeitung als angenehme Wörter. Genaueres wissen wir eigentlich nicht.

ROBERT LIVINGSTON: Es interessiert Seine Heiligkeit vielleicht, daß jeder Mensch die Bilder und Wörter, die er sieht, über eine Zensurinstanz verarbeitet. Ich möchte dafür gern zwei Beispiele bringen. Ein Wortpaar wie »Held« und »Ruhm« wird sehr schnell gesehen, mit einer kurzen Reaktionszeit von wenigen Millisekunden. Ein Wortpaar wie »Frau« und »Schlampe« dagegen braucht eine etwa viermal so lange Reaktionszeit. Das ist bei uns allen, bei jedem normalen Menschen so. Bittet man eine Versuchsperson, einen Bildinhalt zu beschreiben, dann beobachten wir einen deutlichen Unterschied der Reaktionszeiten zwischen der Beschreibung eines angenehmen Bildes und eines anderen, das negative Gefühle hervorruft. Man kann auch gleichzeitig vier Bilder zeigen und die Person um ein Zeichen bitten, sobald sie irgendein Bild identifizieren kann. Bei diesem Versuch werden angenehme Bilder immer sehr schnell erkannt, während es etwa eine Sekunde dauert, bis ein negatives Bild gesehen wird. Das ist ein Vorgang, der noch vor aller Wahrnehmung abläuft.

DAN GOLEMAN: Wenn Ihr Interesse noch weiterbesteht, berichte ich Ihnen von einer anderen Untersuchung. Wenn man den Blick konzentriert auf etwas richtet, führt der Augapfel dabei winzige Bewegungen aus. Ophthalmologen haben nun ein Gerät, das die Bewegungen des Augapfels genau verfolgen kann, ohne den Sehvorgang zu behindern. Wenn ängstliche Menschen ein Bild betrachten, das sowohl unangenehme wie neutrale Partien enthält, so richtet sich das Auge nur auf die neutralen Partien, die unangenehmen Teile werden überhaupt nicht angesehen. Wenn man die Person danach fragt, was auf dem Bild war, wird sie nur das Gesehene beschreiben, ohne jede Erinnerung an die unangenehmen Partien. Wir wissen nicht genau, wie so etwas vor sich geht. Aber wieder liegt die Vermutung nahe, daß ein bestimmter Teil des Gehirns noch vor der vollen Wahrnehmung geradezu weiß, was los ist und die sinnliche Wahrnehmung der unangenehmen Dinge wegdrängt.

DALAI LAMA: Aus der Sicht des Buddhismus würde die Frage anders lauten, nämlich: Hat die Person das Bild nicht gesehen oder kann sie sich nur nicht daran erinnern? Sie hat das Bild vielleicht visuell wahrgenommen, da sie aber den einzelnen Partien nicht genug Aufmerksamkeit gewidmet hat, kann sie sie auch nicht mit ihrem Gedächtnis verknüpfen. Das heißt, auf der Ebene der sinnlichen Wahrnehmung ist keine unterscheidende Beurteilung am Werk.

DAN GOLEMAN: Das ist genau der Punkt. Manchmal ist es so, daß die Person das Bild überhaupt nicht sieht – man kann das mit dem Gerät nachweisen. In anderen Fällen hat sie das Bild gesehen, kann es aber nicht wiedergeben.

DALAI LAMA: Woran erkennen sie diesen Unterschied?

DAN GOLEMAN: Wir wissen, daß sie hingeschaut haben; wir beobachten, daß sie das Bild tatsächlich sehen. Wenn die Bewegungen des Augapfels von keiner inneren Zensur gehemmt werden, so verteilen sie sich über die gesamte Bildfläche. In diesem Fall sieht man, daß die Augen der Versuchsperson aus dem Ganzen das Angenehme heraussuchen, und das sagt uns, daß sie alles gesehen haben.

CLIFF SARON: Ich sollte vielleicht noch etwas klarstellen. Das genannte Gerät verfolgt die Bewegung der Sehachse, also die Stelle der Netzhaut mit der größten Sehschärfe. Wir nehmen aber auch mit dem peripheren Sehen Informationen auf, und diese sagen uns sehr bewußt, daß wir die Augen zum Beispiel nicht in eine bestimmte Richtung bewegen sollten.

FRANCISCO VARELA: Sehr viele Bewertungen und Entscheidungen werden tatsächlich schon beim indirekten Sehen getroffen, sogar schon im Auge selbst, auf der Netzhaut. So können wir bereits mit Hilfe der Netzhaut bestimmen, wo im Bild zum Beispiel eine Kante liegt oder eine Fläche, noch bevor das Bild ganz zusammengesetzt ist. Wir wissen da noch nicht, ob das Ganze etwa ein Glas oder ein Mikrophon abbildet, aber bereits im ersten Bruchteil einer Millisekunde fallen wichtige Entscheidungen. Aus der Sicht des Neurologen ist dies von hoher Bedeutung. Das vollständige Bild wird in mehreren Stufen aufgebaut. Aber selbst das, was wir erst indirekt sehen, enthält schon sehr ausgearbeitete Bewertungen, Beurteilungen und Interpretationen, lange vor jeder Wahrnehmung.

DALAI LAMA: Auch bevor die Information das Gehirn erreicht?

FRANCISCO VARELA: Das Bild, das der Sehnerv weiterleitet, ist nicht die unbearbeitete Verteilung von Lichtpunkten auf der Netzhaut. Sondern es ist weitgehend ausgestaltet und in Form gebracht, bevor es ins Großhirn weitergeleitet wird.

DALAI LAMA: Ist die moderne Neurologie nicht im Gegenteil überzeugt, daß eigentlich nicht das Auge sieht, sondern das Gehirn?

FRANCISCO VARELA: Wir sehen weder mit dem Auge, noch mit dem Gehirn, sondern dadurch, daß diese beiden zusammenarbeiten. Der Tätigkeit, die vom Auge hinauf ins Gehirn geht, entspricht umgekehrt die Aktivität des Gehirns in Richtung der äußeren Sinne. Es gibt nicht nur eine starke sensorische Afferenz, also die große Menge der dem Gehirn zugeführten Sinnesreize, sondern auch eine ebenso starke Steuerung dieser Afferenz durch das zentrale Nervensystem.

Erst das Zusammentreffen beider Vorgänge ermöglicht das Sehen. Es ist also weder allein im Auge, noch allein im Gehirn; es ist vielmehr überall. Eine emergente Eigenschaft.

DALAI LAMA: Hier erhebt sich die Frage, ob es die Möglichkeit einer Bewertung schon bei der visuellen Wahrnehmung gibt, unabhängig von der Wahrnehmung im Gehirn. Mir scheint, daß die Prasangika, die wir doch für das umfassendste philosophische System des Buddhismus halten, uns in diesem Punkt keine klare Aussage liefert. Wir können der Prasangika jedoch mit sicherer Überzeugung entnehmen, daß die Erscheinungen, die sich den verschiedenen Sinnen darbieten, bereits von verborgenen Neigungen gefärbt sind, vom eigenen Nicht-Wissen oder dem Ergreifen-Wollen der Existenz als Wahrheit. Zweifellos erregen diese Erscheinungen die Sinne, und diese Sinneswahrnehmung ist noch keine Wahrnehmung im Gehirn. Ob jedoch die Art und Weise der sinnlichen Wahrnehmung von Gegenständen bereits durch Bewertungen modifiziert wird, bleibt eine offene Frage.

FRANCISCO VARELA: Der Neurologe jedenfalls würde darauf mit einem absoluten Ja antworten. Wenn ich zum Beispiel meine Haut berühre, so wird der Rezeptor, der die Berührung spürt, unmittelbar vom Gehirn gesteuert. Das Gehirn legt fest, was eine Information ist und was nicht. Für den Neurologen ist die Information, die von den äußeren Sinnen weitergegeben wird, nicht bloß eine Einbahnstraße.* Der

---

* Man kann das besonders am Auge verdeutlichen. Die Rezeptoren der Netzhaut bestehen aus Stäbchen und Zapfen. Stäbchen können keine Farbe erkennen, sind aber besonders geeignet zur Erkennung von Hell-Dunkel-Kontrasten. Die Zapfen dagegen sind farbempfindlich und ermöglichen, speziell durch ihre dichte Anordnung im sogenannten gelben Fleck, eine hochauflösende Bildschärfe. Vom Auge gehen vier Arten von Nervenbahnen mit jeweils unterschiedlichen Funktionen aus. Alle vier schicken ihre Information zum eigentlichen Sehnerv, der die Information dann über das Zwischenhirn ins Sehzentrum der Großhirnrinde weitergibt.

Druck meines Fingers und die Steuerung des Rezeptors ergeben erst zusammen eine Interpretation der Berührung. Sogar auf einem noch tieferen Niveau, noch vor der sinnlichen Reizempfindung, findet ein großer Teil dieser Bewertungstätigkeit statt. Was etwa von der Netzhaut zum Sehnerv weitergeleitet wird, sind nicht einfach die Erregungszustände der Sehzellen. Wenn wir aus der Aktivität der Sehzellen und des Sehnervs je ein Bild herstellen könnten, so würden wir den Unterschied erkennen. Kanten, Umrisse und Oberflächenstrukturen zum Beispiel würden dann schon bei der allerersten Sehzellentätigkeit erscheinen.

ALAN WALLACE: Sagen sie damit auch, daß selbst eine sehr niedrige visuelle Wahrnehmung durch vorhergehende Erfahrungen vorgeformt ist?

FRANCISCO VARELA: Ein paar sehr einfache Bearbeitungsvorgänge sind nicht einmal von früheren Erfahrungen abhängig; sie sind von vornherein eingebaut.

CLIFF SARON: Als Funktion einer speziellen Verknüpfung der Zellen untereinander.

FRANCISCO VARELA: Wenn man sich den Sehnerv in der Netzhaut zum Beispiel eines Frosches anschaut, findet man eine Erregungsaktivität, die nur das abbildet, was als Fliege zählt. Solche »Fliegen-Erkennungszellen« findet man nicht in der Netzhaut von Affen oder Menschen.

DALAI LAMA: Wenn mir die Hand versehentlich an eine Hitzequelle gerät und der Arm sich daraufhin sehr schnell beugt und die Hand von der Hitze zurückzieht, ist diese unmittelbare Reaktion mit dem Gehirn verbunden oder nicht?

FRANCISCO VARELA: Ja und nein. Auch wenn die Verbindung zum Gehirn unterbrochen ist, wird sich der Muskel des verbrannten Armes trotzdem zusammenziehen, denn hier handelt es sich um einen eingebauten Reflex. Es trifft aber ebenso zu, daß solche Reflexe von höheren Nervenzentren modifiziert werden; im Fall der verbrannten Hand jedoch annulliert der Reflex diese Steuerung. Erst in einem zweiten Augenblick kann die höhere Steuerzentrale einen Kommentar von der Art »Du übertreibst; so schlimm war es nun auch nicht« dazu geben. Wir haben hier mehrere Ebenen der Zusammenarbeit und der Wechselwirkung, die bei verschiedenen Anlässen ins Spiel kommen. Unmittelbar nach der Hitze-Empfindung übernimmt der eingebaute Reflex das Kommando; bei Alltagstätigkeiten wie etwa dem Gehen werden die Bewegungen dann durch die höheren Kontrollzentren gesteuert. Das extreme Gegenbeispiel ist ein Hochseilartist im Zirkus, der seinen luftigen Auftritt nur dadurch schafft, daß er andauernd seine höheren Nervenzentren aktiv hält, um damit dem starken Automatismus der eingebauten Sicherheitsreflexe zu widerstehen.

Was wir eine Wahrnehmung nennen, läßt sich eigentlich nicht lokalisieren. Sie kommt durch eine Kooperation zustande, bei der jeder Teil seine Aufgabe erfüllt. Im großen und ganzen wirkt das Gehirn wie eine Zentrale zur Regelung des gesamten Verkehrs. Wir sprechen zwar gelegentlich von Lokalisierungen. Wenn eine Gehirnregion verletzt ist, fällt damit oft eine bestimmte Funktion aus, aber nicht deshalb, weil sie nur hier und genau an dieser Stelle betätigt wurde. Diese falsche Sicht der Dinge ist ziemlich verbreitet; es ist unsere Beschreibungssprache, die den Fehler verursacht.

Die feinstofflichen Bewußtseinsformen

Buddhismus und Neurologie, so der Wissenschaftsphilosoph Thomas Kuhn, stellen zwei verschiedene Paradigmen dar, das heißt zwei Systeme aus Theorien, Verfahren und Gesetzmäßigkeiten, die innerhalb einer Disziplin einen zusammenhängenden Wissenshorizont bilden. Die Ausbildung der Neurologen ist gemäß ihrem Paradigma durch bestimmte Theorien und Forschungsmethoden charakterisiert, genauso erhalten auch buddhistische Gelehrte und Meditationspraktiker ein Training in einem jedoch ganz anderen Theoriesystem und verwenden darin eigene Methoden – etwa das Achtsamkeitstraining –, um ein Gebiet zu erforschen, das eigentlich die Neurologie für sich beansprucht: das Bewußtsein. Im folgenden diskutieren die Teilnehmer zuerst Todes-Erfahrungen und meditative Zustände, die insofern eine Herausforderung für die westliche Neurologie werden könnten, als sie auf einige, dieser Wissenschaft unbekannte, feinere Bewußtseinszustände hinweisen.

Normalerweise betreibt eine Wissenschaft ihre Problemlösung innerhalb eines geltenden Paradigmas. Von Zeit zu Zeit treten jedoch neue Erkenntnisse auf, die nicht in dieses System passen; das alte Paradigma muß dann verworfen und durch ein neues ersetzt werden. Der Dalai Lama erkennt durchaus an, daß Ergebnisse der westlichen Wissenschaft das buddhistische Paradigma umformen könnten; er verweist aber auch auf die Möglichkeit erkennbarer Phänomene jenseits der Grenzen der Wissenschaft, die eine Modifizierung des westlichen Paradigmas veranlassen könnten.[*]

---

[*] Einige der hier diskutierten Themen wurden in der folgenden »Mind-and-Life«-Konferenz mit dem Titel »Schlafen, Träumen, Sterben« systematischer besprochen.

DALAI LAMA: Wenn die wissenschaftliche Forschung empirische Beweise vorlegt, die in direktem Widerspruch stehen zu bestimmten Aussagen der buddhistischen Sutras, so wäre es unsinnig, an diesen Aussagen weiter krampfhaft festzuhalten. Andererseits gibt es keinen Grund, buddhistische Kernaussagen über Bord zu werfen, solange empirische Beweise für ihr Gegenteil ausbleiben. Es wird also ein direkter, konkreter, empirischer Nachweis erforderlich, bevor man veranlaßt ist, sich von solchen Kernaussagen zu verabschieden. Schon die traditionelle Mahayana-Lehre verlangt, die buddhistischen Kernsätze in ihrer Gesamtheit kritisch zu überprüfen, mit den Ergebnissen der Wissenschaft zu konfrontieren und dann zu entscheiden, ob sie wörtlich verstanden oder neu interpretiert werden müssen, um ihre richtige Bedeutung herauszufinden.

Möglicherweise teilen sich dann die Aussagen des Buddhismus in zwei Gruppen: die wörtlich zu nehmenden und die neu zu interpretierenden; in diesem Fall können wir uns nicht einfach weiterhin auf die Autorität der heiligen Schriften verlassen, sondern die erste Priorität haben dann das Denken und die Vernunft.

FRANCISCO VARELA: Es ist natürlich sehr schwer zu entscheiden, ob tatsächlich ein empirischer Befund vorliegt, der einer Aussage der Tradition widerspricht. Wir können nicht immer genau sagen, was als Beweis gewertet werden soll und wann er allgemein akzeptiert ist. Für einige Wissenschaftler gibt es zum Beispiel keinen Geist außerhalb des Gehirns. Was dem Buddhisten als Beweis gilt, muß für den Wissenschaftler noch lange keine Tatsache sein. Das Gleichgewichtsorgan im Innenohr, das im Westen ein Sinnesorgan ist, im Buddhismus jedoch nicht, ist vielleicht ein zu schlichtes Beispiel. Aber es gibt sicher kompliziertere Fälle, in denen nur noch eine Neu-Interpretation weiterhilft.

DALAI LAMA: Ein sehr grundsätzliches Thema, die Beziehung zwischen Geist und Gehirn, haben wir hier ja diskutiert. Meine Ansicht dazu ist, daß es sehr viele und sehr viel feinere Bewußtseinsformen gibt; die westliche Wissenschaft hat sich aber nur mit den gröberen Formen befaßt. Die Wissenschaft hat also diese feineren Formen, die in der buddhistischen Lehre eine so tragende Rolle spielen, nur noch nicht entdeckt, und dieses bloße Nicht-Sehen reicht für einen klaren Widerspruch noch nicht aus. Ich glaube, ich habe vorhin schon erwähnt, daß wir aufgrund der Tatsache des Körpers ein bestimmtes Bewußtsein haben, das völlig von diesem menschlichen Organismus abhängig ist. Ganz offensichtlich nennen wir diese relativ grobe Bewußtseinsform den »menschlichen Geist«. In diesem Zusammenhang kann man den Geist des Menschen durchaus als emergente Eigenschaft des Körpers ansehen. Auf welche Weise aber wird der Körper zum Geist? Man wird, wenn auch noch ganz allgemein, zugeben müssen, daß es hier feine Übergänge zwischen Bewußtseinsformen gibt.

FRANCISCO VARELA: Das ist genau die Schlußfolgerung, die den meisten Neurologen im Westen unsympathisch ist. Für sie beruht eine solche Aussage auf einer Ideologie oder einem religiösen Glauben, und sie würden sie aus Mangel an Beweisen verwerfen. Allenfalls fragen sie nach einem tatsächlichen Beweis für die Realität von beispielsweise Achtsamkeit oder Gewahrsein.

DALAI LAMA: Der Buddhist steht bei dieser Frage aber nicht ganz mit leeren Händen da. Es gibt erstens vor allem die Erinnerungen mancher Menschen an ihre früheren Leben. Zweitens diejenigen, die bereits eine höhere Stufe des Gewahrseins oder des Hellsehens erreicht haben. Und drittens die Menschen mit – schon seit ihrer Kindheit – ganz außergewöhnlichen geistigen Veranlagungen. Diese Dinge können als Beweise eingebracht werden. Wenn man sich das Universum anschaut, in dem die eine Galaxie verschwindet und eine andere geboren wird, fragt man nach den Ursachen dieser Phänomene. Die Wissenschaft hat freilich ihre Urknall-Theorie. Gleichwohl bleibt eine große Zahl an erklärungsbedürftigen Geheimnissen übrig. Nun kann man annehmen, daß die Urmaterie im Universum ohne eine vorhergehende Ursache entstand, was jedoch keine befriedigende Antwort ist. Oder aber man nimmt Gott als ersten Verursacher, und das ist aus buddhistischer Sicht zweifelhaft. Selbstverständlich ist auch die Antwort des Buddhismus nicht völlig zufriedenstellend; auch hier bleiben viele Fragen offen. Die Wissenschaft kennt nur Erklärungen innerhalb eines Paradigmas, das die Existenz eines Geistes unabhängig vom Gehirn ablehnt. Es ist aber fraglich, ob die vorhin genannten außergewöhnlichen Erfahrungen innerhalb dieses Paradigmas erklärt werden können.

FRANCISCO VARELA: Das ist sicher richtig. Andererseits wissen wir alle, daß jedes Beweisstück in ein jeweils anderes Konzept eingepaßt werden kann. Die Menschen zum Beispiel, die sich an ihre früheren Leben erinnern, würden im Westen einfach in eine psychiatrische Klinik gesteckt und wegen schizophrener Wahnvorstellungen behandelt werden. So etwas regt keinen auf, weil es schlicht als Verrücktheit angesehen wird. Manche Schizophrene geben Äußerungen von sich, die – betrachtet aus der Sicht des Buddhismus oder einer anderen Mystik – als Äußerungen einer hohen Erleuchtung gelten können. Sie sehen also, der Beweis des einen ist die Krankheit des anderen.

DALAI LAMA: Ich glaube, wir haben es hier mit zwei verschiedenen Wahrheiten zu tun. Die eine Wahrheit wird zur allgemeinen öffentlichen Überzeugung. Die andere Art der Wahrheit ist jedoch nicht durch eine allgemeine Übereinkunft festgelegt.

Zweifellos gibt es in diesem Augenblick Wahrheiten in der Welt, von denen noch niemand etwas weiß. Sie bleiben trotzdem Wahrheiten, nicht wahr? Es ist gar nicht notwendig, daß jemand sie als Wahrheit anerkennt. So kann es denn auch einige andere Wahrheiten geben, die nur wenige Menschen erkannt haben, weil sie etwas unmittelbar nur für sich allein wissen. Das ist nicht erst dann eine Wahrheit, wenn auch alle anderen sie kennen. Um auf Ihren Satz zurückzukommen, daß gewisse ungewöhnliche Erfahrungen in der einen Disziplin Beweise sind, in einer anderen aber nur Denkfehler: Genau deshalb ist die wissenschaftliche Forschung so ungeheuer wichtig.

Paradigmen und ihre sogenannten Tatsachen

FRANCISCO VARELA: Die von der Wissenschaft festgehaltene Wahrheit ist tatsächlich ein sehr beschränktes Wahrheitsmodell. Sie ist das Extrem einer Wahrheit durch Konsens oder allgemeiner Übereinkunft.

Das Schöne an der Wissenschaft ist, daß sie beim Aufbau dieser Konsens-Wahrheit sehr effektiv vorgeht, durch Experimente, Veröffentlichungen, Kongresse und vieles andere. Ihre Schwäche ist, daß sie der anderen Wahrheit keinen Platz freihält.

DALAI LAMA: Vielleicht sollten wir es so sehen, daß die wissenschaftliche Forschung und andere Forschungen, so auch etwa spirituelle Erkundungen, auf ganz verschiedenen Gebieten tätig sind. Wissenschaftliche Forschung zum Beispiel geschieht hauptsächlich in Form von Messungen physikalischer Phänomene. Und sogar innerhalb dieser Disziplin gibt es zwei unterschiedliche Richtungen, die Erforschung der sogenannten »harten Fakten« und die Erforschung anderer, »weicher« Tatsachen. Angenommen, Sie würden einiges von dem, was Sie hier vorgetragen haben, auf einem Kongreß der »harten Wissenschaft« präsentieren, welche Reaktion würde das auslösen?

JON KABAT-ZINN: Keine sehr freundliche.

DAN BROWN: Sicher, Eure Heiligkeit, aber auch die »harten Fakten« haben ihre Grenzen. Als ich einmal mit einer Forschungsarbeit über Meditation beschäftigt war, stellte mir ein fortgeschrittener Meditationspraktiker eine interessante

Frage: »Haben Sie eine Maschine, mit der man Gewahrsein messen kann?« Ich glaube, solange eine solche Technik zur Messung von Gewahrsein fehlt, werden wir mit Wissenschaft allein den menschlichen Geist nicht verstehen. Das heißt nun nicht, daß er nicht existiert. Es heißt nur, wir haben nicht die entsprechende Meßtechnik. Und auch die »harte Wissenschaft« muß diese Beschränkung würdigen.

DALAI LAMA: Es bleibt demnach schwierig, die Eigenschaften des Gewahrseins mit wissenschaftlicher Sicherheit zu bestimmen. Darin liegt das Problem.

DAN GOLEMAN: Trotzdem frage ich mich, ob die feineren Bewußtseinsformen, die Sie erwähnten, wirklich außerhalb der Reichweite der Wissenschaft liegen.

Vor Ihnen sitzt eine Gruppe aufnahmebereiter Wissenschaftler, die gern etwas mehr über diese Bewußtseinsformen erfahren würden, um zu entscheiden, ob sie nicht doch erforscht werden können. Möglicherweise könnten wir sogar die gleichen Verfahren wie für die »harten Fakten« anwenden, um Ihre Darlegung hinsichtlich der Existenz des Geistes zu beweisen.

DALAI LAMA: Dazu möchte ich mich persönlich nicht äußern, da ich keine ausreichend tiefe Erfahrung mit Meditation habe. Wenn man aber von den Schriften des Buddhismus ausgeht, so kann man folgendes sagen: Die Frage der feineren Bewußtseinsformen teilt sich auf in zwei mögliche Forschungsgebiete und zwar einerseits Untersuchungen an träumenden, andererseits an sterbenden Menschen. Zwei weitere untersuchenswerte Gebiete wären der traumlose Tiefschlaf und die Ohnmacht.

Das Bewußtsein aus tibetischer Sicht

ADAM ENGLE: Wenn man in der Meditation mit dem Geist den Körper erforscht, so stößt man auf das Energiesystem noch vor dem Auffinden der tieferliegenden Zellen und ihrer chemischen Vorgänge. Sobald man jedoch diese Untersuchung mit dem Mikroskop oder anderen Geräten durchführt, stößt man als erstes auf die Zellen und die chemischen Abläufe in ihnen. Das erklärt vielleicht, warum die sogenannten Kanäle* nur von den östlichen Lehrgebäuden beschrieben wurden, während die westliche Wissenschaft die chemischen Vorgänge und die Zellen beschreibt.

DAN BROWN: Wie beschreiben denn eigentlich Meditierende, die sowohl zur Wahrnehmung wie auch zur Umformung dieser Energieströme fähig sind, das System der Körperzellen? Reicht ihre Wahrnehmungsfähigkeit für physikalische körperliche Vorgänge bis hinein in die feinsten zellulären Vorgänge im Immunsystem, über die Francisco Varela gesprochen hat?

DALAI LAMA: Es ist gar keine Frage, daß fortgeschrittene Yogis oder Meditationserfahrene die verschiedenen Körperenergien wahrnehmen, also die fünf primären und die fünf sekundären Energien und dazu sogar die diese Energieformen begleitenden Farben. Es wäre ihnen also grundsätzlich möglich, ihr »samadhi«** auch zur Wahrnehmung der Körperzellen einzusetzen.

---

* Mit »Kanälen« (tsa) sind sehr feine innere Verbindungsleitungen gemeint, ähnlich den Meridianen in der Akupunktur. Mit »prana« oder auch »lung« wird die Energie bezeichnet, die diese Leitungen durchströmt.

** »Samadhi« ist das nicht durch Ablenkungen gestörte und von Gedanken befreite Stadium der Meditation.

DAN BROWN: Können sie auf diesem Niveau auch chemische Vorgänge erkennen?

DALAI LAMA: Die »bindhu« oder auch »Tropfen«* im Körper sind eine ganz andere Angelegenheit. Sie treten nämlich eher als Substanz, nicht so sehr als Energie in Erscheinung. Aber auch sie werden in der meditativen Praxis festgestellt.

FRANCISCO VARELA: Wenn ein solcher Meditationspraktiker chemisch aktive Zellen wahrnehmen kann, dann müßte er folglich auch dazu fähig sein, die Aktivität der Gehirnzellen zu registrieren. Dann hätten wir in ihm ein ganz unglaubliches »Enzephaloskop« vor uns.

DALAI LAMA: Es ist in der Tat eine naheliegende Frage, warum die buddhistischen Meditationslehren nicht auch eine Beschreibung der Gehirnaktivitäten und ihrer Zellfunktionen enthalten. Ein wahrscheinlicher Grund liegt darin, daß ihre Aufmerksamkeit vor allem auf die Erkenntnis des Geistes und der wesentlich dazugehörigen Vorgänge gerichtet ist. Das schließt die »Chakras« ein (ebenso ihre »Kanäle«)** und die »Tropfen«, aber weiter geht die Erkundung einfach nicht.

DAN GOLEMAN: Ihre Äußerung, der Meditierende könne das alles mit Hilfe des »samadhi« erkennen, macht mich neugierig. Wie geht das vor sich, und was ist in diesem Fall das Erkenntnisorgan? Wie kann der Meditierende das Gehirn in all seinen Einzelheiten erkennen, wenn nicht das Gehirn selbst die Grundlage dieser Erkenntnis ist?

---

* »Bindhi« oder »thigle« (Tropfen) sind Bezeichnungen für sehr feine innere Substanzen, die von erfahrenen Meditationspraktikern als Lichträume von wechselnder Form und Farbe wahrgenommen werden.

** »Chakras« sind feinstoffliche Energiezentren; sie befinden sich – unter anderem – am Scheitel, am unteren Ende des Halses, in der Herzgegend, in der Nabelgegend und an den Geschlechtsorganen. Die Chakras sind durch die »Zentralkanäle« (tsa um) miteinander verbunden.

DALAI LAMA: Die buddhistische Lehre spricht zwar vom Gehirn als der Grundlage der Wahrnehmung, aber das Gehirn als solches weiß in Wirklichkeit überhaupt nichts. Die Inhalte des Wissens liegen im Gewahrsein, und einer dieser Inhalte ist vermutlich auch die Zellstruktur des Körpers.

ROBERT THURMAN: Ist das Gewahrsein, das auch die physikalische Struktur des eigenen Gehirns erkennt, möglicherweise die feinststoffliche Form des Bewußtseins?

Die höhere sinnliche Wahrnehmung der meditativen Praxis

DALAI LAMA: Sogar schon auf einem tieferen Niveau, bei der tantrischen Wahrnehmung, die wir als »isoliertes Sprechen« bezeichnen, wobei der Meditierende hierbei noch nicht einen höchstmöglich verfeinerten geistigen Zustand erreicht hat – sogar auf diesem Niveau ist es durchaus möglich, die verschiedenen Energien, ihre Kanäle und Farben zu erkennen.

DAN GOLEMAN: Ist diese Art der Wahrnehmung nicht abhängig von anderen Wahrnehmungsformen wie zum Beispiel dem Gesichtssinn?

DALAI LAMA: Sie ist rein geistig.

DAN GOLEMAN: Nichts als rein geistig, also ohne Inanspruchnahme des Gehirns?

DALAI LAMA: Das ist eine interessante Frage. Einerseits ist das Gehirn, wie ich vorhin sagte, sicher eine notwendige Bedingung für das Auftauchen der verschiedenen geistigen Wahrnehmungsvorgänge, so wie ein funktionierender Gesichtssinn die notwendige Bedingung für das Sehen ist. Andererseits kommt es mir so vor, als spreche das Kalachakra-Tantra von einer neuartigen sinnlichen oder kognitiven

Fähigkeit, die im Verlauf der fortschreitenden Meditation auftritt. Ob diese nun eher physikalischer oder geistiger Art ist, wissen wir nicht. Wir haben hierzu zwei verschiedene Interpretationsansätze, je nachdem ob wir uns an die Sutras oder an das Vajrayana* halten. In den Sutras entstehen die höheren Wahrnehmungsformen durch die Kraft des Samadhi. Sie sind rein kognitiver Art, entstammen also der geistigen Tätigkeit, und so spricht diese Auffassung denn auch nur von erhöhter Wahrnehmung durch Auge und Ohr. Die Sinne Geruch, Geschmack und Berührung gehören hier nicht dazu, da bei diesen das Sinnesorgan mit seinem Gegenstand in direkten Kontakt treten muß. In den Tantras des Vajrayana hingegen wird uns gesagt, daß verschiedene Formen höherer Wahrnehmung durch die Kraft des »prana«, einer Energieform, herbeigeführt werden. Hier liegen also physikalische und nicht nur kognitive Ursachen vor. Im tantrischen Meditationssystem, das mit den feinstofflichen Energien und ihren Kanälen arbeitet, ist es möglich, die höhere Wahrnehmung bei allen fünf Sinnen zu entwickeln, nicht nur beim Sehen und Hören.

DAN GOLEMAN: Wenn man bei einem so befähigten Meditierenden eine Gehirnmessung vornehmen könnte, würde man dann eine damit zusammenhängende Veränderung der elektrischen Gehirnaktivität feststellen können?

DALAI LAMA: Ja. Stellen Sie ihre Meßgeräte auf, wir bringen die Yogis her.

DAN GOLEMAN: Abgemacht.

---

* Im tibetisch-buddhistischen Lehrgebäude lassen sich zwei allgemeine Richtungen unterscheiden: die Sutras und die Tantras. Beide haben die Buddha-Natur zum Ziel. Die Sutras beschreiben einen eher graduellen Weg dorthin unter Verwendung fortschreitender Übungen zur Reinigung des Geistes. Die Tantras dagegen, die in das Vajrayana übernommen wurden, benützen die unmittelbare Erkenntnis im Zustand der Erleuchtung, um damit die natürlich vorliegenden Bewußtseinsformen umzuarbeiten.

DAN BROWN: Zusammenfassend könnte man also sagen, der tibetische Buddhismus nimmt hier eine pragmatische Position ein, pragmatisch in dem Sinn, wie Lee Yearley den Pragmatismus von William Jones beschrieben hat: Die Hauptsache bei einem Experiment ist, ob dabei etwas Nützliches oder Sinnvolles herauskommt. Es ist vorstellbar, daß ein erfahrener Meditierender das Gehirn und seine chemischen Prozesse wahrnimmt, aber das ist ja gar nicht der springende Punkt, wenn man das Ziel der Meditation im Auge behält, die Erleuchtung für alle Lebewesen. Könnte man also sagen, daß darin der Grund für die eher nebensächliche Bedeutung solcher Gehirnstudien liegt?

DALAI LAMA: Auch wenn sie bisher in der Vergangenheit nicht sehr wichtig waren, so sind sie es spätestens jetzt geworden.

ROBERT THURMAN: Stellen wir einmal die Hypothese auf, die Meditationserfahrungen der Vergangenheit, einschließlich Buddhas selbst, des besten Meditierers überhaupt, seien auch in die traditionelle buddhistische Medizin eingegangen. In diesem Fall ist es nicht bloß mangelnde Kenntnis, sondern eine klare Entscheidung, daß chemische Prozesse in den Körperzellen ganz anders als in der westlichen Medizin betrachtet werden. Die wirklich fruchtbare Frage ist dann doch wohl, warum diese Menschen sich dazu entschieden, nicht auf der Ebene der molekularen Vorgänge oder der Zellen anzusetzen (mit Ausnahme vielleicht der pflanzlichen Medizin), und statt dessen vor allem auf der Ebene der Energien gearbeitet haben. Aus der Antwort könnten wir vielleicht etwas lernen.

DALAI LAMA: Dazu müßten wir aber möglicherweise eine Zeitreise in die Vergangenheit unternehmen und Buddha selbst fragen. Vielleicht war es so, daß sie die Zellstruktur des Körpers nur als etwas Oberflächliches sahen und zu einer höheren Bedeutsamkeit vorstoßen wollten.

Francisco Varela: Ich finde es nicht selbstverständlich, daß der Meditierende zuerst auf die Energiekanäle trifft und nicht auf die Ebene der Zellstruktur, die vom westlichen Standpunkt aus doch die erste, unmittelbare Erfahrung ist.

Dalai Lama: Es könnte daran liegen, daß das »lung«, also die in den tantrischen Schriften des Buddhismus definierte Energie, als das tragende Gerüst gesehen wird, in dem die geistigen Vorgänge stattfinden. Aber daneben ist es so, daß man diese Energie weiterverfolgen kann bis hinauf in die höchsten Bewußtseinsebenen, und dort hat man wirklich das niedrige Niveau der chemischen Zellprozesse hinter sich gelassen.

Francisco Varela: Das »lung« als Energie im gleichen Sinn wie etwa elektromagnetische oder andere Energieformen zu verstehen, wäre dann wohl das, was Whitehead den »Fehlschluß der falsch plazierten Konkretisierung« genannt hat.

Dalai Lama: Die Erkenntnis und die Beeinflussung dieser Energien ermöglichen uns eine unmittelbare Einwirkung auf geistige Zustände. Aus diesem Grund halten die Meditationspraktiker sie für so wichtig. Darüber hinaus führt die Beeinflussung oder auch die Veränderung geistiger Zustände nicht selten zu einer Einwirkung auf die Physiologie des Körpers. In umgekehrter Richtung geht das nicht. Eine physiologische Veränderung berührt nicht notwendigerweise den Geist, insbesondere nicht in seinen höheren, feineren Formen. In Wahrheit ist es aber so, daß wir nicht wissen, ob erfahrene Meditationspraktiker die Zellstruktur des Körpers erkennen; und wenn es so sein sollte, dann reden sie jedenfalls nicht darüber.

Das Leben, die feineren Energieformen und der Tod

Jon Kabat-Zinn: Eure Heiligkeit, Sie haben uns einmal eine interessante Frage gestellt, die – glaube ich – jeden typisch westlichen Zuhörer überraschen muß: Was geschieht mit dem Nervensystem und dem Immunsystem, wenn der Mensch stirbt? Jetzt sprechen wir über ein drittes System, das sich kaum auf ein Modell der klassischen Festkörperphysik zurückführen läßt. Dieses System bezieht sich nicht mehr zwangsläufig auf die Eigenschaften einer lebenden Struktur, es ist vielmehr von einer ganz anderen Größenordnung. Da wir aber von einer direkten Beziehung zwischen Erfahrungen in der Meditation und Ergebnissen der tibetischen Medizin wissen, würde ich gern fragen, was Ihrer Meinung nach beim Tod mit diesem feineren Energiesystem geschieht.

DALAI LAMA: Es gibt dazu leicht unterschiedliche Darstellungen in den Tantras, in Abhängigkeit von der jeweiligen körperlichen Verfassung oder den Vorlieben eines Menschen. Allgemein sprechen wir beim Vorgang des Sterbens von der Auflösung der vier Elemente: Zuerst löst sich das mehr oder weniger feste Erd-Element auf, dann das Wasser, dann das Feuer oder die Wärme, schließlich die Luft. Als erstes schwindet die erkennende Wahrnehmung; der Gesichtssinn verliert sich zwar nicht vollständig, aber das Sehen wird unscharf und verschwommen. An äußeren Zeichen stellen wir fest, daß sich die Haut ein wenig strafft. Ich denke, das Immunsystem und das Gehirn schalten sich ab, sobald sich das Luft-Element aufgelöst hat, denn zu diesem Zeitpunkt endet die Atmung, und vermutlich sehr kurze Zeit danach erhält das Gehirn nicht mehr ausreichend Sauerstoff und stirbt. Aber selbst nach dem Stillstand der Atmung haben wir noch vier weitere Phasen des Sterbevorgangs. Der Tod tritt also nicht gleichzeitig mit dem Atemstillstand ein.

JON KABAT-ZINN: Und wann bricht das System der feineren Energien zusammen? Aus der Sicht der westlichen Physik ist nicht einzusehen, warum seine Existenz zusammen mit dem Atem beendet sein sollte. Das System der Verbindungsleitungen sollte doch auch noch danach weiterarbeiten.

DALAI LAMA: Es gibt, wie erwähnt, weitere vier Phasen des Sterbevorgangs. Sie werden als visionäre Erfahrungen bezeichnet, und während sie eintreten, verbleiben immer noch relativ feine Energieformen. Dann lösen auch diese sich allmählich auf, bis endlich, am Ende der achten Phase, keinerlei feinere Energie mehr im Körper ist. Diese extrem feine Energie verschwindet aber nicht einfach in die Nicht-Existenz, sondern trennt sich vom Körper. Ihre Anlehnung an den Körper ist nun aufgehoben. Diese Trennung der feineren Energie von ihrer körperlichen Abhängigkeit wird auch in den tibetisch-buddhistischen Meditationsübungen als Übertragung von Bewußtsein verwendet.

JON KABAT-ZINN: So daß man das Energiesystem, wenn es tatsächlich existiert, an einem Menschen auch nach seinem Tod untersuchen könnte.

DALAI LAMA: Nach einem »Tod« westlicher Art. Das Phänomen zeigt sich aber auch bei ganz alltäglichen Menschen. Wir kennen den Fall einer Toten, deren Körper etwa sechs Tage lang keine Anzeichen irgendeines Verfalls aufwies. Wir glauben, daß ein Mensch am Ende der achten Phase im technischen Sinne stirbt; er ist aber nicht tot. Wir könnten sicher weitere Aufschlüsse erhalten durch die Erforschung der Unterschiede zwischen einem klinisch toten und einem sich auflösenden Gehirn.

DAN GOLEMAN: Vielleicht ist das Gehirn nicht einmal das Wichtigste, sondern jenes andere Energiesystem, das ja mit dem Gehirn nichts zu tun hat.

DALAI LAMA: Es wäre sicher nicht schlecht, wenn wir irgendein Hochtechnologie-Gerät für eine solche Untersuchung hätten. Dann müßten wir noch auf den Tod eines wahren Meditationspraktikers warten.

ROBERT THURMAN: Das wäre allerdings eine neue Spielart der Ersatzteilbeschaffung für Transplantationsmediziner.

JON KABAT-ZINN: Könnten wir von diesen Fragen noch einmal zurückblicken auf die Gefühle und auf Lee Yearleys Darlegung der Tugenden? Die westliche Medizin stellt den Tod eines Menschen schon dann fest, wenn die tibetische Medizin noch sagen würde, er liegt im Sterben.

Ist diese Erfahrung des erweiterten Sterbevorgangs zu sehen in Abhängigkeit von den Tugenden des betreffenden Menschen und ihrer Abwägung mit seinen negativen Gefühlen?

DALAI LAMA: Die Fähigkeit des längeren Aufenthalts in diesem Zustand der klaren Lichtfülle begegnet uns bei zwei Gruppen von Menschen. Bei der ersten Gruppe liegen die Dinge auf der Hand: Die genannte Fähigkeit kommt aus der Kraft der meditativen Erkenntnisse. In der anderen Gruppe treffen wir auf eine ganze Reihe verschiedenartiger Ursachen, jedenfalls soweit gewisse Beobachtungen unser Urteil stützen.

Diese Menschen sind keine fortgeschrittenen Meditationspraktiker, soviel ich weiß (und ich kenne einige von ihnen persönlich), sie haben in diesem Leben die höchste Form der Erleuchtung nicht erfahren. Trotzdem waren sie fähig zu einem längeren Verbleiben im Zustand der Lichtfülle, und zwar während sieben oder acht Tagen. In solchen Fällen ist die Fähigkeit auf irgendeine Weise mit den Tugenden ihres Lebens verknüpft, mit der Kraft bisheriger tugendhafter Karma-Handlungen.

JON KABAT-ZINN: Wir könnten es auch als Erweiterung unseres Begriffs von Gesundheit verstehen, allerdings weit über das im Westen herrschende Verständnis hinaus. Das meditative Menschenbild des tibetischen Buddhismus ist erheblich feiner ausgearbeitet als das Menschenbild der westlichen Wissenschaft; es gibt dort außerordentlich vielfältige Begriffsebenen, die im Westen weder gewürdigt, noch überhaupt anerkannt werden.

Vielleicht ist überhaupt unsere Vorstellung von Gesundheit oder der Ganzheit des Lebewesens nicht so umfassend, wie sie es in einer Sichtweise sein könnte, die auch das Verständnis dieser tantrischen Lichtfülle einschließt. Halten Sie eine solche Erweiterung für einen sinnvollen Weg?

DALAI LAMA: Ein interessanter Vorschlag, dem eine genauere Forschung nachgehen sollte. Oder kürzer aus buddhistischer Sicht gesagt: Je mehr Erklärung und Einsicht, um so besser.

Gehirnaktivität und Meditation

DALAI LAMA: Gibt es nicht vielleicht schon einige Forschungsarbeiten zur Gehirnaktivität von Menschen, die »samatha« üben, also die meditative Stille?

DAN GOLEMAN: Bis jetzt haben wir noch keine sehr befriedigenden Untersuchungen zur Gehirntätigkeit im Zustand der gerichteten Aufmerksamkeit. Allerdings liegen zu den Wirkungen der »vipassana«-Übungen einige gute Arbeiten vor. Die Ergebnisse sind allgemein folgende: Die Ruhe-Übungen wirken sich auch physiologisch beruhigend aus, der Herzrhythmus verlangsamt sich, und die körperlichen Stoffwechselvorgänge laufen langsamer ab.

DAN BROWN: Hinsichtlich der Gehirnaktivität wissen wir nicht, was während einer beruhigenden Meditationsübung mit den Gefühlen geschieht. Ich habe einige Experimente durchgeführt mit Versuchspersonen, die sprachlich auf das subjektive Empfinden eines bestimmten Geschehens reagieren sollten. Wir entwickelten dazu geeignete Fragebogen und untersuchten, wie sich die Antworten der Personen im Lauf wachsender Meditationserfahrung veränderten. Ganz deutlich zeigt sich dabei eine zunehmende Fähigkeit zur Aufmerksamkeit und zu bewußter Wahrnehmung. Ein anderes deutliches Ergebnis war, daß die Personen eine höhere Flexibilität entwickelten: Wenn ihnen irgendeine Ablenkung dazwischenkam, konnten sie ihre Aufmerksamkeit sehr viel leichter auf das gegebene Objekt zurückführen. Bestimmte Gefühle traten im Lauf des Prozesses weiterhin auf. Die Personen schilderten sie mit wachsender Intensität, beließen sie jedoch wie nebenbei in ihrer Aufmerksamkeit, ohne sonderlich darauf zu reagieren. Wir registrierten die Reaktionen auf zweierlei Weise. Erstens relativ grob auf der Ebene von Bewertungen, also etwa negative Urteile über ein Geschehen. Und zweitens etwas feiner auf der Ebene von Abwendung und Ergreifen.

Auf beiden Wegen ergab sich mit der Zeit eine verminderte Reaktionswilligkeit, obwohl das Empfinden noch in der Aufmerksamkeit präsent war, oft sogar intensiver als vorher. Die Versuchspersonen waren – aus westlicher Sicht – erfahrene Meditierende, aber natürlich ohne die tieferen Erfahrungen, die man in der tibetisch-buddhistischen Lehre antrifft, wo manche Menschen sehr viel intensiver und über viele Jahre hinweg Meditation üben. Was mit Gefühlen bei Menschen mit fortgeschrittenen Meditationserfahrungen geschieht, wissen wir nicht.

DAN GOLEMAN: In einem anderen Experiment zur Konzentrationsfähigkeit fand man heraus, daß bei Menschen, die sich sehr stark konzentrieren, das Gehirn ruhiger und weniger aktiv wird.

DALAI LAMA: Wie sieht es bei Menschen aus, die von Haus aus eher geistig träge sind? Lassen sich Gehirnuntersuchungen anstellen zum Vergleich von geistig trägen mit anderen, geistig regeren Menschen, die ihren Geist in gerichteter Aufmerksamkeit trainiert haben?

CLIFF SARON: Es gibt einige Untersuchungen zur Gehirnaktivität bei Experten, die zur Lösung einer bestimmten Aufgabe außergewöhnlich befähigt sind, im Vergleich zu Anfängern bei der gleichen Aufgabe. Die Ergebnisse zeigen, daß das Gehirn der Anfänger erheblich mehr Energie verbraucht, während das Gehirn der Experten rationeller arbeitet, jedenfalls im Hinblick auf die als Glukose-Verbrauch gemessenen Stoffwechselvorgänge. Aber der ganze Begriff der Gehirntätigkeit bleibt wegen der ungeheuren Komplexität des Gehirns und der flexiblen Funktionsweise der neuronalen Verbindungen schwer durchschaubar.

DAN GOLEMAN: Immerhin steht als Grundsatz fest, daß ein geübtes Gehirn, bei einem Meditierenden ebenso wie bei einem Schachspieler, weniger Energie verbraucht.

Sechster Teil:

Eine universale Ethik

Medizin und Mitleiden
(Der Dalai Lama)

Wie lassen sich Mitleiden und Verantwortung für das Ganze in das Gewebe des zeitgenössischen Denkens einfügen? Der Dalai Lama erkundet weitreichend die Natur des Menschen und die Natur der Ethik und des Mitleidens und er plädiert für ein Verantwortungsgefühl, das sich einerseits am Wohl der gesamten Umwelt und Gesellschaft orientiert, das andererseits auf dem Leitgedanken aufbaut, daß alle Menschen nach Glück streben. Wenn wir einmal anerkannt haben, daß alle anderen Menschen von dem gleichen Streben nach Glück beseelt sind und dem Leiden zu entgehen suchen wie wir selbst, dann kann sich in uns eine höhere Toleranz gegenüber unseren Mitmenschen entwickeln. Der Dalai Lama tritt auch für das notwendige Zusammenwirken aller Menschen ein. Unabhängig von der Rolle des einzelnen, sei er Politiker, Wissenschaftler, Unternehmer, Arbeitnehmer oder Meditierender, kommt es heute vor allem anderen darauf an, die wechselseitigen Beziehungen dieser individuellen Aufgaben und Verantwortlichkeiten zu erkennen und von daher die richtigen Schlüsse für die Notwendigkeit der Zusammenarbeit zu ziehen. Obwohl im Vollzug menschlicher Angelegenheiten Mißverständnisse immer unvermeidlich bleiben, so kennt doch jeder Mensch die Erfahrung geglückter Kooperation, ohne die keine Gesellschaft Bestand hat.

Für den Dalai Lama liegt das Mitleiden in der Natur des Menschen, sichtbar in der liebenden Aufmerksamkeit zwischen Eltern und ihren Kindern, in der spontanen Pannenhilfe am Straßenrand oder auch im freundschaftlichen Gespräch mit Nachbarn im Supermarkt. Der Dalai Lama sieht darin das Mitleiden als natürlichen Zustand des menschlichen Wesens. Das Mitleiden verlangt allerdings Pflege und sollte nicht für selbstverständlich gehalten werden. Zur

Erziehung der Kinder gehört auch die sittliche Unterweisung, damit sie im Heranwachsen die Fähigkeit entwickeln, ihrer Gesellschaft und der gesamten Menschheit ihren Beitrag zu leisten.

Der Dalai Lama eröffnet das Gespräch mit einer Sorge um die Milliarden von Menschen, die zwar nach den moralischen Leitideen ihres Lebens suchen, aber ohne starke religiöse Überzeugungen sind.

DALAI LAMA: Wir haben schon einige Male die fünf oder sechs Milliarden Menschen auf dieser Erde erwähnt und wie wenige von diesen ihre ethische Lebensgrundlage in einem religiösen Glauben sehen. Meine Hauptaufgabe ist deshalb die Förderung wirklicher Humanität unter den Menschen, was ich – ohne Missionierungsabsichten – in unserer Zeit für die wirksamste Handlungsweise halte. Religion ist schließlich eine Privatangelegenheit. Solange demnach unsere ethischen und moralischen Grundsätze an eine Religion gebunden bleiben, stehen wir vor einer Reihe von Schwierigkeiten. Wir können uns aber alle darauf verständigen, daß wir als menschliche Wesen bestimmte ethische Grundwerte akzeptieren müssen. Die Frage ist also: Wie fördert man ihre Verbreitung? Wenn sie religiöser Natur sind, dann ist die Verbreitung dieser Grundwerte nicht anders möglich als durch die Ausbreitung der Religion. Damit stellt sich die nächste Frage: Welche Religion? Und in diesem Augenblick steckt man sofort in ausweglosen Schwierigkeiten. Da erscheint es mir günstiger, die Religion würde völlig zu meiner rein individuellen Angelegenheit, nicht anders als die Farbe meiner Hemden. Es ist meine Sache, meine private Entscheidung.

LEE YEARLEY: Ich finde an der Entstehung des Bewußtseins und der Möglichkeit des Mitleidens etwas ganz Bestimmtes so ungeheuer erstaunlich, daß seine Beschreibung als natürliche Eigenschaft nicht erschöpfend ist: Ich meine, einerseits, eine religiöse Sensibilität; ich bin mir nicht ganz sicher, ob Sie mit dem Wort »religiös« das gleiche meinen wie andere Religionen; aber es kommt mir keineswegs natürlich vor, daß

Lebewesen irgendwie zur gegenseitigen Hilfe fähig sind oder dazu, über sich selbst nachzudenken und über sich hinauszugehen. Das aber ist es, was ich zum Teil mit dem Begriff »religiös« meine. Ich würde es ablehnen, daß dieses Wort zum Alleinbesitz derjenigen Menschen wird, die einer etablierten Religion angehören, weil ich überzeugt bin, daß wir damit etwas sehr Wichtiges verlieren für das Verständnis einer Eigenschaft jedes Menschen.

Die Pflege des Mitleidens

DAN GOLEMAN: Jon Kabat-Zinn hat schon erwähnt, daß Mitleiden und Einfühlungsvermögen in der medizinischen Ausbildung fehlen, obwohl sie so dringend nötig sind. Ein paar von uns versuchen nun, diese Ausbildung völlig neu zu organisieren und dabei diesen wichtigen Eigenschaften ihren Platz zu geben. Es würde uns alle interessieren, Ihre Meinung zu einem möglichst nützlichen Vorgehen in dieser Sache zu hören.

DALAI LAMA: Im Buddhismus gehört die Medizin – zusammen mit Technik, Logik, Akustik (die auch Linguistik einschließt) und dem inneren Wissen oder den geistigen Übungen – zu den fünf Wissensfeldern, die der Fürsorge für andere Menschen gewidmet sind. Wir haben hier ein beliebtes Sprichwort, das besagt: Die Wirksamkeit der Behandlung hänge nicht so sehr vom Können des Arztes ab, sondern mehr von seiner Selbstlosigkeit, seinem Mitleiden.

Ich habe oft gehört, daß Menschen von jemandem sagen, er sei ein großer Arzt mit Erfahrung und praktischem Wissen, aber gleichzeitig setzen sie Zweifel in seine Persönlichkeit. Andererseits haben Patienten vielleicht immer etwas auszusetzen?

JON KABAT-ZINN: Das ist bei uns im Westen genauso.

DALAI LAMA: Selbstlosigkeit und Mitleiden sind Eigenschaften, die notwendigerweise aus den inneren Kraftquellen eines Menschen geschöpft sind. Sie sind auch nicht unabhängig von vielen Umgebungseinflüssen. Es ist ganz ohne Zweifel hilfreich, wenn jemand wie Sie auf diese Weise eine neuartige Initiative ergreift. Andere greifen sie vielleicht auf, und sie findet größere Anerkennung und damit sicher höhere Wirkungsmöglichkeiten. Wir kommen hier allerdings nicht um die Frage herum, welche Einstellung oder Haltung wir zu unserem Leben überhaupt einnehmen. Die wichtigste Vorbedingung ist, schon die Kinder in ihren frühen Jahren an die Werte des Mitleidens, der liebenden Güte und der Selbstlosigkeit heranzuführen. Wenn möglich, sollten diese Werte sogar in den Lehrplan der Schulen aufgenommen werden.

JON KABAT-ZINN: Mir gefällt, was Sie über die Verantwortung sagen, die viele Menschen, die so etwas praktizieren, damit übernehmen. Es gibt in Amerika viele, die bereits seit einiger Zeit meditieren, und viele von ihnen möchten mit Meditation sogar ihren Lebensunterhalt verdienen. Wir haben für diese Praktiken eben keine Vorbilder bei uns. Wenn so etwas wie Meditation zum Beispiel in einer Schule eingeführt wird, ist sie jedesmal etwas völlig Neues. Sie wird sicher höchst unterschiedlich praktiziert, insbesondere wenn man die innere Einstellung der Menschen dazu betrachtet. Würden Sie solche schöpferischen Initiativen hin zu einer anderen inneren Haltung auch am Arbeitsplatz ermutigen wollen?

DALAI LAMA: Sie brauchen eigentlich keine Vorbilder und Beispiele; vielmehr werden Sie sicher Ihre eigenen Modelle erfinden, während Sie neue Möglichkeiten erkunden und ausprobieren.

DAN GOLEMAN: Eure Heiligkeit, Sie sagten, ein Weg dahin sei die Einrichtung einer Atmosphäre des Mitleidens. Was bedeutet das möglicherweise für eine medizinische Fakultät? Gibt es dafür geeignete innere Einstellungen oder Techniken speziell für Studenten?

DALAI LAMA: Ich bin überzeugt, das Fundament der menschlichen Natur ist Liebe. Ohne sie kann weder der einzelne, noch die Gesellschaft Zufriedenheit und Glück erlangen. Tagtäglich beziehe ich immer die gesamte Umwelt, die ganze Gesellschaft in mein Denken ein. Sie hat so viele verschiedene Gruppen, Ingenieure, Wissenschaftler, Ärzte, Rechtsanwälte, Politiker, Priester, auch Soldaten. Sie sind alle menschliche Wesen, und alle ihre Berufe richten sich doch auf die Menschheit als Ganzes und sollen ihr dienen. Das beginnt im engeren Umkreis mit der Motivation, etwas für die eigene Gruppe zu tun. Das Mindeste, was ein Mensch anstrebt, ist das Wohl seiner Familie. Sogar diese allerkleinste Gruppe lebt aus einer Quelle der Selbstlosigkeit. Alles menschliche Tun entspringt dieser Motivation, und alles Tun kommt der Menschheit zugute. Deshalb ist die grundlegende Eigenschaft des Menschen die Liebe. Sie ist der Schlüssel zu allem anderen.

Man kann nun diese Eigenschaft entwickeln und fördern, weil meiner festen Überzeugung nach das tiefste Wesen des Menschen Einfühlung und Mitleiden ist. Freilich kennen wir, wie schon erwähnt, auch Wut, Haß und andere negative Gefühle als Äußerungen des menschlichen Geistes. Und doch bleibt das liebende Mitleiden der stärkste Antrieb des Menschen.

Eine Empfängnis, ein neues Lebewesen entsteht, wenn ein Mann und eine Frau in tiefer Liebe zusammenkommen. Das heißt, sie achten einander, sorgen füreinander und fühlen eine gemeinsame Verantwortung. Es ist natürlich nicht das gleiche wie ein Geschlechtsverkehr aus ganz anderen Gründen, aus verblendeter Leidenschaft. Wir beobachten alle ein wachsendes, überspanntes Verlangen nach sexuellen Vergnügungen in der Welt. Aber die rechte menschliche Sexualität, geradezu einem Naturgesetz folgend, enthält ein gewisses Verantwortungsgefühl. So entsteht menschliches Leben. Während der Schwangerschaftsmonate wird die Entwicklung des Kindes nachhaltig von den geistigen Qualitäten der Mutter beeinflußt. Und in den Wochen nach der Geburt ist, wenn ich die Wissenschaftler richtig verstehe, die körperliche Berührung der Mutter von entscheidender Wichtigkeit für das gesunde Heranwachsen des Kindes.

Ich sage den Leuten immer: Eine Mutter ist die wahre Lehrerin des Mitleidens und der Menschenliebe. Deshalb sehe ich das Mitleiden auch nicht nur an eine Religion gebunden. Es gehört zu unser aller Natur. Ohne Muttermilch können wir nicht überleben, also ist unsere erste Tat das Saugen an den Nahrungsquellen der Mutter oder der Frau, die ihre Stelle vertritt, und wir empfinden ein starkes Gefühl der Nähe. Wir können noch nicht ausdrücken, was Liebe oder Mitleiden ist, aber wir haben schon dieses ausgeprägte Nähegefühl. Auch die Mutter empfindet es natürlich, denn sonst würde ihr Körper zu wenig Milch für ihr Kind produzieren. In diesem Sinn ist die Muttermilch, glaube ich, ein Symbol des Mitleidens und der Menschenliebe.

Über den starken Einfluß des Geistes auf Krankheiten, auch über das Arzt-Patient-Verhältnis haben wir schon gesprochen. Wenn ich eine Praxis betrete, ist erfahrungsgemäß das erste Lächeln des Arztes von hoher Bedeutung. Ein Arzt mag ein noch so guter Profi sein, aber wenn er nicht lächelt, fühle ich mich ungemütlich. Wenn ich aber dieses offene Lächeln sehe und echte ärztliche Anteilnahme spüre, dann fühle ich mich in Sicherheit und gewinne schon allein daraus einen spürbaren Nutzen. So ist wohl die Natur des Menschen beschaffen. Am letzten Tag unseres Lebens kommt es nicht wirklich darauf an, ob wir einen Freund bei uns haben oder nicht. Sehr bald muß man ohnehin von allen Abschied nehmen. Aber wenn ein Mensch unseres Vertrauens in der Nähe ist, fühlen wir uns auch in diesem Augenblick in Ruhe und in Sicherheit.

So denke ich also, das menschliche Leben beruht weitgehend auf Zuneigung und Liebe. Wie ich eingangs sagte, ist meine hauptsächliche Tätigkeit die Erklärung dieser grundlegend menschlichen Natur ohne den Rückgriff auf irgendeine bestimmte Religion. Sie, die hier versammelten Wissenschaftler, haben mir dafür viele neue Argumente geliefert. Vieles in der Welt von heute – die Entwicklung der globalen Wirtschaft, die Umweltzerstörung, die Bevölkerungsexplosion – ermahnt uns mit großem Nachdruck, bessere Menschen zu werden und eine noch engere Zusammenarbeit anzustreben. In den ersten Tagen dieses Treffens haben wir sehr viel über Körperzellen gesprochen. Sieht es nicht ganz so aus, als wäre auch jedes Individuum eine solche Zelle? Der ganze Planet ist wie ein menschlicher Körper, und in einem gewissen Sinn ist jeder von uns ein kleiner Bestandteil davon. Ohne Zusammenarbeit kann ein menschlicher Körper nicht bestehen, weder gesund bleiben noch überleben. So ähnlich ist es auch mit dem Planeten-Körper, in dem jeder Mensch eine einzelne Zelle darstellt. Gelegentlich machen einige Zellen Ärger, aber dann kommen andere zu Hilfe und retten diesen Körper. Was ich beschreibe, ist die Wirklichkeit und nicht bloß Metaphysik.

Die Entdeckungen und Fortschritte der Wissenschaft sind nicht unabhängig von der sie umgebenden wirtschaftlichen, politischen und sozialen Situation. Die Wissenschaft nimmt ihre Position nicht in einem luftleeren Raum ein. Ich fürchte aber, das ist heute zunehmend der Fall. Wenn ein Spezialist im Westen ein wirklicher Experte wird, dann schrumpft sein Interessengebiet. Wenn man sich zu sehr nur noch mit einem äußerst beschränkten Thema befaßt, wird das wohl bald problematisch. Ja es kann sogar zu einer zerstörerischen Kraft werden, weil niemand mehr die Bedeutung oder auch die negativen Folgen für das Gemeinwohl aller vor Augen hat. Nehmen Sie als Beispiel nur die Neutronenbombe, die die Menschen im Aufschlagsgebiet tötet, Gebäude jedoch unangetastet läßt, so daß nach einem Krieg andere sie benützen können. Und im Vergleich dazu andere Bomben, die nicht nur Menschen töten, sondern eine allgemeine Zerstörung anrichten, die nachher nur mit Mühe wieder zu beseitigen ist. So gesehen ist die Neutronenbombe geradezu eine »bessere« Waffe. Aber wenn man einmal zynisch ist, dann wäre die beste Bombe vielleicht sogar eine, die nicht unschuldige Soldaten tötet, sondern direkt auf die Generäle und die Politiker losgeht, die den Krieg beschlossen haben.

So können zwar solche technischen Produkte und ihre schreckliche Zerstörungskraft aus einem sehr speziellen Blickwinkel als große Errungenschaften gesehen werden. Da sie uns aber in erster Linie Katastrophen, noch mehr Leid und noch mehr Schmerzen bringen, sind sie für uns schädliche Dinge. Auch diese Beurteilung entspringt einem tiefen menschlichen Mitgefühl.

Das ist meine Überzeugung, meine Betrachtungsweise. Alle Menschen, seien sie Wissenschaftler, Meditierende, Kommunisten oder auch extreme Atheisten, sind zuerst vor allem menschliche Wesen. Alle gehören zu dieser Gemeinschaft der Menschen auf unserem Planeten. Diese Aussage ist nicht irgendein religiöses Dogma, sondern stammt aus purem Selbstinteresse. Was immer wir tun, tun wir nicht für Gott, nicht für Buddha, nicht für einen anderen Stern, sondern für unseren eigenen Planeten, auf dem wir leben. Es liegt in unserem eigenen Interesse. Diese Perspektive von entscheidender Bedeutung sollten wir immer im Blick behalten. Ich kann nicht sagen, wie sie im konkreten Detail auf die Medizin anzuwenden ist. Aber sie ist die tragende Grundstruktur. Manchmal erzähle ich meinen Zuhörern das folgende Beispiel: Diese Hand hier mit ihren fünf Fingern ist außerordentlich sinnvoll. Sogar ein Finger kann allein für sich arbeiten, aber ohne die Handfläche kann er es nicht, mag er für sich auch noch so stark sein. Auch die Medizin, die Wissenschaft, die Religion, sie alle sind wertlos, sogar zerstörerisch ohne die Anbindung an unsere Menschlichkeit. All diese Tätigkeiten müssen also, sage ich, mit unserem menschlichen Grundgefühl der Liebe verbunden werden. Erst dann können sie gedeihlich wirken.

Die Referenten

Dr. Daniel Brown ist Lehrbeauftragter für Psychologie an der Harvard Medical School, außerordentlicher Professor an der Simmons School for Social Work und Dozent für Psychologie an der Harvard University; außerdem betreibt er eine private Praxis in Somerville (Massachusetts). Seit 25 Jahren befaßt er sich mit Meditationstechniken. Zahlreiche Buchveröffentlichungen.

Dr. Richard J. Davidson ist Leiter des Laboratory for Affective Neuroscience an der University of Wisconsin.

Dr. Daniel Goleman ist Wissenschaftskorrespondent der ›New York Times‹ und Autor von ›Emotionale Intelligenz‹ und ›Lebenslügen‹.

Dr. Jon Kabat-Zinn ist Leiter des Stress Reduction and Relaxation Program am University of Massachusetts Medical Center. Autor von ›Heilsame Umwege‹ und ›Gesund durch Meditation‹.

Sharon Salzberg ist hauptamtliche Dozentin an der Insight Meditation Society in Barre (Massachusetts), Autorin von ›Geborgen im Sein. Die Kraft der Meta-Meditationen‹.

Dr. Clifford Saron ist Psychologe an der Albert Einstein Medical School in New York.

Dr. Francisco J. Varela ist Biologe an der École Polytechnique in Paris. Autor mehrerer Bücher (darunter ›Kognitionswissenschaft, Kognitionstechniken‹ und ›Ethisches Können‹) sowie Mitverfasser von ›Der Baum der Erkenntnis‹.

Dr. Lee Yearley ist Professor für Religionswissenschaft an der Stanford University. Autor von ›Mencius and Aquinas. Theories and Conceptions of Courage‹.

Ein Wort des Dankes

Wir danken Allan Kelley für die Arbeit mit der ersten Niederschrift der Gespräche. Zara Houshman übernahm den Löwenanteil der Lektoratsarbeit und brachte das Manuskript in seine vorliegende Form. Unschätzbare Hilfe im letzten Stadium der Drucklegung leisteten Kevin und Jan Tobin.